Le droit de l'urbanisme littoral

Collection Didact Droit

Droit du travail et société. 2. Les relations collectives de travail,
Jacques LE GOFF, 2002, 592 p.

Droit du travail et société. 1. Les relations individuelles de travail,
Jacques LE GOFF, 2001, 1018 p.

Les institutions de la Ve République,
Thierry DAUPS, 1998, 176 p.

Jean-Marie Bécet

Le droit de l'urbanisme littoral

Presses Universitaires de Rennes

UHB Rennes 2 – Campus de La Harpe
2, rue du doyen Denis-Leroy
35044 Rennes Cedex

Mise en page : Laurence Cadet pour le compte des PUR

Dépôt légal : 2e semestre 2002
ISBN : 2-86847-722-4

INTRODUCTION

Ce livre est consacré au droit de l'urbanisme littoral. Cela, dans l'esprit de son auteur, signifie deux choses. D'abord, il est question de **droit de l'urbanisme**, c'est-à-dire, selon la définition couramment admise, de l'ensemble des règles et institutions relatives à l'aménagement et au développement urbain. Fonctionnellement, le droit de l'urbanisme est « chargé de définir et d'encadrer les possibilités d'utiliser le sol [1] ». Mais, ensuite, le champ d'application est limité au littoral, c'est-à-dire que cet ouvrage ne cherche à appréhender le droit de l'urbanisme que dans sa spécificité littorale, en d'autres termes dans l'unique mesure où il comporte des règles particulières, applicables sur ce seul espace ou encore fait l'objet de documents de planification spéciaux, ne couvrant que le territoire littoral ou comportant des originalités propres lorsqu'il se trouve appliqué sur le littoral. Les règles générales et les instruments de planification réglementaires ou stratégiques intéressant l'ensemble du territoire national sont donc invoqués seulement s'il en est besoin, bien qu'ils trouvent à s'appliquer, bien évidemment, sur le littoral.

Mais, question préalable, le littoral peut-il être défini et, question annexe, est-il intéressant de s'interroger sur ses spécificités juridiques ? La loi n° 86-2 du 3 janvier 1986 relative à l'aménagement, à la protection et à la mise en valeur du littoral fixe les règles et principes qui constituent, aujourd'hui, la doctrine de l'aménagement du littoral dans notre pays. Elle ne donne aucune définition juridique de ce concept. Le législateur se contente, dans l'article 1er, de dire que le littoral s'analyse comme une entité géographique : « le littoral est une entité géographique qui appelle une politique spécifique d'aménagement, de protection et de mise en valeur ». Mais une telle reconnaissance

1. Rapport du CE « l'urbanisme, pour un droit plus efficace », la Documentation Française, 1992, p. 29.

n'apporte pas de précision sur les contours de cette entité, « ce qui ne saurait surprendre puisque l'on est en présence d'une notion téléologique dont le contenu varie selon la finalité qu'on lui assigne [2] ». Ce qui, pour les géomorphologues, est une **ligne**, « le trait de côte », limite supérieure de « l'estran », devient pour les aménageurs « **une bande** », laquelle a pour limite, côté mer, le trait de côte, et, côté terre, ne peut être délimitée avec certitude puisque plusieurs paramètres sont à prendre en considération, autour d'une approche de type fonctionnel.

Bien sûr, le juriste ne peut se satisfaire d'une telle indétermination. Mais, avant de se pencher sur le problème, un fait certain doit être mis en exergue, car c'est lui qui a obligé le droit à se saisir du phénomène « littoral » : le littoral, dont on ne risque rien de dire que c'est une zone de contact entre la terre et la mer, constitue, aujourd'hui, un espace de plus en plus sollicité, ce qui accentue sa très grande fragilité.

La perception du « bord de mer » s'est en effet radicalement modifiée ces cinquante dernières années. Jusque-là, cet espace était considéré comme un espace vide et même répulsif : il n'est que de constater l'aire primitive de développement des bourgs du littoral breton – hormis quelques ports – pour en être persuadé. Les « bains de mer », même s'ils apparaissent assez vite, sont encore, vers 1950, réservés à une certaine classe de la société, qui les pratique dans des stations peu nombreuses. Mais, à la fin des années cinquante, se déclenche ce qu'on a vulgairement appelé « le boom balnéaire », générateur d'une pression très vive de la part des promoteurs immobiliers sur les parcelles situées au plus près de la mer, en même temps que l'on prend conscience des richesses exceptionnelles de la frange littorale, richesses que l'on va vouloir exploiter. Depuis lors, l'importance économique et sociale du littoral ne fait que croître, engendrant des conflits importants d'occupation de l'espace. De plus, les préoccupations écologiques se font jour et l'on s'aperçoit que les équipements, réalisés sans contrainte, détruisent les richesses de la zone littorale maritime. Le droit se doit alors d'intervenir : ici comme ailleurs, son développement correspond, en effet, à une demande de la part des agents sociaux.

Cela explique que ce qu'il est maintenant convenu d'appeler « **le droit du littoral** » n'est intervenu que tardivement et ne s'est véritablement développé que dans le dernier quart du XXe siècle. Trois étapes se sont ainsi succédé et c'est seulement au cours de la dernière que s'est forgé un droit du littoral, dispositif juridique homogène applicable à cet espace. Ce droit qui apparaît surtout comme une branche particulière du droit de l'urbanisme va comporter trois piliers principaux, qu'il nous faudra caractériser.

2. J.-M. Bécet, « L'aménagement du littoral », PUF, Collection « Que Sais-Je », n° 2363, p. 9.

§ 1 – L'apparition du droit de l'urbanisme littoral

L'insertion de la notion de littoral, terme qui, d'ailleurs, n'apparaît qu'au XIXe siècle dans le droit positif, s'est effectué en plusieurs étapes. Dans un premier temps, fort long, le droit ne s'intéresse qu'aux rivages de la mer, faute d'une demande sociale extérieure. Puis, lorsqu'une telle demande se fait jour et que, pour y répondre, se dessine l'idée d'une certaine « socialisation » de la zone côtière, une période transitoire, très courte, s'ouvre, axée autour du concept de domaine public maritime, plus vaste dans son champ d'application que le rivage proprement dit. Enfin, va se constituer un « droit de proximité de la mer [3] », qui, dans son champ d'application inclut l'ensemble des parcelles relevant de cet espace et qui, au fond, comporte des règles spécifiques de plus en plus nombreuses, relevant du droit de l'urbanisme.

Le droit des rivages de la mer

Pendant longtemps, en France, le seul texte qui traite d'une manière spécifique du bord de mer est l'ordonnance de Colbert sur la marine d'août 1681. Et encore ce texte ne s'arrête-t-il, en ce qui concerne notre matière, qu'au seul concept juridique déjà connu en droit romain : le rivage de la mer. L'article 1er du titre VII du livre IV le définit ainsi : « *sera réputé bord et rivage de la mer tout ce qu'elle couvre et découvre pendant les nouvelles et pleines lunes et jusqu'où le grand flot de mars se peut étendre sur les grèves* ». Doté d'un contenu juridique précis, ce concept correspond à une idéologie qui a survécu jusqu'au second XXe siècle, idéologie de souveraineté, de défense. Le littoral-rivage est un espace vide de tout ouvrage, uniquement tourné vers la défense des frontières. D'où l'article 2 du titre VII : « *Faisons défense à toutes personnes de bâtir sur les rivages de la mer, d'y planter aucun pieux, ni faire aucuns ouvrages qui puissent porter préjudice à la navigation, à peine de démolition des ouvrages, de confiscation des matériaux et d'amende arbitraire* ». La première mesure concernant l'urbanisme littoral est entièrement négative : elle nie toute possibilité de construction mais sur un espace très restreint correspondant à l'estran des géographes. Le droit ne s'intéresse pas à d'autres espaces du bord de mer, tant que la demande sociale ne s'en fait pas sentir.

Le célèbre arrêt d'assemblée Kreitmann [4] adapte le texte aux réalités actuelles. Il lui confère une portée générale, en l'appliquant au rivage de la Méditerranée jusqu'alors régi par l'édit de Justinien ; il n'en retient que le principe en décidant que la limite du rivage se trouve au point jusqu'où les plus hautes mers peuvent s'étendre, sans qu'il soit fait référence à une période

3. J.-M. Bécet et D. le Morvan, « Le droit du littoral et de la mer côtière », Economica, 1991, p. 6.
4. CE, Assemblée, 12 octobre 1973, Rec. Lebon, p. 563, RDP, 1974, p. 1150, Conclusions M. Gentot ; AJDA, 1973, p. 586 et 596 ; D. 1975, p. 164, note M. Distel.

quelconque de l'année ; mais il apporte aussi une limite, incontestable mais génératrice de graves difficultés pour le mettre en pratique, en précisant : « en l'absence de perturbations météorologiques exceptionnelles ». Cette notion n'est nullement définie : ce n'est pas un événement de force majeure puisque les grandes houles tropicales, phénomène prévisible, en constituent un cas d'application [5] ; ce n'est pas le flot de forte tempête, puisque le juge administratif, aux termes d'une appréciation souveraine, distingue, sans indiquer les éléments qu'il prend en considération, tempête violente et tempête exceptionnelle [6].

Quoiqu'il en soit, le rivage demeure un concept juridique fort. Son actualité est renouvelée du fait de l'irruption de deux facteurs nouveaux. L'un matériel : l'érosion qui produit des conséquences importantes sur une portion toujours plus étendue du littoral [7]. L'autre juridique : la servitude de passage des piétons sur le littoral, dont la mise en œuvre nécessite parfois une nouvelle délimitation du rivage de la mer (voir ci-après, chap. II, § 4). Mais, lorsque la pression du public s'accentue sur les espaces littoraux, le droit, pour y répondre, se doit de dépasser ces frontières trop étroites. Il le fait, dans un premier temps, en dissociant rivage de la mer et domaine public maritime.

Le droit du domaine public maritime

Lorsque se produit le « boom balnéaire », lequel correspond à la privatisation accélérée aux fins de construction des parcelles les mieux placées en bord de mer, le droit répond, dans un premier temps, à la situation nouvelle en élaborant, par la loi n° 63-1178 du 28 novembre 1963 un concept de domaine public maritime (DPM) plus vaste dans son champ d'application que le rivage. Recherchant une certaine « socialisation », bien modeste, de la zone côtière, le législateur va étendre le DPM, par rapport au rivage, et côté terre et côté mer. Le DPM devient un espace dépendant des rivages par son statut juridique mais le débordant par sa consistance [8].

Côté mer, le DPM va englober le sol et le sous-sol de la mer territoriale, ce qui correspond au désir de l'État de garder pour lui le fruit de l'exploitation des richesses – que l'on vient de déceler – de ces étendues sous-marines. Côté terre, le législateur incorpore dans le domaine public des espaces terrestres sur lesquels s'appliquait jusqu'alors uniquement le droit de la propriété privée : **les lais et les relais de la mer**. Les lais de la mer sont constitués par des terrains autrefois immergés mais qui ne sont plus touchés par le plus grand

5. TA Fort de France, 29 novembre 1980, Préfet de la Martinique, JCP, 1980, n° 19653 ; TA Saint-Denis, 13 janvier 1982, Préfet de la Réunion, AJDA, 1982, p. 260.
6. CE 30 juin 1982, Société Civile du Platin de la Jeune Prise.
7. J.-M. Bécet, « Les conséquences juridiques de l'érosion du littoral », DMF, 1996, p. 666 *sq.*
8. Voir Richard Le Roy, « La construction juridique du littoral », thèse de droit public, UBO, 1992.

flot, quelle qu'en soit la raison ; les relais de la mer sont les terrains formés par les alluvions que la mer apporte et qui émergent au-dessus du niveau atteint par le plus grand flot. Avant la loi de 1963, ces terrains incorporés primitivement dans le domaine privé de l'État, pouvaient être vendus à des particuliers, puis construits dans le respect des règles alors fort simples qui s'appliquaient à la construction privée. Le statut de domanialité publique en fait des espaces généralement affectés à l'usage de tous et, alors, soustraits à l'appétit des promoteurs privés. De plus, l'article 4 de la loi du 28 novembre 1963 permet de constituer, sur une bande de terrains privés contigus au DPM une réserve, d'une profondeur de 20 à 50 mètres, « en vue de la satisfaction de besoins d'intérêt public d'ordre maritime, balnéaire ou touristique » : le propriétaire pouvait, toutefois, demander l'acquisition de ces terrains devenus inconstructibles par l'État qui devait alors les classer dans son domaine public.

Ainsi caractérisée, la loi du 28 novembre 1963 inaugurait une perception très novatrice, mais encore très insuffisante, des espaces littoraux. Car alors, deux régimes juridiques totalement différents, totalement étanches l'un à l'autre, coexistent :

- une zone de domanialité publique, avec un droit public tout à fait spécifique en matière de police et d'utilisation ; cette utilisation est normalement orientée vers la satisfaction des intérêts collectifs, ceux du public ou encore du service public, bien qu'une interprétation « bienveillante » des principes ait, pour un temps, favorisé la construction privée sur le DPM (ci-après C et chap. II § IV) ;
- une zone ouverte à toutes les activités privées et régie, en ce qui concerne la construction, par un droit de l'urbanisme encore balbutiant.

Il ne peut donc être question de « droit de littoral » puisqu'un tel droit, s'il existe, doit saisir l'ensemble des espaces relevant de cette entité, ce qui n'est pas le cas.

Le droit de la domanialité publique va continuer à évoluer de façon autonome. Il va, en particulier, rendre impossible tout retour aux pratiques contestables autour des concessions d'endigage. Ainsi, on va le retrouver en tant que technique de protection contre l'urbanisation (ci-après § 2 A). Cependant l'évolution va faire que ses spécificités ne s'appliquent plus seules en la matière, mais s'ajouteront à des règles communes émanant du « droit de littoral » qui va bientôt se former.

L'apparition d'un « droit de proximité de la mer »

Au début des années 1970, le littoral, de plus en plus convoité, pose au droit des questions que les règles en vigueur ne peuvent résoudre. Les pouvoirs publics prennent conscience du fait que les réponses ne peuvent être apportées que dans le cadre d'une politique globale d'aménagement du littoral. Le comité interministériel d'aménagement du territoire du 13 mai 1971 décide l'élaboration, par un groupe dirigé par M. Piquard, d'un rapport sur les perspectives à long terme du littoral français. Ce rapport est remis au Gouvernement en novembre 1973 ; il pose les fondements d'une politique du littoral qui inspirera toutes les mesures prises par la suite par le législateur et le Gouvernement.

C'est, cependant, le juge administratif qui pose la première pierre du droit du littoral, dans la célèbre affaire « Schwetzoff[9] ». Cette affaire démontre que le statut de la domanialité publique ne peut régler le contentieux de l'usage du bord de mer et rend possible la construction d'un droit fondé sur une réelle politique du littoral.

Le litige concerne l'édification d'une marina-pieds dans l'eau à Bormes-Les-Mimosas, suite à l'octroi d'une concession d'endigage translative de propriété. Cette pratique, issue d'une interprétation bienveillante du droit de la domanialité publique, autorisait, après travaux destinés à soustraire des parcelles immergées à l'action des flots, l'appropriation privée de terrains exondés, lesquels pouvaient alors faire l'objet d'opérations de construction. Elle venait d'être dénoncée dans le rapport annuel 1972 de la Cour des Comptes, auquel le Gouvernement réagit par la circulaire du 3 janvier 1973 relative à l'utilisation du DPM en dehors des ports de commerce et de pêche, laquelle a pour ambition de restreindre l'appropriation privée de portions du rivage de la mer au bénéfice de promoteurs immobiliers. Le CE, à l'occasion de cette affaire, va prendre le relais et tenter d'arrêter ce processus en fixant les modalités de l'urbanisation possible du rivage en dehors du droit du DPM. Il décide qu'il doit y avoir compatibilité entre usages du DPM et servitudes de zonage du Plan d'occupation des sols. En d'autres termes, une éventuelle opération, immobilière ou autre (création d'un port de plaisance, d'une ferme aquacole), sur une portion ayant appartenu au DPM, doit être saisie dans un document d'urbanisme local ; à défaut, le DPM ne peut être soustrait à sa vocation première : l'usage de tous (**voir encart**).

Dans cette affaire, le CE établit pour la première fois un lien juridique entre les deux zones distinctes qui existaient sur les espaces côtiers. Ce lien relève du droit de l'urbanisme et plus particulièrement de la planification spatiale, située au cœur du « droit du littoral » qui va se construire à partir de ce moment. Le littoral, en effet, va être incorporé au Code de l'urbanisme, d'abord par décret, le décret du 25 août 1979 qui donne à la directive « d'Ornano » la valeur de directive d'aménagement national[10], puis par la loi

9. CE 30 mars 1973, Ministre de l'aménagement du territoire, de l'Équipement et du tourisme c/Schwetzoff et autres, req. N° 88-151, AJDA, 1973, p. 366, note Dufau, JCP, 1973, n° 17528, Observations Brechon-Moulines, Rev. Adm., 1974, p. 511, conclusions Guillaume, note Liet-Veaux.
10. JORF, 25 août 1979, p. 2098.

URBANISME ET AMÉNAGEMENT DU TERRITOIRE

Plans d'aménagement et d'urbanisme. Portée. Décret du 31 décembre 1958 (article 26). Travaux effectués dans une zone laissée libre par le plan d'urbanisme.

(30 mars 1973 – Assemblée – 88.151. *Ministre de l'Aménagement du territoire, de l'Équipement, du Logement et du Tourisme, c/sieur Schwetzoff et autres* – MM. Lambertin, *rapp.* ; G. Guillaume, *c. du g.* ; Mme de Ségogne, Nicolas, *av.*).

Sur la légalité de la concession d'endigage et de la concession portuaire : – Considérant qu'aux termes de l'article 26 du décret du 31 décembre 1958 relatif aux plans d'urbanisme « aucun travail public ou privé à entreprendre dans le périmètre auquel » s'applique le plan d'urbanisme ne peut être réalisé que s'il est compatible avec ce « plan » ; que les travaux prévus par les concessions d'endigage et les concessions portuaires sont au nombre de ceux qui ne peuvent être ni entrepris, ni, par suite, autorisés sur les territoires où s'applique un plan d'urbanisme, s'ils ne sont pas compatibles avec ce plan ;

Cons. que le programme d'aménagement du quartier de La Favière, à Bormes-Les-Mimosas, approuvé par arrêté du préfet du Var en date du 21 septembre 1951, n'a prévu aucune installation sur les rives de la Méditerranée et laissé ainsi le domaine public maritime entièrement affecté à l'usage, conforme à sa destination, que le public est normalement en droit d'y exercer ; que les travaux autorisés concernant la construction d'un port de plaisance et un droit d'endigage sur le domaine public maritime n'étaient dès lors pas compatibles avec ce plan et ne pouvaient être autorisés sans méconnaître les dispositions précitées de l'article 26 du décret du 31 décembre 1958 ; que le ministre de l'Aménagement du territoire, de l'Équipement, du Logement et du Tourisme n'est, par suite, pas fondé à soutenir que c'est à tort que, par le jugement attaqué en date du 7 juillet 1972, le Tribunal Administratif de Nice a annulé l'arrêté interministériel du 15 janvier 1970 portant concession du droit d'endigage sur le domaine public maritime et constatation de l'endigage... (Intervention admise ; rejet avec dépens).

du 3 janvier 1986, dont le chapitre premier, codifié aux articles L 146-1 et suivants, est qualifié de loi d'aménagement et d'urbanisme (catégorie juridique supprimée par la loi solidarité et renouvellement urbain du 13 décembre 2000). **Le droit du littoral est d'abord et avant tout un ensemble de règles insérées dans le Code de l'urbanisme**, règles qui s'appliquent à tous les espaces terrestres et maritimes côtiers mais qui sont plus ou moins détaillées, plus ou moins contraignantes, selon la situation de ces espaces par rapport au rivage ou leur qualité.

Ces règles spéciales empruntent, pour leur mise en œuvre, les outils de planification habituels, en premier lieu **les Plans d'occupation des sols**, futurs plans locaux d'urbanisme de la loi du 13 décembre 2000. Elles viennent limiter effectivement la nouvelle liberté communale reconnue par la loi du 7 janvier 1983 pour élaborer ces documents d'urbanisme locaux, lorsqu'elle s'applique sur le littoral. En édictant ces dispositions, l'État veut afficher clairement sa place de défenseur des intérêts généraux et d'arbitre entre les exigences parfois contradictoires qui se développement sur le littoral, mais sans faire totalement abstraction de la décentralisation, ce qui explique certains caractères de la loi littorale (ci-après § 2 B) Le contenu idéologique des dispositions particulières est très clair et vise à protéger les secteurs encore naturels du littoral de l'appétit des promoteurs, mais, en ces années, l'approche décentralisée reste la toile de fond du système.

L'urbanisme réglementaire n'est pas seul en cause sur le littoral, même s'il constitue la partie la plus visible – et la plus controversée – du droit du littoral. De larges pans de l'urbanisme opérationnel sont également concernés. La prise en compte des préconisations du rapport Piquard concerne ainsi en premier lieu **les actions foncières** avec, surtout, la création d'un établissement public spécifique : le Conservatoire de l'espace littoral et des rivages lacustres. On assiste aussi à un enrichissement constant du dispositif de planification spatiale applicable au littoral. Si certains des outils rattachés à ce dispositif ne sont pas absolument spécifiques à la zone côtière quoique comportant toujours des particularités dues à cette situation, d'autres sont originaux, comme les schémas de mise en valeur de la mer, documents de gestion intégrée du littoral.

Finalement, le droit de l'urbanisme littoral se développe en trois axes, concernant tous les types possibles d'interventions spatiales sur le littoral ; acquisition foncière, action normative, planification spécifique. Il est bon de caractériser succinctement chacun de ces mécanismes avant d'entreprendre l'étude exhaustive des deux derniers, qui fixent les possibilités d'urbanisation des espaces qui ne sont pas définitivement soustraits à l'activité de construction du fait de leur acquisition publique.

§ 2 – Les trois axes de développement du droit de l'urbanisme littoral

Le dispositif actuel du droit de l'urbanisme littoral repose sur trois piliers complémentaires reflétant une idéologie commune, axée sur la protection des espaces demeurés naturels à proximité de la mer. Dans cette optique commune, chacun joue sa partition propre. L'appropriation publique solutionne définitivement le problème en empêchant sur les espaces concernés, toute urbanisation. Les dispositions particulières au littoral insérées dans le Code de l'urbanisme par la loi du 3 janvier 1986 ont pour objet principal de limiter les possibilités nouvelles de construction et d'en prévoir la localisation, par l'intermédiaire des documents locaux de planification réglementaire qui doivent être compatibles avec elles. Les documents de planification stratégique expriment, sur le long terme, les grands choix d'aménagement du littoral : ils englobent les dispositions particulières dans une réflexion prospective sur l'avenir des espaces considérés.

A. Les actions foncières : l'appropriation publique

L'appropriation publique constitue, aujourd'hui, le moyen le plus sûr pour protéger les terrains concernés de toute pression non souhaitée. Cette solution efficace se révèle toutefois onéreuse pour les finances publiques ; elle ne peut donc être toujours systématiquement préférée. Elle ne convient que lorsqu'il s'avère nécessaire de soustraire certains espaces privilégiés, pour leur sauvegarde, au régime de la propriété privée. Deux intervenants peuvent alors agir. L'un est propre au littoral : le Conservatoire de l'espace littoral et des rivages lacustres ; l'autre ne l'est pas : le département. L'établissement public de l'État et la collectivité départementale, pour mettre en œuvre leur politique, utilisent des outils non spécifiques : achats par accord amiable, expropriation pour cause d'utilité publique, droit de préemption.

Créé par la loi n° 75-602 du 10 juillet 1975, le Conservatoire est un établissement administratif de l'État. Sa mission principale est de mener, dans un champ constamment élargi « une politique foncière de sauvegarde de l'espace littoral, de respect des sites naturels et de l'équilibre écologique ». L'action du Conservatoire, dont les moyens juridiques viennent d'être accrus par le titre VII de la toute récente loi n° 2002-276 du 27 février 2002 relative à la démocratie de proximité [11], mériterait à elle seule un ouvrage tout entier. Nous n'en traiterons pas en détail puisque, comme nous l'avons expliqué, elle supprime quasiment le problème essentiel auquel nous consacrons cet ouvrage : les conditions juridiques de l'urbanisation nouvelle sur le littoral. Il est cependant intéressant, puisque cette action bénéficie à des espaces littoraux qui, sans cela, auraient subi des pressions très vives pour leur urbanisation, d'en évoquer les caractères principaux.

Le domaine actuel d'intervention du Conservatoire, tel qu'il est fixé au § 1 de l'article L 322-1 du Code de l'environnement, s'étend :

- aux cantons côtiers (loi du 10 juillet 1975) ;
- aux communes riveraines des mers, océans, étangs salés ou plans d'eau intérieurs d'une superficie supérieure à 1 000 hectares (article 42 de la loi du 3 janvier 1986) ;
- aux communes riveraines des estuaires et deltas lorsque tout ou partie de leurs rives est situé en aval de la limite de salure des eaux ; aux autres communes qui participent directement aux équilibres économiques et écologiques littoraux et qui ont reçu, après avis du Conservatoire, l'accord

11. JORF, 28 février 2002, p. 3808.

du préfet (article 44 de la loi du 2 février 1995 relative au renforcement de la protection de l'environnement).

En outre, le § 3 de l'article L 322-1 prévoit que l'intervention du Conservatoire « peut être étendue par décret en Conseil d'État à des secteurs géographiques limitrophes des cantons et communes mentionnés au § 1 et constituant avec eux une unité écologique ou paysagère dont la majorité de la surface est située dans les limites desdits cantons et communes » (loi du 8 janvier 1993 sur la protection et la mise en valeur des paysages).

L'enjeu principal, pour le Conservatoire, consiste à acquérir les espaces littoraux naturels, fragiles et menacés. Ces espaces, classés dans le domaine propre du Conservatoire, seront alors soustraits aux convoitises des promoteurs et ceci de façon quasiment définitive puisque le législateur de 1975 a considéré que l'aliénation de tels biens ne pouvait intervenir qu'après autorisation donnée par décret en Conseil d'État pris sur proposition du conseil d'administration de l'établissement, statuant à la majorité des trois quarts des membres présents ou représentés. Dans un document élaboré en 1995 et validé par le gouvernement, l'établissement se fixait « un objectif global de 200 000 hectares acquis en 2050, soit 32 % du linéaire côtier, ce qui, ajouté aux autres modes de protection définitive, permet d'atteindre l'objectif symbolique du "tiers sauvage" [12] ». Au 1er janvier 2001, le Conservatoire avait déjà un patrimoine foncier de 62 326 hectares, soit 831 kilomètres de rivages répartis en 465 sites, ce qui rend l'objectif de référence ambitieux mais parfaitement réalisable, pour peu que les conditions d'intervention du Conservatoire soient améliorées, ce que réalise en partie la loi n° 2002-276 du 27 février 2002 relative à la démocratie de proximité, dans un titre spécifique consacré au Conservatoire. Ainsi, le Conservatoire dispose maintenant de la possibilité de prendre l'initiative de l'institution de **zones de préemption** à l'extérieur des espaces qui font déjà l'effet d'un tel droit en faveur des collectivités locales (article 165 de la loi du 27 février 2002, modifiant l'article L 142-3 du Code de l'urbanisme).

Mais, l'augmentation du patrimoine pose un certain nombre de problèmes puisqu'il se traduit par des charges de fonctionnement nouvelles et des difficultés au niveau de la gestion des terrains, lesquelles n'avaient nullement été prévues par les textes fondateurs. Ces textes ne s'étaient pas non plus prononcés sur la nature juridique des terrains entrant dans le domaine propre du Conservatoire, ce qui offrait certaines commodités mais avait l'inconvénient de priver les gardes des sites du Conservatoire de pouvoirs efficaces de police. La loi nouvelle apporte à la plupart des questions posées des réponses intéressantes autour de trois points principaux.

12. « Vers de nouveaux rivages », rapport sur la refondation du Conservatoire du littoral, par Louis Le Pensec, 20 juillet 2001, p. 10.

- **Le partenariat** entre le Conservatoire et les collectivités locales est consacré. Déjà pratiqué, ce partenariat était critiqué par la Cour des Comptes qui soulignait l'incompatibilité entre les procédures mises en œuvre « pour assurer l'aménagement et la gestion des sites et les principes qui gouvernent la commande publique [13] ». Le partenariat devient légal et va ainsi connaître un nouvel essor.
- Le régime domanial des propriétés du Conservatoire est précisé (nouvel article L 332-9 du Code de l'environnement), « le domaine relevant du Conservatoire du littoral et des rivages lacustres est du **domaine public**, à l'exception des terrains acquis non classés dans le domaine propre ». Cette reconnaissance permet en particulier d'affirmer le rôle des « gardes du littoral » et de les doter de compétences accrues pour sanctionner les infractions commises sur les sites du Conservatoire.
- L'intervention du Conservatoire peut être officiellement étendue, afin de promouvoir la gestion intégrée des zones côtières, au **domaine public maritime**, notamment aux zones naturelles limitrophes de ses propres terrains (article L 51-2 nouveau du Code du domaine de l'État). Ainsi, une même unité écologique ne sera plus obligatoirement fractionnée du fait de statuts juridiques différents et le Conservatoire pourra mettre en œuvre une protection cohérente de l'ensemble de la zone.

Les dispositions législatives nouvelles, brièvement résumées ci-dessus, confortent le rôle du Conservatoire au service de sa mission de protection des espaces littoraux. Répétons-le, l'entrée dans le patrimoine du Conservatoire confère aux terrains concernés « la garantie d'une **protection pérenne et active** : les terrains ne sont pas seulement soustraits à l'urbanisation ou à une exploitation irrespectueuse de l'équilibre écologique, ils sont en plus **aménagés et entretenus** [14] ». Toutefois, sur ces espaces littoraux, le Conservatoire n'est pas seul à intervenir par la voie de l'appropriation foncière. Le département-collectivité peut également jouer un rôle intéressant dans le cadre de sa politique des espaces naturels sensibles, boisés ou non.

Il s'agit ici d'une politique non spécifique au littoral. La loi n° 85-729 du 18 juillet 1985, en son article 12, permet, en effet, à chaque département d'élaborer « une politique de protection, de gestion et d'ouverture au public » de ses espaces naturels sensibles (article L 142-1 du Code de l'urbanisme). Pour sa mise en œuvre, elle le dote d'outils : la création de zones de préemption spéciale et la perception d'une taxe spécifique, la taxe départementale des espaces naturels sensibles.

---

13. « Vers de nouveaux rivages », *op. cit.*, p. 38.
14. « Vers de nouveaux rivages », *op. cit.*, p. 19.

On pourrait considérer qu'il y a superposition des missions dévolues au Conservatoire et au département. Pourtant, sur le terrain, la politique foncière est le plus souvent établie dans la concertation entre tous les partenaires : les dispositions législatives vont en ce sens et, de plus, la volonté des responsables pousse dans cette voie.

Ainsi, à titre d'exemple, le Conseil général ne peut exercer sa compétence à l'effet de délimiter des zones de préemption qu'avec l'accord du conseil municipal. D'autre part, le département, qui exerce normalement le droit de préemption dans les zones qu'il a créées peut déléguer son droit au Conservatoire, qui, par ailleurs, peut agir par substitution, en cas d'inertie du département, en zone littorale (sans compter, comme on l'a vu plus haut, les possibilités nouvelles offertes en la matière par la loi du 27 février 2002).

Quant à la taxe départementale des espaces naturels sensibles, le département, s'il entend la créer, en fixe le taux et la perçoit sur la totalité du territoire du département, en tant que recette grevée d'une affectation spéciale : la couverture des dépenses engagées par le conseil général pour acquérir, aménager, entretenir et ouvrir au public les espaces naturels sensibles qu'il a acquis, mais aussi sa « participation à l'acquisition, à l'aménagement et la gestion des terrains du Conservatoire » ou encore « l'aménagement et la gestion des parties naturelles de la zone dite des cinquante pas géométriques... dans les départements d'outre-mer » (article L 142-2 du Code de l'urbanisme dans sa rédaction de la loi du 27 février 2002 – sur la zone des cinquante pas géométriques, voir ci-après, chap. VI).

Une collaboration fructueuse s'instaure donc habituellement entre les divers partenaires publics en la matière. C'est heureux, car l'acquisition reste le moyen le plus efficace de protection définitive d'espaces littoraux face à des pressions particulièrement fortes. La protection offerte par la réglementation est, en effet, moins complète, d'une part, puisque purement passive, et d'autre part parce que soumise à de nombreux aléas au stade de la mise en œuvre.

B. Les dispositions normatives relatives à l'urbanisme littoral

La réglementation de l'urbanisme littoral comporte deux strates différentes. Les règles d'urbanisme « de droit commun » trouvent bien sûr application sur ces espaces. Mais puisque ceux-ci sont exposés, beaucoup plus que d'autres, aux convoitises, des dispositions d'urbanisme particulières – qui seront seules étudiées en détail dans cet ouvrage – sont prises afin, surtout, de compléter les mécanismes de protection habituels. La loi n° 86-2 du 3 janvier 1986 relative au développement, à la protection et à la mise en valeur du littoral constitue, aujourd'hui, la source principale de ces dispositions.

Sur le littoral, les problèmes d'occupation des sols sont résolus, comme ailleurs, dans le cadre des outils classiques du droit de l'urbanisme et particulièrement le permis de construire qui doit être conforme aux dispositions normatives contenues dans le règlement du plan local d'urbanisme. Les communes côtières sont, en effet, normalement couvertes par un Plan d'occupation des sols (celui-ci deviendra le plan local d'urbanisme de la loi du 13 décembre 2000 à l'occasion de la prochaine révision), puisque l'établissement d'un tel document était rendu obligatoire par l'article 2-3 de la directive sur la protection et l'aménagement du littoral du 26 août 1979. Le plan local d'urbanisme communal est avant tout un document de planification terrestre mais, dans l'arrêt d'assemblée du 30 mars 1973, ministre de l'Aménagement C. Schwetzoff déjà examiné, le Conseil d'État a décidé qu'il lui était loisible d'attribuer des affectations aux surfaces marines, ce qui lui permet de couvrir l'ensemble du territoire communal susceptible de recevoir aménagements et constructions.

La loi de décentralisation des compétences du 7 janvier 1983 a voulu faire de l'urbanisme une affaire communale. L'élaboration du plan local d'urbanisme, orientation d'ailleurs confirmée et amplifiée par la loi solidarité et renouvellement urbain du 13 décembre 2000, est largement décentralisée au profit du conseil municipal qui a ainsi la possibilité d'y inscrire ses propres choix en matière de zonage, d'opérations d'aménagement, de politique foncière. Toutefois, l'empreinte des autorités communales sur le plan local d'urbanisme est certainement moins forte lorsque la commune est située sur le littoral : sa liberté juridique se trouve, en effet, fortement encadrée du fait de l'existence de normes spécifiques dont le respect s'impose lors de l'élaboration du document.

En novembre 1973, le « rapport Piquard », réclamé par le comité interministériel d'aménagement du territoire, pose les fondements de la politique d'aménagement du littoral. Les textes vont mettre en œuvre les principes dégagés : aménagement en profondeur, interdiction de l'urbanisation linéaire du bord de mer, protection forte des zones naturelles remarquables. C'est, d'abord, l'instruction du 4 août 1976 « concernant la protection et l'aménagement du littoral et des rivages des grands lacs [15] » ; mais, faute de caractère réglementaire, cette instruction n'était opposable ni aux documents d'urbanisme ni aux permis de construire. Les mêmes principes vont, ensuite, être réaffirmés avec quelques innovations majeures, telle la création de la bande littorale inconstructible, par la directive d'aménagement national relative à la protection et à l'aménagement du littoral, approuvée par le décret n° 79-716 du 25 août 1979. Mais le Conseil d'État a limité fortement la portée de cette directive en refusant son opposabilité aux documents d'urbanisme locaux [16], avant que la loi du

15. JORF, 6 août 1976, p. 4758.
16. CE, section, 24 juillet 1981, Association pour la sauvegarde du pays de Rhuys, n° 22-129, Rec. Lebon, p. 344, AJDA, 1982, p. 173, note J. Chapuisat, D. 1982, IR, p. 322, observations H. Charles ; JCP 1982, n° 19798, conclusions B. Genevois.

7 janvier 1983, en son article 73, ne vienne conférer à ses dispositions, à titre provisoire en attendant l'élaboration d'une loi d'aménagement et d'urbanisme, pleine valeur juridique. L'entrée en vigueur de la loi du 3 janvier 1986, conforte l'état antérieur du droit. Son article 3, codifié aux articles L 146-1 et suivants du Code de l'urbanisme, constitue la loi d'aménagement et d'urbanisme attendue. Ses dispositions s'imposent, par une obligation de compatibilité, aux auteurs des documents d'urbanisme locaux. Ces mêmes dispositions sont, en vertu du dernier alinéa de l'article L 111-1-1 du Code de l'urbanisme, directement opposables aux autorisations d'occupation du sol. Comme le constate Loïc Prieur : « *le renforcement de la valeur juridique de ces dispositions est l'unique apport de la loi littoral. Les principes qu'elle contient reprennent pour l'essentiel ceux déjà formulés en 1976 et en 1979* [17] ».

La loi littoral votée à l'unanimité par le Parlement fournit donc un socle juridique incontestable à des préoccupations que le droit avait prises en considération depuis plus de dix ans et qui étaient largement partagées. La mise en œuvre à l'échelon local des règles et principes qu'elle pose aurait dû être aisée. Et pourtant, cette application s'est faite dans une atmosphère conflictuelle ; elle a été ponctuée par différentes manifestations de mauvaise humeur de la part surtout des élus locaux : elle pose encore aujourd'hui, plus de quinze ans après, de sérieux problèmes, au point que l'on attend avec une certaine impatience les « directives territoriales d'aménagement » qui, sur des zones particulièrement intéressantes, devraient venir préciser les modalités d'application des dispositions législatives (voir ci-après, chap. VII). C'est que ces dernières encourent fréquemment deux reproches fondamentaux : elles seraient trop générales, donc imprécises, elles feraient la part trop belle à la protection, au détriment du développement.

La première critique est grave : l'imprécision génère l'insécurité juridique, ce qui est la pire situation pour un juriste. Aussi faut-il l'écarter en affirmant avec vigueur que le cadre juridique global est parfaitement clair. Les principes posés ou plutôt repris des textes antérieurs sont sans ambiguïté. De plus, la loi détermine avec précision les critères qui, en cas de litige, permettent de déterminer les solutions applicables. Les principales obligations qui s'imposent aux plans d'urbanisme communaux et aux autorisations d'occupation du sol sont, en effet, fixées par le législateur en raison de la **situation physique** des divers espaces au regard des trois critères suivants : la distance par rapport au rivage, l'urbanisation existante, le caractère remarquable des espaces considérés. Les normes positives, c'est-à-dire les protections essentielles, sont posées sur la base du premier critère ; le second fonde la plupart des exceptions, tandis que le troisième joue de manière autonome.

---

17. « Droit et littoral, Recherches sur un système juridique », thèse droit public, Université de Bretagne Occidentale, décembre 2001, p. 24.

Alors, pourquoi cette impression de flou et ces conflits d'interprétation ? Parce que le cadre juridique global, quoique clair, reste souple : tout simplement, le législateur de 1986 ne veut pas faire abstraction de la réforme de décentralisation très récente et confisquer, sur le littoral, la compétence globale en matière d'urbanisme qu'il vient de restituer aux collectivités locales. La loi du 3 janvier érige l'État en arbitre des exigences contradictoires qui se développent sur le littoral mais entend autoriser, dans le respect de la décentralisation, les adaptations qui apparaîtraient localement nécessaires pour la bonne application des principes. D'où les exceptions, tempéraments, dérogations, formulés parfois en des termes assez larges, pour permettre la prise en compte de la diversité des situations locales.

Pour sa mise en œuvre sereine, la loi littoral se révélait exigeante. D'abord, en application de l'article L 111-1-1 du Code de l'urbanisme dans sa version antérieure à la loi du 4 février 1995, les régions territorialement intéressées auraient dû proposer aux autorités d'État l'élaboration de « prescriptions particulières », c'est-à-dire en quelque sorte proposer, chacune, une grille d'interprétation des principes et exceptions posés par la loi littoral.

D'autre part, les communes elles-mêmes auraient pu relayer le travail de clarification effectué par la région en identifiant sur place, mais à une échelle pertinente, c'est-à-dire dans l'intercommunalité, les espaces concernés. Mais rien ne s'est produit. La faillite des solidarités comme l'absence d'initiatives décentralisées conduisent aux dysfonctionnements constatés et engendrent la contestation.

Du fait de ces carences, en effet, le juge administratif s'est trouvé seul convié à déterminer, à travers des cas d'espèce, le sens de notions que d'autres auraient dû baliser. Même l'État a attendu le 22 octobre 1991 pour élaborer dans une lettre-circulaire, sa propre doctrine… [18] en reprenant une jurisprudence qui avait étendu au maximum la portée des normes de protection contenues dans la loi.

C'est là, précisément, le second reproche couramment adressé aux dispositions particulières à l'urbanisme littoral. Pour la plupart des élus locaux, l'aspect protection est pratiquement exclusif, ce qui les empêche de répondre correctement à la modification de l'ampleur et des modes de la consommation touristique. Il est vrai que le législateur a cherché avant tout à limiter l'urbanisation galopante sur le littoral et à sauvegarder les espaces naturels en voie de disparition. Mais il n'est pas juste de soutenir que la loi littoral envisage exclusivement la protection. Le volet développement n'est pas absent. Le statut nouveau d'une activité littorale comme la conchyliculture le prouve : non seulement les sections régionales de la conchyliculture sont obligatoirement associées à l'élaboration des documents d'urbanisme locaux, mais

18. J.-M. Bécet, « À propos de l'instruction du 22 octobre 1991 sur la protection et l'aménagement du littoral », RJE, 1992, n° 1, p. 49.

encore, en rupture avec le régime juridique traditionnel du domaine public maritime, l'article 30 § 2 de la loi littoral considère les activités de pêche et de cultures marines comme une destination fondamentale des plages au même titre que l'affectation au public...

Il faut aussi considérer que la protection est facteur de développement. Enfin, le législateur procède aussi en quelque sorte par renvoi, en affirmant matériellement et juridiquement la vocation du schéma de mise en valeur de la mer à devenir l'outil majeur de l'aménagement intégré du littoral.

Finalement, la loi du 3 janvier 1986 apparaît comme une **loi d'équilibre** qui n'a malheureusement pas trouvé les conditions de sa bonne application. Le contexte s'est toutefois radicalement modifié ces dernières années. Les régions s'intéressent de plus en plus à l'aménagement de leur littoral ; elles sont, d'ailleurs, invitées à élaborer des schémas interrégionaux du littoral qui veillent « à la cohérence des projets d'équipements et des actions de l'État et des collectivités territoriales qui ont une incidence sur l'aménagement et la protection du littoral » (article 7 de la loi du 4 février 1995 d'orientation pour l'aménagement et le développement du territoire, devenu article 40 A de la loi littoral). Avec les directives territoriales d'aménagement, créées par la même loi de 1995, l'État pourra, à son initiative, mais dans la concertation avec les collectivités concernées, acclimater, secteur par secteur, les prescriptions législatives. Quant aux communes, on sait le succès rencontré par les nouvelles formes de coopération intercommunale : au sein des communautés de communes ou d'agglomération, les communes littorales réfléchissent pour déterminer ensemble les grandes options relatives au devenir de leur littoral. La loi devrait enfin connaître des conditions d'application favorables. Il est, cependant certain qu'il faudra du temps pour modifier la pratique de la loi littoral et remédier à tous les dysfonctionnements que nous allons constater, même si la jurisprudence a beaucoup évolué ces toutes dernières années.

Pour l'heure, c'est toujours dans les plans d'occupation des sols communaux – futurs plans locaux d'urbanisme – qu'il faut rechercher les règles directement opposables aux demandes d'autorisations d'occupation des sols. Ces plans communaux ne sont pas établis à la bonne échelle : la commune n'est pas le territoire pertinent, car trop étroit, pour mettre en œuvre intégralement les notions contenues dans la loi littoral. De plus, ce support est très – trop – souvent révisé, sans, souvent, que la révision du document soit justifiée par la mise en œuvre d'une politique bien pensée d'aménagement du littoral. Pour mettre en œuvre sereinement la loi littoral, en intégrant un raisonnement écologique et économique cohérent et, plus généralement, pour résoudre l'ensemble des conflits littoraux en matière d'aménagement, il est nécessaire d'élaborer un document d'ensemble, au niveau d'une zone côtière géographiquement homogène et suffisamment étendue. C'est là l'objet du troisième volet du droit du littoral.

C. La planification stratégique sur le littoral

Le dispositif de planification sur le littoral comporte également deux degrés. Les documents de droit commun s'appliquent sur le littoral : on l'a vu pour le plan local d'urbanisme, qui porte la réglementation à l'échelon communal, c'est vrai aussi pour le schéma directeur qui avait pour vocation – jamais véritablement réalisée – de fixer des grandes orientations que les plans d'occupation des sols devaient mettre en œuvre. Mais des schémas originaux vont également être institués, qui vont intéresser surtout la partie maritime du littoral.

Les schémas directeurs ont connu l'échec. Bien que proportionnellement un peu plus nombreux sur le littoral qu'ailleurs, peu de ces schémas prospectifs ont été élaborés, ce qui montre la faiblesse de l'intercommunalité jusqu'à une époque récente. Pourtant, ces documents ont une utilité incontestable, dans la mesure même où ils assurent la crédibilité des plans communaux : la définition d'orientations générales, de grands principes d'aménagement et de localisation des équipements garantissent une certaine **permanence** du droit, que les révisions trop nombreuses des plans d'occupation des sols mettent à mal. C'est pourquoi le législateur, par la loi solidarité et renouvellement urbains, non seulement ne supprime pas ce niveau de planification intercommunal, mais le renforce, avec la création des **schémas de cohérence territoriale**, schémas de planification stratégique beaucoup plus complets que les précédents, puisqu'ils intègrent toutes les politiques sectorielles menées au niveau des agglomérations et qui ont quelque impact sur l'aménagement : les politiques de l'habitat, des déplacements, des implantations commerciales. Or, sur le littoral, la loi du 13 décembre 2000 rend quasiment obligatoire l'adoption de tels schémas, en décidant entre autres procédures, « qu'en l'absence d'un schéma de cohérence territoriale applicable, les zones naturelles et les zones d'urbanisation future délimitées par les plans locaux d'urbanisme ne peuvent pas être ouverts à l'urbanisation » (article L 122-2 du Code de l'urbanisme). Ces dispositions sont, en effet, applicables dans toutes les communes situées à moins de 15 kilomètres du rivage de la mer.

De plus, la planification stratégique « de droit commun » s'est récemment enrichie par la création de nouveaux documents qui, tous, présentent un volet « littoral » particulier. Les directives territoriales d'aménagement, créées par la loi du 4 février 1995 d'orientation pour l'aménagement et le développement du territoire, sont des documents de planification qui, d'une part, doivent exprimer les grands choix de l'État aménageur, d'autre part, peuvent préciser les modalités d'application des dispositions codifiées de la loi littoral. La législation sur l'aménagement du territoire propose aussi l'élaboration de schémas régionaux ou interrégionaux d'aménagement et de développement du territoire, qui peuvent avoir une incidence forte sur l'urbanisme littoral.

Mais surtout, le dispositif de planification spatiale comporte aussi des schémas originaux, qui ne concernent que le littoral. Le rapport Piquard, précité, souhaitait l'élaboration « de véritables plans d'utilisation de la mer ». C'est ainsi que huit « schémas d'aptitude et d'utilisation de la mer » ont été prescrits, documents qui, pour la première fois, devaient se référer à une philosophie de l'aménagement essayant d'appréhender les problèmes avec une vue de la mer. En s'appuyant sur une meilleure connaissance des réalités marines, non prises en considération dans les documents d'urbanisme habituels, ces schémas pratiquaient un zonage sur l'eau, en prévoyant en tant que de besoin des mesures à prendre à terre pour permettre la mise en œuvre d'un tel zonage. Toutefois, ces documents, qui n'avaient qu'un caractère expérimental, étaient dénués par eux-mêmes de toute opposabilité juridique à l'égard des tiers : même si, par arrêté, la valeur de directive particulière d'aménagement national leur était conférée, les manquements aux trois seuls SAUM qui furent finalement approuvés (SAUM de la rade de Brest, SAUM du Perthuis Charentais et SAUM allégé du Bassin d'Arcachon) ne pouvaient être véritablement sanctionnés juridiquement.

Les schémas d'aptitude et d'utilisation de la mer ont donc été remplacés par les schémas de mise en valeur de la mer, créés par l'article 57 de la loi de répartition des compétences du 7 juin 1983, modifié par l'article 18 de la loi littoral. Étant, comme les précédents, à l'interface entre planification de l'usage de l'espace littoral et qualité du milieu, ces nouveaux schémas ont un champ d'application plus étendu, puisque, selon les dispositions du décret n° 86-1252 du 5 décembre 1986, ils portent « sur une partie du territoire qui constitue une unité géographique et maritime et présente des intérêts liés, concurrents et complémentaires, au regard de la protection, de l'exploitation et de l'aménagement du littoral ». Surtout, les SMVM sont doués de la valeur juridique contraignante qui manquait aux schémas antérieurs. Se pose alors la question de l'articulation de ce dispositif de planification issu du droit de l'urbanisme avec celui prévu par la loi sur l'eau du 3 janvier 1992…

Tels sont donc les trois piliers originaux de notre discipline. Avant de procéder à l'étude de détail des différents instruments juridiques présentés et d'en déterminer la cohérence, il convient de savoir très exactement où ils s'appliquent. La commune littorale constitue l'espace concerné par l'ouvrage. Dans ce cadre, sera répondu à la question majeure du droit de l'urbanisme : peut-on encore construire, où et comment ? On ne reviendra donc pas sur le premier pilier, celui de l'appropriation publique, qui exclut par avance toute possibilité de construction. En revanche, les normes codifiées de la loi littoral feront l'objet de deux parties différentes, selon que les normes analysées ont vocation à s'appliquer sur tout le territoire de la commune littorale ou, à l'inverse, ne peuvent en concerner qu'une fraction. Enfin, une dernière partie tentera de présenter les divers documents de planification stratégique dans lesquels sont programmés à l'avance les différentes occupations du sol.

Chapitre I

LE CHAMP D'APPLICATION DES RÈGLES D'URBANISME PROPRES AU LITTORAL

La loi du 3 janvier 1986 retient la notion de « commune littorale » pour déterminer le champ d'application des dispositions particulières qu'elle comporte en matière d'urbanisme. Mais le législateur ne fournit ni définition de la commune littorale ni liste de telles communes. Il faut donc, sur la base des quelques indications livrées, résoudre ce problème de définition avant que d'aborder la question controversée de l'étendue, en mer, de cette commune littorale, dont les frontières marines peuvent ne pas coïncider avec ce que le juge administratif considère comme le littoral.

SOMMAIRE

Mots clés

- COMMUNES RÉTRO-LITTORALES
- ÉQUILIBRES LITTORAUX
- ESTUAIRES
- COMMUNES ESTUARIENNES
- COMMUNES RIVERAINES DE LA MER
- FRONTIÈRES MARITIMES
- DOMAINE PUBLIC MARITIME
- LITTORAL MARIN

Textes

Article 2 de la loi n° 86-2 du 3 janvier 1986 relative à l'aménagement, la protection et la mise en valeur du littoral – (article L 321-2 du Code de l'Environnement).

Art. 2 – Sont considérés comme communes littorales, au sens de la présente loi, les communes de métropole et des départements d'outre-mer :

- riveraines des mers et océans, des étangs salés, des plans d'eau intérieurs d'une superficie supérieure à 1 000 hectares ;

- riveraines des estuaires et des deltas lorsqu'elles sont situées en aval de la limite de salure des eaux et participent aux équilibres économiques et écologiques littoraux. La liste de ces communes est fixée par décret en Conseil d'Etat, après consultation des conseils municipaux intéressés.

Article L 146-1 du Code de l'Urbanisme

Art. L 146-1 – Les dispositions du présent chapitre déterminent les conditions d'utilisation des espaces terrestres, maritimes et lacustres :

« - dans les communes littorales définies à l'article 2 de la loi n° 86-2 du 3 janvier 1986 relative à l'aménagement, la protection et la mise en valeur du littoral ;

« - dans les communes qui participent aux équilibres économiques et écologiques littoraux, lorsqu'elles en font la demande auprès du représentant de l'Etat dans le département. La liste de ces communes est fixée par décret en Conseil d'Etat, après avis du conservatoire de l'espace littoral et des rivages lacustres.

« Les directives territoriales d'aménagement prévues à l'article L 111-1-1 peuvent préciser les conditions d'application du présent chapitre. Ces directives sont établies par décret en Conseil d'Etat après avis des départements et des communes ou groupements de communes concernées.

« *Les directives territoriales d'aménagement précisant les modalités d'application du présent chapitre ou, en leur absence, lesdites dispositions* sont applicables à toute personne publique ou privée pour l'exécution de tous travaux, constructions, défrichements, plantations, installations et travaux divers, la création de lotissements et l'ouverture de terrains de camping ou de stationnement de caravanes, l'établissement de clôtures, pour l'ouverture de carrières, la recherche et l'exploitation de minerais. Elles sont également applicables aux installations classées pour la protection de l'environnement.

Prétendre que les dispositions particulières au littoral sont applicables sur le littoral confine à la tautologie. Il faudrait, pour que cette proposition ait un sens, commencer par définir ce qu'est le littoral. Or le droit ne donne aucune définition précise de cette notion. L'article 1er de la loi « littoral » reconnaît bien que le littoral est « une unité géographique spécifique » qu'il faut appréhender comme telle, mais cela n'apporte pas de précision sur les contours de cette entité que l'on peut saisir selon plusieurs acceptions différentes selon qu'on se prévaut de critères naturels, économiques, écologiques, etc.

Il est évident que l'insertion de la notion de littoral dans le droit positif ne peut s'accommoder d'une telle indétermination. Aussi, pour tourner l'impossibilité de tracer les limites rationnelles du littoral, les pouvoirs publics ont-ils décidé de définir le littoral à partir de critères juridiques internes de nature administrative, à savoir les limites des circonscriptions administratives existantes [1]. La loi du 10 juillet 1975 portant création du Conservatoire de l'Espace Littoral et des rivages lacustres, décide que celui-ci devra mener une politique foncière de sauvegarde « dans les cantons côtiers, dans les communes riveraines des lacs et des plans d'eau d'une superficie au moins égale à 1 000 hectares ». La compétence de cet organisme est plusieurs fois étendue mais toujours par référence à la notion administrative de commune. La directive relative à la protection et à l'aménagement du littoral approuvée par le décret n° 79-716 du 25 août 1979 est applicable à tout le territoire des communes dites littorales ou riveraines des lacs de plus de 1 000 hectares. Pour plus de sécurité, le décret fixe lui-même la liste des 1 130 communes concernées (923 communes littorales métropolitaines, 92 communes littorales outre-mer et 115 communes riveraines des lacs et étangs). La directive de 1979 ayant cessé de produire ses effets en application des dispositions de l'ancien article L 111-1-4 du Code de l'Urbanisme, la loi littoral revient sur le champ d'application spatial de ses dispositions et retient à l'instar de la directive, la notion de « commune littorale », sans toutefois reprendre la technique de la liste annexée. Il devient alors nécessaire de se pencher sur cette notion de commune littorale qui défi-

1. J.-M. Bécet, « l'Aménagement du littoral », PUF, « Que sais-je », n° 2363, 1987, p. 13.

nit finalement le littoral, du moins pour sa partie terrestre, quelque ambiguïté existant encore quant à la partie marine de celle-ci.

Si le champ d'application spatial des dispositions d'urbanisme particulières au littoral pose donc encore des problèmes, le champ d'application matériel est parfaitement clair. Il est le plus étendu possible. Le dernier alinéa de l'article L 146-1 du Code de l'urbanisme en fait foi (**voir encart p. 28**).

Les dispositions des articles L 146-1 à L 146-9 du Code de l'urbanisme sont directement opposables à tous les documents d'urbanisme et à toutes les autorisations d'occupation du sol, en l'absence de directives territoriales d'aménagement qui préciseraient ces dispositions. Il faut cependant constater que cette opposabilité est quelque peu limitée par l'article L 146-8 qui exclut un certain nombre d'aménagements du champ d'application matériel de la loi littoral.

Article L 146-8
« Les installations, constructions, aménagement de nouvelles routes et ouvrages nécessaires à la sécurité civile et ceux nécessaires au fonctionnement des aérodromes et des services publics portuaires autres que le port de plaisance, ne sont pas soumis aux dispositions du présent chapitre lorsque leur localisation répond à une nécessité technique impérative.
À titre exceptionnel, les stations d'épuration d'eaux usées avec rejet en mer, non liées à une opération d'urbanisation nouvelle, peuvent être autorisées conjointement par les ministres chargés de l'urbanisme et de l'environnement, par dérogation aux dispositions du présent chapitre ».

Si quelques difficultés peuvent provenir de l'interprétation de cet article, par exemple l'application des nécessités techniques impératives, les principaux problèmes posés sont relatifs au champ d'application spatial des dispositions d'urbanisme propres aux espaces littoraux.

Deux problèmes principaux doivent alors être abordés : un problème de définition de la « commune littorale », puis un problème d'étendue de cette commune littorale.

Section I – La définition de la commune littorale

Si l'on considère les dispositions des articles L 146-1 du Code de l'urbanisme et L 321-2 du Code de l'environnement (ce dernier reprend l'article 2 de la loi littoral qui précède le chapitre inséré dans le Code de l'urbanisme), trois types différents de communes peuvent être concernées par les règles d'urbanisme spécifiques au littoral.

Il y a d'abord (article 2 tiret 1 de la loi littoral), les communes littorales de plein droit, c'est-à-dire celles qui sont « riveraines des mers et océans, des étangs salés, des plans d'eau intérieurs d'une superficie supérieure à 1 000 hectares ».

Il y a ensuite (article 2 tiret 2), les communes potentiellement littorales, c'est-à-dire celles qui sont « riveraines des estuaires et des deltas lorsqu'elles sont situées en aval de la limite de salure des eaux et participent aux équilibres économiques et écologiques littoraux ». Ces communes ne sont donc pas automatiquement littorales et, en conséquence, la liste en est « fixée par décret en Conseil d'État après consultation des conseils municipaux intéressés ».

Il y a enfin, (article L 146-1 § 3) des communes qui sans être littorales, veulent, par libre choix, que les dispositions d'urbanisme spécifiques au littoral soient applicables sur leur territoire. La demande, en ce sens, qu'elles adressent au Préfet, ne peut être acceptée que si les communes concernées « participent aux équilibres économiques et écologiques littoraux ». La liste de ces communes est fixée par décret en Conseil d'État après avis du Conservatoire de l'Espace Littoral et des Rivages Lacustres, ce dernier étant le plus apte à apprécier l'existence de la condition objective posée par la loi.

Avant d'examiner le problème très controversé de la commune littorale riveraine d'un estuaire, il importe de déterminer la portée de l'alinéa 3 de l'article L 146-1. De cette analyse, en effet, pourrait découler l'importance réelle de la notion de commune littorale en tant que critère d'application unique des règles d'urbanisme propres au littoral.

§ 1 – L'alinéa 3 de l'article L 146-1 du code de l'urbanisme (le refus d'un critère finaliste)

La loi littoral, en son article 3 (article L 146-1 § 3) admet une extension de son champ d'application pour la mise en œuvre des dispositions codifiées relatives à l'urbanisme qu'elle comporte. Les articles L 146-1 à L 146-9 du Code de l'urbanisme peuvent s'appliquer non seulement aux communes littorales définis à l'article 2, mais aussi à des communes rétro-littorales qui ne disposent pas de façade maritime mais participent aux équilibres économiques et écologiques littoraux. Une telle extension paraît heureuse dans la mesure où elle vise des communes susceptibles de se situer beaucoup plus près de la mer que certaines communes estuariennes, donc directement concernées par l'urbanisation que les règles spécifiques posées par la loi littoral entendent limiter.

Il faut d'ailleurs noter, en parallèle, que la compétence du Conservatoire du littoral et des rivages lacustres à l'effet de mener une politique foncière de sauvegarde de l'espace littoral, est étendue à ces communes (article L 322-1 du Code de l'environnement) depuis la loi du 2 février 1995 sur le renforcement de la protection de l'environnement.

Cette innovation, cependant, interroge ; elle pourrait signifier, en effet, que le champ d'application des dispositions d'urbanisme propres au littoral n'est pas conditionné par la qualification de commune littorale mais par celle d'écosystème côtier. En d'autres termes, un critère finaliste remplacerait le critère formel et les règles particulières au littoral s'appliqueraient sur l'ensemble de la zone naturelle constituant un écosystème littoral quelle que soit sa profondeur vers l'intérieur des terres et, bien sûr, indépendamment des frontières administratives. Le champ ouvert à l'investigation serait alors à la fois large et malaisé puisqu'après avoir reconnu les diverses finalités poursuivies, il faudrait déterminer des limites physiques claires pour l'application, dans la sécurité juridique, des règles posées.

Il n'est pourtant nullement nécessaire de faire cet effort pour la bonne et simple raison que l'extension ici étudiée n'est pas obligatoire mais volontaire. Le critère de la participation aux équilibres littoraux, apprécié par le préfet après avis du Conservatoire de l'espace littoral, ne joue que si, de leur propre volonté, certaines communes rétro-littorales qui ressentent, dans leur identité, l'appartenance de leur territoire à une zone littorale, désirent se soumettre aux dispositions d'urbanisme particulières au littoral, applicables dans les communes littorales auxquelles elles se sentent liées. On pourrait même, à la limite, prétendre que l'extension réalisée est superfétatoire : la commune intéressée pourrait se doter des instruments de protection prévus par la loi littoral en décidant tout simplement de les introduire dans le règlement de son plan d'occupation des sols. Aucune contrainte ne pèse sur elle et c'est seulement par souci de cohérence que le législateur lui propose d'utiliser, dans un même but – justifié par la procédure à suivre – les mêmes instruments. L'extension réalisée ne revêt donc aucune signification propre au plan juridique.

Le législateur, s'il l'avait désiré, aurait pu étendre le champ d'application des dispositions particulières au littoral à la totalité des communes des cantons côtiers ; il aurait pu aussi adopter une définition plus large, en y introduisant un aspect finaliste, de la commune littorale. Mais il est certain qu'il n'a pas voulu inclure sous cette appellation d'autres communes que celles qui participent des critères physiques et administratifs retenus par l'article L 321-2 du Code de l'environnement, issu de l'article 2 de la loi du 3 janvier 1986.

§ 2 – L'article L 321-2 du code de l'environnement (Loi littoral et estuaires)

L'article L 321-2 du Code de l'environnement distingue deux catégories de communes littorales. La première, qui regroupe les communes riveraines des mers et océans, étangs salés et grands lacs intérieurs, ne pose pas de réel problème d'identification : il leur suffit d'être en contact avec la mer, un étang salé, lui-même relié directement et naturellement à la mer ou un lac de plus de 1 000 hectares, pour que les dispositions particulières prévues s'appliquent. Une restriction, cependant, peut déjà intervenir dans le cas des communes riveraines de la mer qui comportent un ou plusieurs estuaires. En effet, aux termes de l'article L 146-4-IV du Code de l'urbanisme, « *les dispositions des paragraphes II et III (de l'article L 146-4, c'est-à-dire les dispositions relatives aux espaces proches du rivage et à la bande des cent mètres) s'appliquent aux rives des estuaires les plus importants dont la liste est fixée par décret du Conseil d'État ».*

La seconde catégorie de communes considérées comme littorales par le législateur est constituée par les communes qui sont riveraines, non pas de la mer, mais des estuaires et des deltas, lorsqu'elles sont situées en aval de la limite de salure des eaux et participent aux équilibres économiques et écologiques littoraux. Les communes estuariennes ne sont donc pas littorales de plein droit, ce que reconnaît le législateur en prévoyant que la liste des communes littorales riveraines des estuaires et deltas est fixée par décret en Conseil d'État, après consultation des conseils municipaux intéressés.

En définitive, toutes les difficultés proviennent d'une certaine indétermination quant à la définition de l'estuaire. La situation ne peut être vraiment clarifiée tant que le décret prévu n'aura pas fixé la liste des communes dites estuariennes. C'est d'ailleurs probablement à la suite d'un mouvement de fronde à l'égard de la carence du pouvoir réglementaire que le juge administratif porte la question de l'application des dispositions d'urbanisme littoral aux estuaires sur le devant de la scène. La réponse ne devrait pas tarder puisque les « décrets estuaires » devraient bientôt être publiés.

A. Une jurisprudence ambiguë

Dans un premier temps, la question de l'application des dispositions spécifiques au littoral sur les rives des estuaires s'est posée à l'occasion de la mise en œuvre de l'article L 146-4-IV du Code de l'urbanisme. À cet égard, l'arrêt du Conseil d'État du 20 novembre 1995, Association « l'Environnement à Concarneau [2] », vient semer le trouble au sein des services de l'État qui, du moins depuis l'instruction du 22 octobre 1991 [3], appliquaient toutes les dispositions spécifiques au littoral sur l'ensemble du territoire des communes directement littorales, qu'elles comportent ou non des estuaires. Cette décision, en effet, consacre, à l'évidence, une solution nouvelle : les dispositions protectrices des articles L 146-4-II et III du Code de l'urbanisme ne peuvent s'appliquer aux estuaires, même situés dans les communes littorales de plein droit, du fait de l'absence du décret prévu à l'article L 146-4-IV, décret qui doit fixer la liste des « estuaires les plus importants », seuls intéressés par ces dispositions. Toutefois, le Conseil d'État ne règle nullement le problème de la définition de l'estuaire. Cette décision, comme les deux autres interventions suivantes de

2. BJDU, 6/95, Concl. Fratacci ; DMF mars 1996, note R. Le Roy ; RFD 1996, mars, note Bazin.
3. J.-M. Bécet, « À propos de l'instruction du 22 octobre 1991 sur la protection et l'aménagement du littoral », RJE, I 1992, p. 49.

la haute juridiction, laisse place, en effet, à deux interprétations différentes sur ce point.

On peut d'abord considérer que le Conseil d'État n'a pas voulu remettre en cause le critère principal sur lequel était fondé la pratique adoptée par les services de l'État en milieu estuarien, à savoir le critère de la limite transversale de la mer, telle qu'elle est fixée discrétionnairement par l'administration et selon lequel, en aval de cette limite, les communes sont riveraines de la partie maritime de l'estuaire et sont donc des communes riveraines de la mer au sens de l'article 2 tiret 1 de la loi du 3 janvier 1986. Le commissaire du Gouvernement Fratacci souligne notamment dans ses conclusions, que les rives du fleuve côtier Moros et l'Anse du Moulin mer, concernées dans l'affaire Commune de Concarneau, n'étaient pas constitutives du rivage de la mer, puisque, protégées des effets de la marée par une digue, elles étaient situées en amont de la limite transversale de la mer.

Une telle interprétation pourrait être corroborée par la décision rendue le 4 octobre 1996, Association « défense et Protection de l'environnement de Pleurtuit [4] ». Le Conseil d'État, à propos d'un recours dirigé contre la déclaration d'utilité publique d'un projet routier sur le territoire d'une commune exclusivement riveraine de la Rance, sans être géographiquement riveraine de la mer, paraît confirmer, mais sans l'affirmer explicitement, l'importance de la limite transversale de la mer comme critère de la commune littorale. Toutefois, l'arrêt rendu dans l'affaire de Pleurtuit ne résout nullement l'interrogation qui résulte de l'arrêt commune de Concarneau quant à l'application des dispositions de l'article L 146-4-II et III.

Mais une autre interprétation est possible, faute de référence explicite de la part du Conseil d'État, qui aboutirait à dénier tout effet juridique à la limite transversale de la mer, en présence d'un estuaire au sens géographique du terme. Elle pourrait se fonder sur l'avis délivré par la haute juridiction le 5 octobre 1998. Par un jugement en date du 28 mai 1998, le tribunal administratif de Rennes, avant de statuer sur le déféré du préfet du Finistère tendant à l'annulation de l'arrêté par lequel le maire de Plouguerneau a délivré un permis de construire autorisant l'extension d'une maison d'habitation située à moins de cent mètres des rives de l'Aber-Wrac'h, mais en sa partie maritime, sollicite l'avis du Conseil d'État sur deux points : savoir ce qu'il y a lieu d'entendre par estuaire au sens de l'article L 146-4-IV du Code de l'urbanisme et connaître les limites devant lui être assignées, en particulier dans sa partie la plus proche des limites du littoral maritime. Dans sa réponse [5], la haute juridiction affirme

---

4. CE, Section, req. N° 159456 ; Rec. P 382, Dr. Adm. 1996, n° 595 ; JCP, 1997, éd. E, IV, 70, Observ. M.-C. Rouault.
5. CE, Avis, 5 octobre 1998, Préfet du Finistère, c/Mle Hir ; req. N° 196 957 ; JORF, 29 octobre, p. 16366 ; BJDU, 6/98, p. 415, Concl. Christine Maugüe ; Dr. Environnement., déc. 1998, commentaires C.E.D.

clairement que la violation des dispositions du III de l'article L 146-4 « ne peut être utilement invoquée, dès lors que le décret prévu au IV de cet article... n'est pas lui-même intervenu » et, par suite, considère que la demande d'avis n'appelle pas d'autre réponse que le rappel de cette jurisprudence... qui, comme on l'a écrit, laisse non résolu le problème de la définition de l'estuaire. Il n'en demeure pas moins qu'à la suite de cet avis, le tribunal administratif de Rennes se range à la conception purement géographique de l'estuaire, non seulement en ce qui concerne les dispositions du II et III de l'article L 146-4 [6] mais également pour toutes les autres dispositions d'urbanisme contenues dans la loi littoral, faute d'intervention du décret prévu à l'article 2 tiret 2 [7]. La limite transversale de la mer est, dans les deux cas, écartée. Dans le second, c'est la qualification même de commune littorale de toutes les communes estuariennes qui est niée ; le tribunal pousse à l'extrême les conséquences de la non publication des décrets « estuaires ».

Sur ce dernier point, la Cour administrative d'appel de Nantes a calmé certaines alarmes. Par un arrêt récent [8], elle a, en effet, annulé le jugement du tribunal administratif de Rennes et considéré que la commune finistérienne restait ce qu'elle avait toujours été, c'est-à-dire une commune littorale. Toutefois, dans son arrêt, la Cour n'a pas fait expressément référence à la limite transversale de la mer. Elle se contente d'affirmer : « Considérant qu'il ressort des pièces du dossier que la commune de Loperhet est bordée en partie par la baie de Daoulas et constitue une commune littorale... », ceci, selon toute vraisemblance, au sens de l'article 2 tiret 1 de la loi littoral. Les dispositions de l'article L 146-6 sont donc applicables sur l'ensemble de son territoire, sans que soit toujours résolue la question posée par l'arrêt Commune de Concarneau.

La Cour administrative d'appel de Nantes est, cependant, beaucoup plus explicite dans son arrêt Préfet du Finistère, du 31 décembre 2001 [9] : elle revient clairement à la situation d'avant la décision commune de Concarneau.

> « Considérant, en premier lieu, qu'il résulte des dispositions de l'article 2 de la loi du 3 janvier 1986 que la limite amont d'un estuaire est déterminée, pour l'application de ladite loi, par la limite de salure des eaux issue du décret-loi susvisé du 21 février 1852 ; que si la loi précitée ne définit pas la limite aval d'un estuaire, il y a lieu de se référer, pour la détermination de cette limite, aux décrets qui ont été pris en application dudit décret-loi du 21 février 1852 aux fins de fixer la limite transversale de la mer et de déterminer la jonction entre les domaines publics maritime et fluvial... ».

---

6. TA Rennes, 15 avril 1999, Préfet du Finistère, c/Commune de Plouguerneau, req. N° 97 229.
7. TA, Rennes, 4 mars 1999, M. Malléjac et autres, req. N° 952 110 ; Dr Env. ; sept. 1999, n° 71, p. 12, note L. Le Corre, DMF 99, n° 598, p. 964, note J.-M. Bécet.
8. CAA Nantes, 29 juin 2001, Commune de Loperhet, req. N° 99 NT 00899.
9. Req N° 99 NT 01477.

Reste à savoir si le Conseil d'État, en cassation, acceptera le retour à cette interprétation classique…

Finalement, l'étude de la jurisprudence offre peu de certitudes mais, malgré tout, ouvre quelques probabilités quant à la définition de la commune littorale. Serait commune riveraine de la mer (article 2 tiret 1), la commune dont une partie du territoire est en contact avec le rivage, au sens de l'ordonnance de Colbert sur la marine; dans ces communes, les dispositions des articles L 146-1 et s. du Code de l'urbanisme auraient vocation à s'appliquer, hormis, peut-être celles des articles L 146-4 II et III pour l'application desquelles la notion géographique d'estuaire pourrait être préférée (ce qui ne paraît pas être le cas si l'on se réfère aux projets actuels du décret). Serait commune riveraine des estuaires, la commune située en amont de la limite transversale de la mer, si les deux conditions posées par le législateur, être en aval de la limite de salure des eaux et participer aux équilibres littoraux, sont remplies. Les dispositions des articles L 146-1 et s. ne s'y appliquent pas, tant que n'est pas pris le décret prévu à l'article 2 tiret 2 de la loi littoral. Il faut que sortent ce décret et celui prévu par l'article L 146-4-IV pour que les probabilités se transforment en certitudes. Le dossier, sur ce point, devrait rapidement évoluer.

B. Les décrets « estuaires »

Jusqu'alors, la carence du pouvoir réglementaire, auquel le juge administratif refuse de se substituer, fait obstacle, contrairement à l'intention exprimée par le législateur, à la protection des écosystèmes estuariens, pourtant si fragiles. Les atermoiements du Gouvernement, cependant, tiennent moins à l'opposition résolue des communes estuariennes lors des consultations pratiquées, qu'à l'absence de volonté politique pour étendre la loi littoral aux estuaires. Or, l'arrêt rendu par le Conseil d'État le 28 juillet 2000, Association France Nature Environnement [10], devrait faire progresser le dossier de l'application de la loi littoral aux estuaires (**voir encart**).

Au cours de l'année 1998, c'est-à-dire douze ans après la promulgation de la loi littoral, l'Association France nature environnement saisit le Premier Ministre d'une demande visant à ce que les deux décrets « estuaires » prévus par la loi littoral soient effectivement pris, puis attaque le refus implicite devant le Conseil d'État en assortissant sa requête d'une demande d'injonction et d'astreinte. La haute juridiction administrative se fonde sur une jurisprudence déjà ancienne [11] pour considérer que le Premier Ministre est en situation de compétence liée pour édicter les décrets d'application d'une loi et que son abstention, au-delà d'un délai raisonnable apprécié en fonction des difficultés

10. Req. N° 20424, Dr. Env., octobre 2000, n° 82, p. 8, note Laurent Le Corre, DMF, nov. 2000, note J.-M. Bécet.
11. CE, 13 juillet 1962, Kervers-pascalis, Rec. P. 475, D. 1963, J. 606, note J.-M. Auby.

CE – 28 juillet 2000 – Association France-Nature Environnement

Vu la requête sommaire et le mémoire complémentaire enregistrés les 29 janvier 1999 et 18 mai 1999 au secrétariat du contentieux du Conseil d'Etat, présentés par l'Association France nature environnement dont le siège est 57, rue Cuvier, Pavillon Chevreul, Muséum d'histoire naturelle à Paris Cedex 05 (75231) ; l'Association France nature environnement demande au Conseil d'Etat :

1°) d'annuler pour excès de pouvoir la décision implicite par laquelle le Premier Ministre a rejeté sa demande tendant à ,ce que soient édictés les décrets d'application prévus à l'article 2 de la loi du 3 janvier 1986, relative à l'aménagement, la protection et la mise en valeur du littoral et au paragraphe IV de l'article L 146-4 du Code de l'urbanisme ;

2°) d'enjoindre le Premier Ministre d'édicter ces décrets dans un délai de quatre mois à compter de la notification de la décision à intervenir, sous astreinte de 10 000 F par jour de retard ;

3°) de condamner l'Etat au paiement de la somme de 10 000 F au titre des frais exposés par la requérante et non compris dans les dépens ;

(...)

Considérant qu'en vertu de l'article 21 de la Constitution, le Premier *Ministre « assure l'exécution des lois »* et *« exerce le pouvoir réglementaire »* sous réserve de la compétence conférée au président de la République pour les décrets délibérés en Conseil des ministres par l'article 13 de la Constitution ; que l'exercice du pouvoir réglementaire comporte non seulement le droit, mais aussi l'obligation de prendre dans un délai raisonnable les mesures qu'implique nécessairement l'application de la loi, hors le cas où le respect des engagements internationaux de la France y ferait obstacle ;

Sur les conclusions dirigées contre la décision implicite refusant de prendre le décret mentionné à l'article 2 de la loi du 3 janvier 1986 :

Considérant que la loi du 3 janvier 1986 relative à l'aménagement, la protection et la mise en valeur du littoral énonce dans son article 2 que sont considérées comme « communes littorales » au sens de ladite loi les communes de métropole et des départements d'outre-mer qui, soit sont *« riveraines des mers et océans, des étangs salés, des plans d'eau intérieurs d'une superficie supérieure à 1000 hectares »*, soit *« sont riveraines des estuaires et des* deltas lorsqu'elles sont situées en aval de la limite de salure des eaux et participent aux équilibres économiques et écologiques littoraux » ; que, pour cette seconde catégorie, il est spécifié que *« la liste de ces communes est fixée par décret en Conseil d'Etat, après consultation des conseils municipaux intéressés »* ; qu'en outre, ainsi qu'il est dit à l'article L 146-1 ajouté au Code de l'urbanisme par la loi du 3 janvier 1986, le chapitre VI du texte IV du livre 1er de ce Code qui comporte des *« dispositions particulières du littoral »* s'applique *« dans les communes littorales définies à l'article 2 de la loi n° 86-2 du 3 janvier 1986 »* ;

Considérant que les dispositions législatives mentionnées ci-dessus ne laissent pas à la libre appréciation du Premier Ministre l'édiction du décret dont elles prévoient l'intervention ; qu'en dépit des difficultés rencontrées par l'administration dans l'élaboration de ce texte, son abstention à le prendre s'est prolongée très largement au-delà d'un délai raisonnable ; que, dans ces conditions, la décision implicite par laquelle le Premier ministre a refusé d'édicter le décret prévu par l'article 2 de la loi du 3 janvier 1986 ne peut qu'être annulée ;

Sur les conclusions dirigées contre la décision implicite refusant de prendre le décret mentionné au IV de l'article L 146-4 du Code de l'urbanisme :

Considérant qu'en vertu du II de l'article L 146-4 du Code de l'urbanisme, *« l'extension limitée de l'urbanisation des espaces proches du rivage (...) doit être justifiée et motivée, dans le plan d'occupation des sols, selon des critères liés à la configuration des lieux ou à l'accueil d'activités économiques exigeant la proximité immédiate de l'eau (...) »* ; qu'aux termes du III du même article : *« En dehors des espaces urbanisés, les constructions et installations sont interdites sur une bande littorale de cent mètres à compter de la limite haute du rivage (...) »* ; que, selon le IV de l'article L 146-4, les dispositions des paragraphes II et III *« s'appliquent aux rives des estuaires les plus importants, dont la liste est fixée par décret en Conseil d'Etat »* ;

Considérant que l'intervention du décret ainsi prévu est une condition nécessaire à l'application des dispositions législatives en cause aux rives des estuaires ; qu'en dépit des difficultés rencontrées par l'administration dans l'élaboration de ce texte, son abstention à le prendre s'est prolongée très largement au-delà d'un délai raisonnable ; que, dans ces conditions, la décision implicite par laquelle le Premier Ministre a refusé d'édicter ce décret ne peut qu'être annulée :

Sur les conclusions tendant à la prescription de mesures d'exécution et au prononcé d'une astreinte :

Considérant qu'aux termes du premier alinéa de l'article 6-1 ajouté à la loi du 16 juillet 1980 par la loi du 8 février 1995 : *« Lorsqu'il règle un litige au fond par une décision qui implique nécessairement une mesure d'exécution dans un sens déterminé, le Conseil d'Etat, saisi de conclusions en ce sens, prescrit cette mesure et peut assortir sa décision d'une astreinte à compter d'une date qu'il détermine »*.

Considérant que l'annulation de la décision du Premier Ministre refusant de prendre les décrets mentionnés à l'article 2 de la loi du 3 janvier 1986 et au paragraphe IV de l'article L 146-4 du Code de l'urbanisme, implique nécessairement l'édiction de ces décrets ; qu'il y a lieu pour le Conseil d'Etat d'ordonner cette édiction dans un délai de six mois : que, compte tenu des circonstances de l'espèce, il y a lieu de prononcer contre l'Etat, à défaut pour lui de justifier l'édiction desdites mesures dans le délai prescrit, une astreinte de 1 000 F par jour jusqu'à la date à laquelle la présente décision aura reçu exécution ;

Sur les conclusions tendant à la condamnation de l'Etat au paiement de frais exposés par la requérante et non compris dans les dépens :

Considérant qu'il y a lieu, dans les circonstances de l'espèce par application du paragraphe I de l'article 75 de la loi du 10 juillet 1991, de condamner l'Etat à payer à l'Association France nature environnement une somme de 5 000 F au titre des frais exposés par elle et non compris dans les dépens ;

DECIDE :

Article 1 : la décision implicite née le 29 novembre 1998 par laquelle le Premier Ministre a refusé de prendre les décrets prévus à l'article 2 de la loi du 3 janvier 1986 et au paragraphe IV de l'article L 146-4 du Code de l'urbanisme est annulée.

Article 2 : Il est enjoint au Premier Ministre de prendre les décrets prévus à l'article 2 de la loi du 3 janvier 1986 et au paragraphe IV de l'article L 146-4 du Code de l'urbanisme dans un délai de six mois à compter de la notification de la présente décision.

Article 3 : Une astreinte de 1 000 F par jour est prononcée à l'encontre de l'Etat s'il n'est pas justifié de l'exécution de la présente décision dans le délai mentionné à l'article 2 ci-dessus. Le Premier Ministre communiquera au secrétariat du contentieux du Conseil d'Etat copie des actes justifiant des mesures prises pour exécuter la présente décision.

Article 4 : L'Etat versera à l'Association France nature environnement une somme de 5 000 F au titre de l'article 75-I de la loi du 10 juillet 1991.

techniques inhérentes à la matière, est illégale et constitutive d'une faute de nature à engager la responsabilité de l'administration. Sur ces bases, les juges annulent le refus du Premier ministre et l'enjoignent de prendre les décrets dans un délai de six mois, sous peine d'une astreinte de 1 000 F par jour de retard. Ce délai est clos depuis le 29 janvier 2001 et les décrets ne sont toujours pas parus. Cependant, ce retard peut être compréhensible et ne signifie pas, pour l'instant du moins, que le Gouvernement refuse de se plier à l'injonction du Conseil d'État.

L'affaire est, en effet, relativement complexe, faute d'une action suffisamment rapide, alors que celle-ci était possible. Dès 1993, les conditions requises pour agir étaient réunies. 135 communes potentiellement littorales avaient été consultées ; 97 d'entre elles avaient accepté sans aucune restriction l'application des dispositions particulières d'urbanisme sur leur territoire ; 38, en revanche, avaient émis des réserves (**voir encart**). Les délibérations en question avaient fait l'objet d'un examen approfondi lors de réunions interministérielles. Les arbitrages du Premier ministre devaient intervenir lors d'une réunion programmée le 28 janvier 1993, réunion annulée au dernier moment, sous la pression de quelques élus locaux récalcitrants…

LISTE DES COMMUNES AYANT ÉMIS UN AVIS CONSIDÉRÉ COMME DÉFAVORABLE

62 – Saint-Léonard (La Liane)
62 – Outreau (La Liane)
76 – Saint-Jean de Folleville (La Seine)
76 – Villebonne (La Seine)
76 – Notre-Dame de Gravenchon (La Seine)
76 – Saint-Maurice d'Etelain (La Seine)
27 – Aizier (La Seine)
27 – Trouville-La-Haule (La Seine)
27 – Quillebeuf-sur-Seine (La Seine)
27 – Pont-Audemer (La Risle)
27 – Toutainville (La Risle)
27 – Saint-Sulpice de Graimbouille (La Risle)
14 – Mondeville (L'Orne)
14 – Hérouville-Saint-Clair (L'Orne)
14 – Blainville-sur-Orne (L'Orne)
50 – Saint Come-du-Mont (La Taute)
50 – Vierville (Canal de Carentan)
50 – Saint-Jean-de-la-Haize (la Sée)
50 – Poilley (la Sée et la Sélune)
22 – Troguery (le Jaudy)
22 – Tréguier (Le Jaudy)
22 – La Roche-Derrien (le Jaudy)
29 – Pont-de-Buis-Les-Quimerc'h (L'Aulne)
29 – Quimper (l'Odet)
56 – Arzal (La Vilaine)
44 – Paimbeuf (La Loire)
17 – Soubise (la Charente)
17 – Arces-sur-Gironde (La Gironde)
17 – Barzan (La Gironde)
33 – Saint-Julien Beychevelle (La Gironde)
33 – Pauillac (La Gironde)
33 – Saint-Yzans-de-Médoc (La Gironde)
33 – Valeyrac (La Gironde)
33 – Saint-Vivien de Médoc (la Gironde)
33 – Talais (La Gironde)
64 – Mouguerre (L'Adour)
64 – Bayonne (L'Adour)
20 – Oletta (L'Aliso)

Fiche de jurisprudence

CE 20 novembre 1995
Association « l'Environnement à Concarneau »
(Droit Administratif 1996 n° 595)

Dans cette décision, le Conseil d'État considère d'abord que les dispositions fixées aux II et III de l'article L 146-4 ne s'appliquent pas aux estuaires, faute de l'intervention du décret prévu au IV de ce même article :

> « *Les dispositions des paragraphes II et III s'appliquent aux rives des estuaires les plus importants dont la liste est fixée par décret en Conseil d'État ; qu'aucun décret pris en application de ces dispositions n'a prévu que les règles fixées aux II et III de l'article L 146-4 s'appliqueraient aux rives du fleuve Moros et l'Anse du Moulin mer* ».

En revanche, le Conseil d'État considère que les dispositions de l'article L 146-6 s'appliquent directement aux estuaires, nommés dans le texte de l'article.

> « *Qu'en application de ce même article, ces espaces comportent, notamment, en fonction de l'intérêt écologique qu'ils présentent, les parties naturelles des estuaires, des rias ou abers ; que la délimitation attaquée classe en zone naturelle à protéger N.D. les berges du fleuve Moros et de l'Anse du Moulin à Mer ; qu'il ne ressort pas des pièces du dossier que le Conseil municipal de Concarneau ait fait une inexacte application des prescriptions législatives précitées en s'abstenant de préserver ces berges sur une plus grande largeur* ».

MOTIVATION DES REFUS DES CONSEILS MUNICIPAUX
(Consultation 1991-1992)

• Refus non motivé	13
• Contraintes trop fortes	11
• Absence de lien avec la proximité du rivage (activités non liées à la mer)	8
• Protection déjà réalisée par le Plan d'occupation des sols	7
• Aucun avantage	3
• Poids financier	2
• Dispositions inacceptables	1
• Atteinte à la décentralisation	1

(46 entrées pour 38 avis défavorables ou réservés)

Depuis, le Gouvernement se sert de prétextes pour continuer à ne pas agir : le renouvellement des conseils municipaux en 1995, la nécessité de définir exactement… les communes littorales de l'article 2 tiret 1 avant de désigner celles de l'article 2 tiret 2 [12] ou encore, plus récemment, l'inutilité qu'il y aurait

12. JO AN-Q-9 janvier 1995, p. 196.

à prendre les décrets, d'autres mesures émanant du législateur français (en particulier l'article 44 de la loi du 2 février 1995 relative au renforcement de la protection de l'environnement, qui autorise le Conservatoire de l'espace littoral à intervenir sur le territoire de toutes les communes estuariennes situées en aval de la limite de salure des eaux) ou inspirées par les instances communautaires (en particulier les directives européennes « oiseau » et « habitat ») ayant permis d'atteindre le but initialement assigné à l'extension du champ d'application de la loi littoral aux estuaires [13]. En 1997, finalement, l'administration compétente, la direction des ports et du littoral au ministère de l'Équipement, reçoit la consigne de fermer le dossier... Avant de le réouvrir fin 2000.

À cette époque, cependant, il n'est plus possible de se fonder sur des consultations réalisées en 1991-1992. Or, le Gouvernement ne souhaite pas procéder à de nouvelles consultations au moment des élections municipales de 2001 [14]. La procédure n'a repris son cours qu'ensuite, ce qui explique le non-respect du délai fixé par le Conseil d'État.

Dans l'état actuel de nos informations, le décret prévu à l'article 2 tiret 2 de la loi littoral interviendrait prochainement. La liste qu'il fixerait ne comporterait que des communes situées en amont de la limite transversale de la mer, ce qui fait dire au Ministre de l'Équipement [15], qu'une telle attitude « indiquera clairement que les communes situées en aval de cette limite sont des communes littorales de plein droit ». La thèse dominante serait ainsi confirmée. Quant au décret prévu à l'article L 146-4, IV, le projet, déjà connu en 1992 et qui n'a provoqué de sérieuses discussions que pour les estuaires de la Seine et de la Somme, serait repris. Il ne comporterait toujours que huit grands estuaires (estuaires de la Rance, de l'Odet, de la Loire, de la Charente, de la Gironde, de l'Adour, de la Bidassoa et du Maroni).

DISPOSITIONS D'URBANISME SPÉCIFIQUES AU LITTORAL APPLICABLES AUX COMMUNES RIVERAINES DES ESTUAIRES NON QUALIFIÉS DE « GRANDS ESTUAIRES »

Article	Objet
L 146-2	• Fixation de la capacité d'accueil
L 146-4-I	• Urbanisation en continuité ou en hameaux nouveaux
L 146-5	• Dispositions relatives au camping ou au stationnement des caravanes
L 146-6	• Préservation des espaces remarquables ou caractéristiques
L 146-7	• Dispositions relatives aux nouvelles routes littorales

13. Voir le premier « bilan d'application de la loi littoral », conclusions générales, p. 68.
14. Réponse du Premier ministre au député F. Colcombet, JORF, 14 mai 2001, p. 2799.
15. Réponse à André Aschieri, JORF, 7 juillet 2001, p. 4012.

Section II – L'étendue de la commune littorale

Par rapport aux autres communes, la commune littorale présente une particularité : elle comporte, au-delà de son territoire terrestre, un territoire marin qui pourrait être important. Il peut, certes, paraître incongru d'envisager, dans un ouvrage consacré à l'urbanisme littoral, cette portion marine, la mer n'étant généralement pas un espace propice aux constructions. Les principales dispositions spécifiques à l'urbanisme littoral ont d'ailleurs vocation à s'appliquer sur les espaces terrestres de la commune. Il faut, toutefois, prendre garde d'oublier que le droit du littoral proprement dit est né avec l'affaire Schwetzoff qui avait trait à des opérations sur les rives de la Méditerranée. Les plans locaux d'urbanisme concernent les espaces maritimes au droit de la partie terrestre des communes littorales, les schémas de mise en valeur de la mer envisagent les rapports entre frange terrestre et frange maritime quant aux aménagements structurels, bref, l'espace marin communal est également intéressé. Mais jusqu'à quelles limites ? N'y-a-t-il pas, en ce domaine, distorsion entre frontières de la commune littorale et espaces sur lesquels s'appliquent les dispositions particulières de la loi littoral ?

§ 1 – Reconnaissance et effectivité du territoire communal en mer

Les frontières terrestres de la commune littorale sont connues et les dispositions d'urbanisme spécifiques au littoral concernent, pour certaines d'entre elles au moins, l'ensemble de ces territoires terrestres. L'existence d'un territoire communal en mer n'est pas explicitement affirmée par les textes ; s'il existe, son effectivité est moins assurée.

A. L'extension en mer du territoire communal

Définition et délimitation du territoire communal en mer sont le fruit de la jurisprudence, à partir des années 1970. Le mouvement commence avec l'arrêt Commune de Batz-sur-Mer/Dame veuve Tesson [16], dans lequel le Conseil d'État estime que les compétences municipales de police s'exercent sur les lieux de baignade, plus précisément sur « la portion du rivage faisant partie du domaine public maritime ». Il trouve son aboutissement avec l'arrêt Commune de Saint-Quay-Portrieux [17] qui consacre expressément l'existence d'un territoire communal en mer, à l'occasion du rattachement d'un terre-plein faisant partie d'un port de plaisance au territoire d'une commune. Dans cette affaire, toutefois, le juge admet que le Préfet, chargé de trancher par arrêté les contestations portant sur la délimitation des communes, peut s'écar-

16. CE, 25 septembre 1970, rec., p. 540 ; AJDA, janvier 1971, p. 37, Chron labetoulle et Cabanes.
17. CE, 20 février 1981, Rec., p. 96 ; AJDA, 1981, p. 476 ; D. 1982, p. 351, note Moderne.

ter de la méthode logique qui consisterait à prolonger les limites terrestres en mer, pour tenir compte de la configuration des lieux ou de considérations d'intérêt général [18].

L'idée d'un territoire communal en mer est fondée notamment sur une interprétation des articles 2 et 72 de la Constitution de 1958, selon laquelle aucune parcelle du territoire français, république indivisible, ne doit échapper au rattachement à une commune. Il résulte donc de cette conception que la limite vers le large du territoire de la commune littorale serait de douze milles marins, largeur de la mer territoriale. Mais outre les difficultés inhérentes à la délimitation des frontières maritimes de chacune des communes littorales situées sur le pourtour d'une baie, d'une rade, etc., il est irréaliste d'affirmer qu'une commune peut assumer la totalité de ses compétences sur le territoire maritime ainsi défini.

B. L'effectivité d'un territoire communal en mer

Les communes littorales n'ont ni le désir ni les moyens d'exercer leurs compétences sur une zone maritime très vaste. C'est pour cela que certaines lois confinent l'exercice de compétences précises à une fraction seulement de ce territoire. Ainsi, c'est l'exemple le mieux connu, la loi littoral limite les compétences de police du maire à la limite des eaux, sous réserve d'une police spéciale de la baignade et des activités nautiques qui s'exerce sur une étendue de 300 mètres à compter de la ligne des eaux.

Qu'en est-il en matière d'urbanisme ?

C'est le fameux arrêt d'assemblée, sieur Schwetzoff, déjà plusieurs fois cité, qui pose le principe de l'applicabilité des documents d'urbanisme locaux – qui « portent » les règles d'urbanisme spécifiques au littoral – au domaine public maritime. Dans cette affaire où, rappelons-le, le requérant contestait la légalité d'un arrêté autorisant la construction d'une marina sur le domaine public maritime dans la commune de Bormes-les-Mimosas, le Conseil d'État annule la concession d'endigage pour incompatibilité avec le plan d'urbanisme communal, qu'il estime donc applicable à la frange maritime de la commune. La motivation est restée célèbre :

> « Aucun travail public ou privé à entreprendre dans le périmètre auquel s'applique le plan d'urbanisme ne peut être réalisé que s'il est compatible avec ce plan, or... le programme d'aménagement du quartier de la Favière n'a prévu aucune installation sur les rives de la Méditerranée et laisse ainsi le domaine public maritime entièrement affecté à l'usage conforme à sa destination, que le public est normalement en droit d'y exercer ».

18. Voir Nguyen Quoc Vinh « la délimitation du littoral », in « Le droit du littoral et de la mer côtière », sous la direction de J.-M. Bécet et D. Le Morvan, Economica, 1991, p. 104.

Une telle solution qui va être confirmée dans plusieurs affaires postérieures, est consacrée, mais indirectement, par la loi littoral. En premier lieu, elle dispose dans l'article L 146-6 du Code de l'urbanisme que les documents d'urbanisme « préservent les espaces terrestres et marins » remarquables ou caractéristiques. Ensuite, le législateur décide que « les sections régionales de la conchyliculture sont, à leur demande, associées à l'élaboration des schémas directeurs et des Plans d'occupation des sols des communes littorales... ». Il n'est guère possible, concrètement, de donner leur pleine signification à ces dispositions sans admettre l'idée selon laquelle les POS communaux sont applicables sur la mer côtière. Enfin, l'article 25 de la loi littoral indique que les décisions d'utilisation de DPM doivent tenir compte de la vocation des zones concernées, vocation qui s'exprime dans les POS (et aussi les schémas de mise en valeur de la mer). L'affaire *Aquamed* constitue une bonne illustration de cette dernière hypothèse, puisqu'une concession de culture marine, d'abord annulée par le tribunal administratif de Nice pour incompatibilité avec la vocation balnéaire de la zone prévue par le POS, est validée par le Conseil d'État qui considère que l'incompatibilité en question n'est pas telle qu'elle entache d'erreur manifeste d'appréciation la décision préfectorale [19].

Si le principe ainsi posé n'est plus guère contesté, son application reste ambiguë. De très nombreux équipements (ports de plaisance, bassins de décantation, aménagements divers par voie d'endigage) figurent sur la frange maritime des Plans d'occupation des sols des communes littorales. Les zones Nap, NAP, Nac sont fréquentes. Mais tous les cas d'espèce répertoriés concernent des équipements prévus sur le rivage ou à proximité immédiate de celui-ci et reliés directement à la terre. D'autre part, la liberté de choix de la commune littorale est faible, pour ne pas dire inexistante. Puisque le DPM appartient à l'État, aucune politique d'urbanisation, aucune politique portuaire « ne peut être élaborée et conduite sans son aval [20] » : par exemple, en l'absence de schéma de mise en valeur de la mer, document de planification étatique (*infra* chap. VIII), la création d'un port de plaisance, voulu par la commune, dépendra d'une décision préfectorale, nonobstant, d'ailleurs, une éventuelle inscription au Plan d'occupation des sols.

Dès lors, puisque la commune littorale n'assume pas véritablement de compétences sur une telle étendue, on voit mal l'intérêt pratique qui existe à affirmer l'existence d'un territoire communal s'étendant jusqu'à la limite des 12 milles. Il est même possible de s'interroger sur la question de savoir si, en mer, il y a vraiment assimilation entre territoire de la commune littorale – dans ses limites maritimes maximales – et espace dans lequel s'appliquent les dispositions d'urbanisme propres au littoral.

---

19. TA Nice, 27 avril 1992, Quandt c/Préfet des Alpes maritimes, RJE, 2/1993, p. 289, Concl. Lambert; CE, 21 juin 1996, SARL Aquamed et secrétaire d'État à la mer, Rec., T., p. 866.
20. F. Moderne, « La décentralisation et le littoral », DMF, décembre 1988, p. 714.

§ 2 – Les limites côté mer de la commune littorale

Un arrêt rendu par le Conseil d'État le 5 juillet 1999, Comité local des pêches maritimes et des élevages marins de Noirmoutier et Comité local des pêches maritimes et des élevages marins de Loire-Atlantique sud[21], pose clairement le problème de savoir si côté mer, le littoral – sur lequel s'appliquent les dispositions particulières édictées par la loi littoral – se prolonge jusqu'aux limites extérieures de la mer territoriale.

En l'espèce, les requérants intentent un recours pour excès de pouvoir contre un décret accordant une concession minière de sable siliceux marin sur le domaine public maritime, au motif que cette décision avait été prise en méconnaissance des dispositions de l'article 24 de la loi littoral, selon lesquelles « les extractions de matériaux… sont limitées ou interdites lorsqu'elles risquent de compromettre directement ou indirectement l'intégrité des plages, dunes littorales, falaises, marais, vasières, zones d'herbiers, frayères, gisements naturels de coquillages vivants et exploitations de cultures marines ». Cet article 24 ne fait certes pas partie des dispositions codifiées relatives à l'urbanisme littoral, mais figurant dans le chapitre intitulé « dispositions relatives aux activités exercées sur le littoral », son application ne peut se concevoir sur un autre champ. Or, la concession en cause, d'une superficie de 8,2 kilomètres carrés, se situe à 4,5 milles marins du rivage, donc sur le territoire de plusieurs communes littorales des départements de Loire-Atlantique et de Vendée.

Pourtant, le Conseil d'État, par une formule sans équivoque, refuse d'examiner l'affaire au fond, estimant qu'elle se situait en dehors du champ d'application des dispositions alléguées : « *que cette concession, ne se situant pas sur le littoral, le moyen tiré de ce qu'elle aurait été accordée en violation des dispositions précitées de l'article 24 de la loi du 3 janvier 1986 ne peut être accueilli* ».

Le Conseil d'État juge en droit et non en fait. S'il n'en était pas ainsi, il aurait été possible de dire que le juge se fondait sur la réalité pratique et était ainsi conduit à exclure du champ d'application de la loi les espaces marins qui ne sont pas situés à proximité du rivage. Il aurait rejoint, ce faisant, les parlementaires qui, dans les débats précédant le vote de la loi, avaient quasiment exclusivement envisagé la frange terrestre des communes littorales. Mais l'affaire impliquait que le Conseil d'État se prononce, compte tenu des circonstances, sur la consistance d'un concept juridique : le littoral. Il n'en fournit pas une définition positive qui couperait court à toute polémique ; fidèle à ses habitudes, il fait l'économie d'une telle définition, en indiquant seulement que le concept ne trouve pas à s'appliquer. La signification de sa décision n'en est pas moins claire : le territoire d'une commune littorale se prolonge en mer

21. Req. N° 197287.

jusqu'à 12 milles marins ; à 4,5 milles marins des côtes, la notion de littoral ne peut être employée ; donc, en mer, le littoral ne coïncide pas avec la commune littorale, il est autre chose que la commune littorale.

Les conséquences pratiques de cette affirmation, il faut l'avouer, apparaissent faibles. On l'a montré, les aménagements littoraux qui, en mer, sont soumis aux dispositions urbanistiques de la loi littoral se situent à proximité immédiate du rivage. Elle introduit, cependant, un facteur d'indétermination qui pourrait se révéler gênant, dans le cas, par exemple, des schémas de mise en valeur de la mer. Ces derniers concernent à la fois les parties terrestres et maritimes du littoral [22]. La fixation de ces orientations, qui peuvent avoir un impact non négligeable sur les projets d'équipement et d'aménagement à terre, doit se faire dans le respect des dispositions de la loi littoral. Puisque cette dernière ne s'applique pas sur l'ensemble du territoire maritime de la commune littorale, jusqu'à quelle distance du rivage le schéma peut-il zoner la mer et déterminer les conséquences sur le milieu terrestre des vocations qu'il attribue aux espaces marins ?

L'ambiguïté est donc toujours la règle en la matière. Si la notion de commune littorale joue un rôle fondamental dans la fixation du champ d'application des dispositions qui vont être étudiées, elle se révèle imprécise sur deux points importants. Aujourd'hui, on ne sait pas avec exactitude quelles communes sont communes littorales, particulièrement quant à celles qui sont riveraines d'un estuaire. Pour les communes riveraines de la mer qui, incontestablement sont communes littorales, on ne sait pas avec précision jusqu'où s'étend, en mer, le champ d'application des dispositions de la loi littoral.

Si le juriste ne peut facilement se satisfaire d'une telle situation, il faut cependant en relativiser les conséquences. Le problème des estuaires devrait être bientôt résolu et le problème tenant à l'indétermination des frontières du littoral en mer ne touche que des hypothèses marginales. Il est donc justifié de passer à l'étude des dispositions applicables sur le territoire de la commune littorale.

---

22. Ils fixent « dans le respect des dispositions mentionnées à l'article L 111-1-1 du Code de l'urbanisme, les orientations fondamentales de la protection, de l'exploitation et de l'aménagement du littoral », article 57 de la loi du 7 janvier 1983.

Partie 1

LES RÈGLES D'URBANISME APPLICABLES SUR L'ENSEMBLE DU TERRITOIRE DE LA COMMUNE LITTORALE

Deux catégories de dispositions insérées dans la loi littoral ont vocation à s'appliquer sur l'ensemble du territoire de la commune littorale, quelle que soit son étendue, quelle que soit la situation des espaces concernés par rapport à la mer.

La première rassemble des règles générales qui ont pour but commun d'orienter le développement de l'urbanisation afin que celle-ci n'occupe jamais l'ensemble des espaces disponibles ou, à l'inverse, ne se traduise par le mitage du territoire communal. De même doit être assuré le droit pour tous à accéder au rivage et à se promener sans entrave sur le bord de la mer.

La seconde concerne la préservation d'espaces qui, où qu'ils soient situés sur le territoire terrestre ou marin de la commune, présentent certaines caractéristiques particulières : être remarquables, c'est-à-dire uniques dans leur genre ou être caractéristiques, c'est-à-dire représentatifs de l'originalité d'une région déterminée. L'urbanisation nouvelle peut alors être prohibée.

Chapitre II

LES RÈGLES ET PRINCIPES APPLICABLES SUR L'ENSEMBLE DU TERRITOIRE DE LA COMMUNE LITTORALE (1 – LES RÈGLES GÉNÉRALES)

La loi littoral du 3 janvier 1986 a posé un certain nombre de principes et de règles qui sont applicables à l'ensemble du territoire des communes littorales et qui constituent la réglementation minimale destinée à assurer que le développement de l'immobilier littoral n'aboutira plus à la destruction totale des espaces naturels. D'autre part, elle affirme et met en œuvre le principe du libre accès au rivage pour tous.

SOMMAIRE

Section IV – L'obligation de ménager le libre accès au rivage

§ 1 – *L'usage libre et gratuit du rivage*

A. Le respect de l'intégrité du rivage

B. Le problème des concessions de plages

§ 2 – *Les servitudes de passage des piétons sur le littoral et vers le littoral*

A. Détermination des servitudes de passage

B. Les conséquences de l'institution des servitudes de passage

Mots clés
- PRINCIPE GÉNÉRAL D'ÉQUILIBRE
- CAPACITÉ D'ACCUEIL
- URBANISATION
- COUPURE D'URBANISATION
- URBANISATION EN CONTINUITÉ
- HAMEAU NOUVEAU
- LIBRE ACCÈS
- CONCESSION D'ENDIGAGE
- CONCESSION DE PLAGE
- SERVITUDE DE PASSAGE

Textes

CAPACITÉ D'ACCUEIL

COUPURE D'URBANISATION

Art. L 146-2 – Pour déterminer la capacité d'accueil des espaces urbanisés ou à urbaniser, les documents d'urbanisme doivent tenir compte :

- de la préservation des espaces et milieux mentionnés à l'article L 146-6 ;
- de la protection des espaces nécessaires au maintien ou au développement des activités agricoles, pastorales, forestières et marines ;
- des conditions de fréquentation par le public des espaces naturels, du rivage et des équipements qui y sont liés.

Dans les espaces urbanisés, ces dispositions ne font pas obstacle à la réalisation des opérations de rénovation des quartiers ou de réhabilitation de l'habitat existant, ainsi qu'à l'amélioration, l'extension ou la reconstruction des constructions existantes.
Les schémas directeurs et plans d'occupation des sols doivent prévoir des espaces naturels présentant le caractère d'une coupure d'urbanisation.

Extension de l'urbanisation

L 146-4-I L'extension de l'urbanisation doit se réaliser soit en continuité avec les agglomérations et villages existants, soit en hameaux nouveaux intégrés à l'environnement.
Par dérogation aux dispositions de l'alinéa précédent, les constructions ou installations liées aux activités agricoles ou forestières qui sont incompatibles avec le voisinage des zones habitées peuvent être autorisées, en dehors des espaces proches du rivage, avec l'accord du préfet après avis de la commission départementale des sites, perspectives et paysages. Cet accord est refusé si les constructions ou installations sont de nature à porter atteinte à l'environnement ou aux paysages.

Dans un souci de simplicité, le législateur a retenu tout d'abord le concept administratif de commune littorale lorsqu'il a fixé le champ d'application de la loi nouvelle (ci-avant chap. I – le champ d'application de la loi littoral). C'est l'ensemble du territoire de la commune littorale que la loi du 3 janvier 1986 veut préserver d'une urbanisation sauvage. Il n'est donc pas étonnant de constater que certaines dispositions législatives importantes ont vocation à s'appliquer sur la totalité du territoire de cette commune. Elles jouent seules sur les espaces retro-littoraux et s'ajoutent aux règles spécifiques applicables sur les espaces soumis à un régime juridique particulier.

En premier lieu, le principe général d'équilibre, qui était expressément posé à l'article L 121-10 du Code de l'urbanisme abrogé, en tant que loi d'aménagement et d'urbanisme par la loi SRU du 13 décembre 2000, mais qui imprègne toujours les textes relatifs aux documents d'urbanisme, s'applique naturellement comme aux autres, aux communes littorales. Mais pour ces dernières, les précisions apportées par l'article L 146-2 donnent à ce principe une signification particulière, pour accroître son efficacité : la notion de capacité d'accueil, qui lui est directement liée, présente, en ce sens, un incontestable intérêt, même si le niveau de contrainte qui en découle se révèle relativement faible.

En deuxième lieu, le dernier alinéa de ce même article L 146-2 oblige les élus locaux à prévoir, dans les documents d'urbanisme qu'ils élaborent, des coupures d'urbanisation destinées à séparer les zones d'habitation. Cette règle, dotée d'une valeur juridique forte, évite là où la chose est encore possible, que l'ensemble des espaces restés naturels sur le territoire de la commune ne soit grignoté par l'urbanisation. Les espaces ainsi soustraits à l'urbanisation doivent être judicieusement choisis afin d'en permettre la gestion harmonieuse et durable.

En troisième lieu, en quelque endroit que ce soit sur le territoire de la commune littorale, le mitage ne peut plus être toléré. L'urbanisation nouvelle doit se faire en continuité avec le bâti existant et, de façon privilégiée, en profondeur. Des hameaux nouveaux, à savoir un petit groupe de maisons et non une opération de grande envergure, sont toutefois possibles, à condition d'être intégrés à l'environnement. D'autre part, une exception nouvelle est posée à ce principe, en 1999, pour permettre la construction de certains établissements incompatibles avec la proximité d'habitations. Enfin, toute urbanisation nouvelle, tout aménagement nouveau doit, aujourd'hui, respecter le principe du libre accès au rivage. Les servitudes longitudinales et transversales de passage des piétons assurent ce libre accès.

Section I – L'obligation de respecter le principe général d'équilibre

Le principe général d'équilibre, auquel l'article L 121-10 du Code de l'urbanisme donnait un fondement législatif, fait l'objet pour les communes littorales, de précisions spécifiques. Il se traduit par la fixation d'une capacité d'accueil déterminée en tenant compte de ces particularités.

§ 1 – Le principe général d'équilibre

Dans chacune des communes françaises, le respect de l'ancien article L 121-10 du Code de l'urbanisme, abrogé par la loi du 13 décembre 2000, implique la gestion économe de l'espace, en vue de la préservation des différentes activités et de la protection des sites paysagers.

L'article L 121-10 qui avait valeur de loi d'aménagement et d'urbanisme est abrogé par la loi du 13 décembre 2000. Toutefois, le principe d'équilibre qu'il incarnait, imprègne évidemment toujours les textes en vigueur, en particulier l'article L 121-1, issu de la loi SRU et qui reprend les principaux éléments du principe, désormais associé à de nouveaux objectifs, relatifs au renouvellement urbain et à la mixité urbaine (**voir encart**).

Le principe d'équilibre entre développement et protection trouve évidemment à s'appliquer dans les communes littorales. Cependant, jusqu'à une époque récente, on ne pensait pas qu'il puisse avoir une quelconque efficacité.

Certes, dès les premières saisines du juge administratif fondées sur le moyen de la violation des dispositions de l'article L 121-10, le tribunal administratif de Nice avait utilisé la fameuse « théorie du bilan » pour motiver les solutions, en partie favorables au requérant, qu'il retenait [1]. Il s'agissait donc là d'un contrôle renforcé, résultat d'une appréciation systématique des situations concrètes, c'est-à-dire de la confrontation des objectifs du document d'urba-

1. TA de Nice, 17 décembre 1987, Mouvement Niçois pour la défense des sites et du patrimoine, Comité de défense de la Baie des Anges, Chambre Départementale d'Agriculture des Alpes-Maritimes, Syndicat d'exploitants agricoles de la plaine du Var et autres, n° 1452-87 II ; TA Nice, 23 décembre 1987, Delbos et Association GADSECA n° 1505-87-II, RFDA, 1990, p. 248, Conclusions Calderaro et note Quinette.

L'article L 121-1 du Code de l'urbanisme (Loi du 13 décembre 2000)

TEXTE

C. Urb. article L 121-1 : Les schémas de cohérence territoriale, les plans locaux d'urbanisme et les cartes communales déterminent les conditions permettant d'assurer :

1. l'équilibre entre le renouvellement urbain, un développement urbain maîtrisé, le développement de l'espace rural, d'une part, et la préservation des espaces affectés aux activités agricoles et forestières et la protection des espaces naturels et des paysages, d'autre part, en respectant les objectifs du développement durable ;
2. la diversité des fonctions urbaines et la mixité sociale dans l'habitat urbain et dans l'habitat rural, en prévoyant des capacités de construction et de réhabilitation suffisantes pour la satisfaction, sans discrimination, des besoins présents et futurs en matière d'habitat, d'activités économiques, notamment commerciales, d'activités sportives ou culturelles et d'intérêt général ainsi que d'équipements publics, en tenant compte en particulier de l'équilibre entre emploi et habitat ainsi que des moyens de transport et de la gestion des eaux ;
3. une utilisation économe et équilibrée des espaces naturels, urbains, périurbains et ruraux, la maîtrise des besoins de déplacement et de la circulation automobile, la préservation de la qualité de l'air, de l'eau, du sol et du sous-sol, des écosystèmes, des espaces verts, des milieux, sites et paysages naturels ou urbains, la réduction des nuisances sonores, la sauvegarde des ensembles urbains remarquables et du patrimoine bâti, la prévention des risques naturels prévisibles, des risques technologiques, des pollutions et des nuisances de toute nature. Les dispositions des 1° et 3° sont applicables aux directives territoriales d'aménagement visées à l'article L 111-1-1.

Valeur juridique (probable)

En vertu du principe de la compatibilité limitée, posé par l'article L 111-1-1 du Code de l'urbanisme et selon lequel la norme inférieure doit être compatible seulement avec celle qui lui est immédiatement supérieure, les principes généraux qui figuraient à l'ancien article L 121-10 n'étaient directement opposables qu'aux normes immédiatement inférieures. Cet article avait, en effet, valeur de loi d'aménagement et d'urbanisme et était donc intégré à la hiérarchie des normes d'urbanisme. En supprimant la catégorie des lois d'aménagement et d'urbanisme, la loi solidarité et renouvellement urbains sort du champ d'application de la règle de compatibilité limitée les principes généraux qui figurent maintenant à l'article L 121-1, qui deviennent donc opposables à tous les documents et décisions qui entrent dans leur champ d'application, quelle que soit leur place dans la hiérarchie (V. Conseil Constitutionnel, décision n° 2000-436 D.C. du 7 décembre 2000. JO 14 décembre p. 19840).

nisme contesté, avec ceux, généraux, de l'article L 121-10. Et pourtant, non seulement ce type de contrôle, subjectif, demandait à être précisé quant à ses limites, mais encore il paraissait mal adapté à la matière pour laquelle la technique de l'erreur manifeste d'appréciation, aboutissant éventuellement à des annulations partielles du plan du zonage, semblait préférable [2]. Le Conseil d'État adopte alors une attitude faite de prudence et de réserve en ce domaine.

Comme en d'autres contentieux relevant de l'application de la loi littoral, la jurisprudence évolue très récemment. Cette évolution est annoncée par l'arrêt Association « Hardelot Opale Environnement » et Association « Nord Nature » rendu par le Conseil d'État le 6 mai 1996, nos 151698 et 152467. Dans cette décision, le juge administratif suprême exerce un contrôle normal, en renouant avec la théorie du bilan. Il précise « qu'il ne ressort pas des pièces du dossier que le développement de l'urbanisation de la commune de Neufchatel-Hardelot, prévu par le plan d'occupation des sols révisé, porte une atteinte excessive aux sites et paysages remarquables de cette commune, ainsi qu'aux milieux nécessaires au maintien des équilibres biologiques ». Puis, moins d'un an plus tard, le Conseil d'État prend la première décision annulant un plan d'occupation des sols pour incompatibilité avec les dispositions de l'article L 121-10 du Code de l'urbanisme [3].

Dès lors, toute urbanisation nouvelle prévue dans un document d'urbanisme peut faire l'objet d'un recours fondé sur la non compatibilité de cette urbanisation avec les objectifs généraux de l'actuel article L 121-1, tel qu'il dérive de la loi du 13 décembre 2000. Encore faut-il que le document d'urbanisme attaqué ait pour objet ou pour effet d'étendre les zones constructibles au détriment des zones naturelles. À défaut, le moyen invoqué de l'absence de conciliation entre objectifs particuliers du plan d'occupation des sols et objectifs généraux ne pourrait être retenu [4].

Si le juge administratif, à la suite d'un contrôle normal sur la compatibilité du plan d'occupation des sols avec le principe d'équilibre, retient l'incompatibilité, c'est le document dans son ensemble qui peut être annulé. La référence à l'erreur manifeste d'appréciation favorise une approche partielle ; le contrôle normal du respect, à l'échelon local, du principe général d'équilibre suppose une approche globale de l'ensemble du document d'urbanisme considéré. Le commissaire du gouvernement Touvet, dans l'affaire de Théoule, proposait de n'annuler que partiellement la révision contestée, c'est-à-dire en ce qu'elle avait de plus contraire au principe d'équilibre ; le Conseil d'État, à l'inverse,

2. CE, 10 décembre 1990, GADSECA, n° 97119 ; CE, 19 février 1993, Association syndicale libre des propriétaires des parcs de Saint-Tropez, n° 97202 ; CE, 19 février 1993, Prévost-Allard, n° 95595.
3. CE, 10 février 1997, Association pour la défense des sites de Théoule et autres, n° 125534, BJDU, 1/97, p. 19, Conclusions Laurent Touvet.
4. CE, 25 novembre 1998, Commune de Grimaud, n° 168029, BJDU, 1991/1, p. 15, Conclusions C. Maugüé, DMF, janvier 2000, p. 72, observations le Cornec, p. 57.

décide que ce sont les dispositions du règlement du plan d'occupation des sols révisé dans leur intégralité qui ne peuvent être regardées comme assurant une préservation suffisante des objectifs affirmés à l'article L 121-10. Il faut remarquer que seule cette solution protège la liberté communale. Une annulation partielle, concernant un secteur dans lequel un accroissement notable de l'urbanisation était prévu, aurait interdit à la commune de réaliser ses objectifs en la matière. Une annulation totale permet éventuellement aux autorités communales de reporter sur d'autres zones l'urbanisation contraire au principe d'équilibre car, comme l'affirme le juge, ce principe n'interdit pas « des modifications répondant aux besoins de développement d'une agglomération » ; il s'oppose seulement à ce que ces modifications ne soient pas compatibles avec la préservation d'un site remarquable.

Une telle jurisprudence assure donc que, s'il y a conflit entre logique du développement économique et logique de la protection de l'environnement, l'une ne pourra l'emporter sur l'autre. Elle est valable pour l'ensemble des communes françaises mais davantage encore sur le littoral où les conflits sont plus fréquents. Cependant, sur les espaces littoraux, le principe général d'équilibre est décliné de façon plus précise et en même temps dépassé : l'article L 121-10 reposait sur des préoccupations essentiellement spatiales ; l'article L 146-2, lorsqu'il indique les critères spécifiques à prendre en compte pour fixer la « capacité d'accueil » de la commune littorale, envisage « la maîtrise de l'accueil et non pas uniquement la localisation de cet accueil [5] ».

§ 2 – Le principe d'équilibre spécifiquement organisé par l'article L 146-2

A. Les critères spécifiques

Le respect du principe d'équilibre ne signifie nullement interdiction de toute urbanisation nouvelle. Il veut dire seulement que cette urbanisation nouvelle ne peut dépasser un certain seuil, au risque de compromettre la réalisation d'autres priorités, elles aussi légitimes. L'article L 146-2, dans ses quatre premiers alinéas, énonce les trois grandes priorités qui, sur les espaces littoraux, viennent limiter la liberté des auteurs des documents d'urbanisme quant à la localisation, au dimensionnement et à l'occupation des zones, U, NA, éventuellement NB. (Zones U et AU des futurs plans locaux d'urbanisme, les zones naturelles NB étant supprimées).

On notera d'abord que les dispositions de l'article L 146-2 concernent tous les documents d'urbanisme. On entend par documents d'urbanisme les documents élaborés à l'initiative d'une – ou de plusieurs – collectivités publiques et

5. A. H. Mesnard, « Maîtrise du littoral et activités touristiques », DMF, février 1997, n° 568, p. 194.

ayant pour objet de déterminer les principes et règles touchant à l'affectation et à l'occupation des sols, opposables aux personnes publiques et privées [6]. Rentrent sous ce vocable les documents d'urbanisme classiques que sont les plans d'occupation des sols et les schémas directeurs ou de secteurs, mais aussi les plans d'aménagement de zone, qui tiennent lieu de plan d'occupation des sols, les schémas de mise en valeur de la mer [7] et les schémas d'aménagement régionaux, qui comportent un chapitre valant schéma de mise en valeur de la mer [8]. Comme les plans cadre aujourd'hui, les cartes communales futures constitueront également des documents d'urbanisme qui devront donc respecter les dispositions de l'article L 146-2. Enfin, les plans d'exposition au bruit sont dotés de la même qualification [9].

L'exemple du plan d'occupation des sols est à l'évidence le plus probant. Pour déterminer la capacité d'accueil globale de l'ensemble des zones U et NA, éventuellement NB, de la commune, les auteurs du document, doivent tout d'abord délimiter les espaces nécessaires au respect des priorités autres que l'urbanisation fixée par le législateur. Il s'agit :

- en premier lieu, de la préservation des espaces et milieux mentionnés à l'article L 146-6 (voir *infra*, chap. 3) ; pendant longtemps, l'article L 146-2, dans la jurisprudence, n'a pas joué de manière autonome, se trouvant généralement combiné avec l'article L 146-6 ;
- en second lieu, de la protection des espaces nécessaires au maintien et au développement des activités naturelles et traditionnelles du littoral, les activités « agricoles, pastorales, forestières et maritimes » ; cela ne signifie pas toutefois, que les auteurs du plan d'occupation des sols ne peuvent pas modifier, lors de la révision du document, l'affectation de certaines zones antérieurement affectées à de telles activités si les nécessités du développement de l'agglomération le rendent nécessaire [10] ;
- en troisième lieu, de la fréquentation par le public des espaces naturels, du rivage et des équipements qui y sont liés ; le public a droit au libre accès au rivage ; l'article L 146-3 le rappelle clairement : « Les opérations d'aménagement admises à proximité du rivage organisent ou préservent le libre accès du public à celui-ci » (voir *infra*, section 4) ; d'autre part, il faut prendre garde que l'urbanisation nouvelle n'entraîne pas un excé-

6. CE, avis du 17 janvier 1997, Association de défense du site de l'environnement de Galluis, BJDU, 1/1997, p. 58, conclusions J. C. Bonichot ; voir aussi E. Le Cornec, « les critères du document d'urbanisme : une analyse critique », Droit administratif, 1997, n° 10, p. 4.
7. CE, 7 juillet 1997, Association Sauvegarde de l'étang des Mouettes et de l'environnement, BJDU, 5/1997, p. 315, Conclusions J. C. Bonichot.
8. CAA Marseille, 18 mars 1999, Ministre de l'Équipement, des Transports et du Logement, SCI Vetricelle, n°s 98, MA 00851 et 98 MA 00621.
9. CE, 7 juillet 2000, Secrétaire d'État au Logement, BJDU, 4/2000, p. 266, Conclusions L. Touvet.
10. CE, 2 décembre 1991, Chambre Départementale d'Agriculture des Alpes-Maritimes, n° 95-067, Rec., T. p. 1246 ; CE, 6 avril 1992, Association des amis de Saint-Palais-sur-Mer, n° 104454, Droit administratif, 1992, n° 275.

dent d'usagers que les espaces restés libres ne pourraient absorber dans des conditions normales [11].

Les différents paramètres, localisation, dimension, nature et densité de l'occupation, relatifs aux zones urbanisées ou à urbaniser, ne peuvent être fixés qu'après ces différentes opérations, étant donné que, dans les espaces urbanisés, il est et demeurera toujours possible de réaliser des opérations de rénovation des quartiers ou de réhabilitation de l'habitat existant, ainsi que d'amélioration, d'extension ou de reconstruction des constructions existantes [12].

Encore convient-il de savoir, de quelle manière exacte pèsent ces contraintes sur les auteurs des documents d'urbanisme.

B. La « capacité d'accueil »

La notion de capacité d'accueil pourrait avoir une importance considérable sur le littoral. Au minimum, elle présente un aspect dissuasif face à l'aménagement anarchique des espaces côtiers. Mais au-delà, elle paraît adaptée pour la gestion des conflits d'usage de l'espace littoral et permet donc de définir une stratégie pour la gestion cohérente et l'aménagement intégré de cet espace, stratégie fondée sur les principes de durabilité et de bonne pratique environnementale. Ce peut être un véritable outil d'aménagement du territoire. D'ailleurs, l'instruction interministérielle du 21 octobre 1991 sur la protection et l'aménagement du littoral [13] souligne le caractère fondamental de cette notion, dont l'estimation doit porter sur la totalité des urbanisations existantes ou à créer et prendre en compte les espaces naturels qu'il faut préserver d'une fréquentation excessive.

Mais la capacité d'accueil, telle qu'exprimée à l'article L 146-2 du Code de l'urbanisme, est-elle une notion fonctionnelle, douée d'une véritable effectivité pratique, ou ne représente-t-elle, qu'une « fausse contrainte [14] » par rapport à la limitation de l'urbanisation des communes littorales, contrainte qui « n'ajoute rien au corpus abondant des règles d'urbanisme, de protection des sites ou de l'environnement [15] » ? Il faut, certes, constater que les communes littorales, dans leur grande majorité, justifient, dans le rapport de présentation de leur plan d'occupation des sols, leur zonage par la détermination de la capacité d'accueil, en fonction de leurs paramètres propres. Mais la contrainte est faible, si cette détermination ne fait pas l'objet d'un contrôle véritable de la part du juge administratif.

---

11. CE, 12 décembre 1997, Mme Desgrès, n° 149500.
12. TA Nice, 31 janvier 1991, Comité de Défense de la Baie des Anges, n° 89-1318.
13. J.-M. Bécet, « À propos de l'instruction du 22 octobre 1991 », RJE, 1-1992, p. 49 *sq*.
14. J. P. Colson, « Les POS après la loi littoral », RJE, 4-1990, p. 606.
15. N. Calderaro, « Droit du littoral », le Moniteur, 1993, p. 353.

Sur ce point, il importe d'abord de souligner le caractère subjectif de la capacité d'accueil, notion interprétée en fonction des intérêts à court terme de chacune des communes. Le législateur le permet, qui s'en tient à une obligation molle de simple « prise en considération ». Les communes conservent donc un pouvoir discrétionnaire certain par rapport à la qualification et la quantification de la capacité d'accueil et, corrélativement, au zonage du plan d'occupation des sols. Le juge administratif en tient compte en faisant preuve d'une grande prudence dans son contrôle. Dans un premier temps, du moins, il considère la notion de capacité d'accueil comme accessoire, d'une part, et en reste, d'autre part, au contrôle de l'erreur manifeste d'appréciation. Cependant, très récemment, une évolution se dessine qui pourrait conduire à lui conférer une tout autre dimension.

Tout d'abord, le juge administratif n'annule aucun projet d'aménagement, si pharaonique soit-il, sur le seul fondement de l'article L 146-2 du Code de l'urbanisme. Il y a peu de décisions qui se réfèrent à la capacité d'accueil. Surtout dans les hypothèses où il utilise l'article L 146-2, le juge administratif ne cite pas expressément cette notion comme motif éventuel d'annulation. Il ne s'en sert, en effet, qu'en liaison avec d'autres concepts liés à la préservation et à la protection du littoral, l'article L 121-10 ou, plus souvent l'article L 146-6 [16]. Il semble, alors, que la notion de capacité d'accueil ne joue, dans l'ensemble des décisions rendues, qu'un rôle confortatif.

Sur ce point, il faut éviter, toutefois, tout contresens dans l'interprétation des décisions du juge. La combinaison opérée entre capacité d'accueil et espaces remarquables est, en effet, impliquée par le sens même des dispositions de l'article L 146-2. Ce ne sont pas les espaces remarquables visés à l'article L 146-6 qui sont concernés, ceux-ci sont inconstructibles par nature. Ce sont les espaces avoisinants qui ne doivent pas supporter une extension trop importante de l'urbanisation, extension qui engendrerait une fréquentation trop forte du site à préserver. À cet égard, la capacité d'accueil peut apparaître comme un taux de fréquentation maximal qu'un milieu naturel préservé peut tolérer sans dommages. Le problème est de savoir si un projet déterminé, prévu sur des espaces où sa réalisation est possible compte tenu de l'ensemble des règles d'urbanisme applicables, hormis celle posée à l'article L 146-2, est susceptible de porter atteinte au caractère du site ou du paysage situé à proximité.

16. TA Nice, 31 janvier 1991, Association de Défense des sites du Lavandou et de la Corniche d'Or, TA Nice, 4 juillet 1991, SOS Environnement, *in* Jurisprudence administrative illustrée, « la loi du 3 janvier 1986 relative à l'aménagement, la protection et la mise en valeur du littoral », Ministère de l'Équipement, du Logement et des Transports, DAU, septembre 1992, p. 27 et 43 ; CE, 6 avril 1992, Association des amis de Saint-Palais-sur-Mer, n° 104454, Droit Administratif, 1992, n° 275 ; CAA Nancy, 21 mars 1996, Association Hardelot Opale Environnement et Fédération Nord-Nature, nos 93 NC 00831 et 93 NC 00855 ; CE, 6 mai 1996, mêmes parties, nos 151698 et 152467 ; CE, 29 novembre 1996, Société de développement du Dramont-Agay et Société Dramont-Aménagement, n° 129241, BJDU, 2-1997, p. 74, Conclusions Piveteau, DMF, mars 1997, n° 596, p. 324, note A. H. Mesnard ; CE, 10 octobre 1997, Commune de Pornic, n° 173184.

CE 12 décembre 1997, Mme Desgrès, (n° 149-500) sur le moyen de la violation de l'article L 146-2 du Code de l'urbanisme

Considérant qu'aux termes de cet article L 146-2 : « Pour déterminer la capacité d'accueil des espaces urbanisés ou à urbaniser, les documents d'urbanisme doivent tenir compte : – de la préservation des espaces et mieux mentionnés à l'article L 146-6 ; – de la protection des espaces nécessaires au maintien et au développement des activités agricoles, pastorales, forestières et maritimes ; – des conditions de fréquentation par le public des espaces naturels, du rivage et des équipements qui y sont liés » ;
Considérant que Mme Desgrès soutient qu'en créant dans le hameau de la « Ville Norme » de nouvelles zones constructibles, la commune de Saint Cast-le Guildo aurait prévu une urbanisation nouvelle excédant ses capacités d'accueil et, notamment, celles de la plaine de la Fresnaye, que, toutefois, il ne ressort pas des pièces du dossier que l'accroissement du nombre de parcelles constructibles, au demeurant limité, puisse entraîner une urbanisation mettant en péril la préservation des espaces remarquables de la baie de la Fresnaye, la protection des espaces nécessaires au maintien et au développement des activités agricoles, pastorales, forestières et maritimes de la commune, ainsi que les conditions normales de fréquentation de la plage de la Fresnaye ; que, par suite, le moyen doit être écarté ;

Cela explique également pourquoi, en second lieu, c'est un contrôle de l'erreur manifeste d'appréciation qui s'applique en la matière. Le tribunal administratif de Nice avait, certes, au départ, opéré un contrôle différent, en utilisant la technique du bilan coût/avantages pour l'application des dispositions de l'article L 146-2 [17] mais la haute juridiction s'est refusée à suivre cette voie. Seules les opérations d'envergure disproportionnée sont susceptibles d'entraîner des conséquences dommageables au-delà de son périmètre d'implantation et, corrélativement, d'être censurées par le juge administratif. Le contrôle minimum correspond d'ailleurs, parfaitement, au terme « tenir compte » employé par le législateur.

L'attitude du Conseil d'État a pourtant fait l'objet d'une évolution notable avec la décision rendue le 12 décembre 1997, Mme Desgrès, n° 149-500. Pour la première fois à notre connaissance, la haute juridiction applique directement les seules dispositions de l'article L 146-2 et opère, à leur égard, un contrôle normal.

Comme souvent, c'est dans une décision négative que le Conseil d'État fait évoluer son contrôle. Mais le progrès est incontestable. Quoique cela n'ait jamais fait beaucoup de doute, il est certain maintenant qu'un recours intenté

---

17. TA Nice, 4 juillet 1991, Association Lees Amis de Saint-Raphaël et Fréjus et autres, nos 87-396 et 87-397.

sur le seul fondement de la violation du principe d'équilibre posé à l'article L 146-2 peut être accueilli. Il est certain aussi qu'il peut y avoir là motif d'annulation, à l'issue d'un contrôle de la compatibilité des projets contestés avec la qualité et la fréquentation des sites existants sur la commune. La notion de capacité d'accueil, avec cet arrêt, perd son aspect résiduel et devient, dans le cadre d'une politique à long terme, un moyen de gestion des conflits d'usage de l'espace littoral. Il ne nous semble pas, cependant, que la prise en considération de la capacité d'accueil aura un impact fondamental sur l'aménagement du littoral. Lui est attribué un rôle qu'elle seule peut jouer : limiter l'urbanisation sur des espaces où d'autres règles, plus contraignantes, ne trouvent pas application. Mais sa quantification reste délicate et il semble acquis que le juge administratif restera très prudent en la matière.

Le recours à la capacité d'accueil présente, finalement, deux intérêts :
- imposer à la commune une méthode,
- empêcher la réalisation d'opérations déraisonnables.

Section II – L'obligation de ménager des coupures d'urbanisation

Le dernier alinéa de l'article L 146-2 pose une règle impérative : l'obligation, dans les documents d'urbanisme, de ménager des coupures d'urbanisation.

Une telle obligation était déjà imposée par la directive d'Ornano approuvée par le décret du 25 août 1979 [18]. Pourtant, elle pose encore, dans son application un certain nombre de problèmes. Les uns tiennent à la fixation de ces coupures, les autres à leur régime juridique.

§ 1 – La détermination des coupures d'urbanisation

La notion de coupure d'urbanisation comme celle de capacité d'accueil, concourt à la préservation des paysages littoraux en interdisant d'établir une continuité d'urbanisation sur un espace trop important sans coupure verte. L'instruction du 22 octobre 1991, sans fournir une véritable définition, du fait de la diversité des situations concrètes, se veut plus précise :

> « L'organisation spatiale de l'urbanisation doit comporter des coupures, composantes positives qui séparent selon leur échelle des zones d'urbanisation présentant une homogénéité physique et une certaine autonomie de fonctionnement. L'étendue de ces coupures doit être suffisante pour permettre leur gestion et assurer leur pérennité ».

18. CE, 19 octobre 1988, Ligen, Rec., p. 345.

Ce texte, interprétatif du dernier alinéa de l'article L 146-2 du Code de l'urbanisme, comporte deux affirmations très importantes dans le cadre de l'élaboration des documents d'urbanisme :

- malgré la règle de la construction en continuité (III ci-après), il n'est plus possible de relier entre elles toutes les unités urbanisées : des coupures vertes doivent nécessairement séparer ces différentes zones ;
- ces coupures d'urbanisation doivent, si possible, avoir un rapport d'échelle avec les parties construites qu'elles séparent et être suffisamment vastes pour permettre une gestion harmonieuse et durable des espaces qu'elles comportent.

L'application pratique de ces principes de bon sens ne va cependant pas sans poser un certain nombre de problèmes qu'il nous faut évoquer.

Première question : à quel niveau faut-il se placer pour apprécier l'obligation de prévoir des coupures d'urbanisation ? Les termes mêmes du dernier alinéa de l'article L 146-2 semblent fournir la réponse : « les schémas directeurs et les plans d'occupation des sols doivent prévoir de telles coupures ». La conjonction **et** implique que chaque commune est concernée, c'est-à-dire que la fixation intercommunale de coupures d'urbanisation dans un schéma directeur serait insuffisante si les coupures ainsi déterminées ne concernaient pas chacune des communes ou n'étaient pas reprises par tel ou tel plan d'occupation des sols. La Cour Administrative d'appel de Bordeaux est très claire : « que le plan d'occupation des sols de la commune d'Hendaye qui, à l'époque de la décision attaquée, ne prévoyait aucune coupure d'urbanisation était, dans cette mesure, illégal [19] ». Le Conseil d'État avait, d'ailleurs, dès l'origine, formulé un tel principe [20]. Il n'en reste pas moins qu'il paraît préférable d'avoir, en la matière, une approche intercommunale dans la mesure, surtout, où le juge administratif ne se sent nullement lié par les limites communales pour assurer la protection de coupures vertes qui sépareraient deux zones d'urbanisation relevant de communes différentes. La toute première affaire intervenue dans le cadre de l'application de la loi littoral en fait foi [21].

En revanche, l'obligation de prévoir des coupures d'urbanisation ne peut s'apprécier qu'au niveau de l'ensemble de la commune ou au moins sur une partie significative de la commune. Celle-ci, en effet, dispose d'une liberté de choix dans la localisation de ses coupures d'urbanisation et peut fort bien ne pas en prévoir sur la partie qui fait l'objet de la révision du document d'urba-

19. CAA Bordeaux, 19 juin 1997, SCI Hendayaise, n° 94 BX 01012.
20. CE, 19 octobre 1988, Ligen, Rec. Lebon, p. 345.
21. TA Nice, 17 décembre 1987, Mouvement Niçois pour la défense des sites et du patrimoine et autres, n° 1452 87/II, RFDA, 1990, p. 234 confirmé par CE, 2 décembre 1991, Chambre Départementale d'Agriculture des Alpes Maritimes, n° 95067 ; voir aussi CE, 16 décembre 1994, Ville de Lelex, BJDU, n° 3, p. 7, Conclusions Toutée, pour l'application de la même notion en montagne.

nisme [22]. Cette jurisprudence, parfaitement explicable, peut cependant produire des conséquences dommageables pour l'environnement. Comme l'écrit E. Le Cornec :

> « Il est très facile de s'affranchir du respect de l'article L 146-2 in fine, en recourant à des révisions partielles successives qui n'affectent pas en elles-mêmes une portion suffisamment significative du territoire communal mais qui, par accumulation, peuvent réduire sinon même supprimer des coupures d'urbanisation… ».

Deuxième question, sur quels espaces peuvent se porter les choix communaux ? Les coupures transversales d'urbanisation peuvent, normalement, être composées de trois catégories d'espaces, les espaces protégés au titre de l'article L 146-6 du Code de l'urbanisme, les espaces naturels qui, sans avoir un intérêt écologique ou paysager majeur, sont protégés par décision de la commune, les espaces réservés à l'agriculture ou à la sylviculture. Mais, hormis les premiers, il appartient au conseil municipal d'opérer les choix nécessaires et il n'est nullement indispensable que des parcelles, jusque-là à l'état naturel, soient maintenues en cet état au titre des coupures d'urbanisation si la commune a préféré d'autres possibilités. L'affaire jugée par la Cour administrative d'appel de Bordeaux le 1er juillet 1997 est particulièrement révélatrice à cet égard [23]. La Cour décide, en effet, que ce n'est pas parce qu'il y a déjà des coupures d'urbanisation suffisantes que les terrains des requérants ne peuvent être classés comme tels et, ainsi, soustraits à l'urbanisation. Dans la même affaire, la Cour avait d'ailleurs, par un arrêt avant dire droit [24], ordonné un supplément d'instruction « afin d'inviter la commune d'Urrugne à produire tous documents et plans permettant d'établir si les parcelles déclarées inconstructibles par la décision attaquée sont situées ou non dans un espace naturel présentant le caractère d'une coupure d'urbanisation ».

Si toutes les parcelles restées à l'état naturel n'ont pas automatiquement vocation à être incluses dans des coupures d'urbanisation, des parcelles bénéficiant d'éléments de raccordement à la voirie et aux réseaux publics et jouxtant une zone urbanisée, ne sont pas, à l'inverse, nécessairement protégées d'un tel classement, si ces parcelles sont situées effectivement entre deux pôles d'urbanisation [25]. En revanche, si les espaces en question sont déjà urbanisés, même partiellement, ils ne peuvent être retenus comme coupure d'urbanisation, ce qui pose, une fois de plus, le problème du mitage des communes litto-

---

22. CE, 21 septembre 1992, Association de Défense de Juan-les-Pins et de ses pinèdes, n° 110166, Rec., T. p. 1372 ; TA Pau, 3 février 1993, Préfet des Pyrénées Atlantiques c/commune de Saint-Jean-de-Luz, n° 92-1215 ; RJE, 1993-2, p. 220, note J. Y. Madec et J. L. Rey ; CE, 25 novembre 1998, commune de Grimaud, n° 168029, DMF, janvier 2000, n° 600, p. 71, note E. Le Cornec.
23. CAA Bordeaux, 1er juillet 1997, M. Maurice Laguillon, M. Jean-Bernard Lambert, Mme Christine Zurrutuza, n° 94 BX 01081.
24. CAA Bordeaux, 7 mars 1996, même n°.
25. CE, 31 juillet 1996, M. Levavasseur, n° 144990.

rales [26]. La coupure d'urbanisation est, en effet, logiquement, le contraire d'une zone d'urbanisation.

Dans la pratique, l'instruction du 24 octobre 1991 charge les préfets d'arrêter leurs positions concernant la localisation des coupures d'urbanisation et de tenter de les faire prévaloir lors de la procédure d'élaboration ou de révision des documents d'urbanisme communal. Mais, contrairement à d'autres objets, notamment la fixation des espaces remarquables ou caractéristiques, pour lesquels la pression de l'État, très forte et peu respectueuse de la décentralisation, entraîne de vives controverses avec les autorités communales, il ne semble pas qu'il existe, quant à la détermination des coupures d'urbanisation, de tension particulière.

§ II – Le régime juridique des coupures d'urbanisation

Le dernier alinéa de l'article L 146-2 du Code de l'urbanisme, opposable à tous les plans d'urbanisme locaux, schémas directeurs – futurs schémas de cohérence territoriale prévus par la loi du 13 décembre 2000, – plan d'occupation des sols – futurs plans locaux d'urbanisme – plans d'aménagement de zone – qui n'existent plus sous le régime de la nouvelle loi –, ne s'applique pas directement au permis de construire ou aux autres autorisations individuelles d'occupation du sol, puisque, comme on l'a dit, aucun espace ne constitue, a priori, un élément obligé d'une coupure d'urbanisation, tant qu'il n'a pas été choisi par les autorités communales compétentes. La délivrance d'un permis de construire sur un espace naturel fait alors présumer que la commune ne considère pas la zone au sein de laquelle est inscrite la parcelle comme pouvant constituer une coupure d'urbanisation. Toutefois, la méconnaissance de cette disposition peut être invoquée par voie d'exception d'illégalité à l'appui d'un recours dirigé contre ce permis [27].

Il faut aussi noter à cet égard que, dans l'affaire SCI Hendayaise précitée, la Cour administrative d'appel de Bordeaux raisonne différemment en estimant qu'une commune dont le plan d'occupation des sols ne comporte pas encore de coupures d'urbanisation ne peut délivrer des certificats d'urbanisme positifs sur des terrains situés en zone naturelle et qui pourraient, potentiellement, constituer des éléments d'une future coupure d'urbanisation.

En cas de litige portant sur l'existence ou la consistance d'une coupure d'urbanisation, le juge opère un contrôle minimum [28].

---

26. CE, 3 février 1992, Association Saint-Laurent et autres, n°s 125528 et 125572
27. TA Pau, 3 février 1993, préfet des Pyrénées Atlantiques, c/commune de Saint-Jean-de-Luz, n° 92-1215.
28. CE, 8 juin 1988, Commune de Pignan, Rec. Lebon, p. 1071 ; CE, 15 octobre 2001, Mme Sevet, req. N° 219 883, BJDU, 6/2001, p. 414, conclusions Sophie Boissard.

Lorsque la commune littorale a déterminé ses coupures d'urbanisation, elle leur affecte un zonage qui les préserve de toute opération de construction (classement en zone NC ou ND). Toute autorisation relative à une telle opération serait sanctionnée [29]. Cependant, la coupure d'urbanisation n'est pas nécessairement une zone inoccupée et dépourvue de tout équipement : un zonage NDA ou encore NDL respecte l'esprit de la disposition de l'article L 146-2.

Ainsi, le juge administratif suprême admet que des équipements de loisirs et de sports soient implantés sur des espaces inclus dans une coupure d'urbanisation [30]. Il en va de même pour les activités et équipements liés à la gestion de l'espace, par exemple, les équipements nécessaires à l'exploitation des voiries et réseaux, à condition que ceux-ci ne soient pas de nature à compromettre la protection de la zone [31]. Il ne faut pas oublier que les coupures d'urbanisation doivent être effectivement gérées pour assurer leur pérennité et ne doivent pas, en ce sens, être des espaces stériles.

Section III – L'obligation de regrouper l'urbanisation

Sur l'ensemble du territoire de la commune littorale, le mitage de l'espace ne doit plus être toléré. Dans ce but, l'article L 146-4-II pose, en ces termes, le principe du regroupement de l'urbanisation : « L'extension de l'urbanisation doit se réaliser soit en continuité avec les agglomérations et villages existants soit en hameaux nouveaux intégrés à l'environnement ». Il n'y a donc, dans les communes littorales, que deux modalités pour développer l'urbanisation : soit partir d'un noyau existant, pour l'étendre, de façon privilégiée en profondeur ; soit créer un pôle nouveau, en respectant l'environnement. Ces notions ne laissent aucun pouvoir d'appréciation à l'administration communale.

§ 1 – L'urbanisation en continuité

Le principe de l'urbanisation en continuité s'applique sur l'ensemble du territoire de la commune littorale. Il se combine avec les autres règles relatives aux coupures d'urbanisation ou encore à l'extension limitée de l'urbanisation dans les espaces proches du rivage [32]. **Seule exception** : la règle de l'extension en continuité ne permet pas de construire, dans la bande littorale, vers l'extérieur de l'espace urbanisé : il est seulement possible, sur cette bande, de

29. CE, 2 décembre 1991, Chambre Départementale d'Agriculture des Alpes-Maritimes, n° 95067 ; CE, 29 mars 1993, commune d'Argelès-sur-Mer, n° 128204.
30. CE, 6 avril 1992, Association des amis de Saint-Palais-en-Mer, nos 104454 et 113210, AJDA, 1992, p. 761, note H. Jacquot.
31. CE, 1er octobre 1997, commune de Pornic, n° 173184.
32. CE, 31 juillet 1992, commune de la Trinité-Sur-Mer et SNC Parc des Bruyères, nos 132713 et 132783 ; CE, 29 juillet 1994, commune de Frontignan, c/SNC Nebot, n° 85532.

remplir les dents creuses à l'intérieur de l'espace urbanisé, ce qui, bien entendu, respecte notre principe (voir ci-après, chap. VI – la bande des cent mètres).

Par rapport à la règle de l'urbanisation en continuité, Conseil d'État et cours administratives d'appel opèrent un contrôle normal aussi bien sur le zonage d'un plan d'occupation des sols [33] ou d'un plan cadre [34] que sur les autorisations de construire, lotissements [35] ou permis de construire [36].

L'étude concrète des différentes espèces fait ressortir deux questions essentielles : quand y a-t-il effectivement continuité avec l'existant, que doit être cet existant, c'est-à-dire par rapport à quels éléments peut être appréciée la continuité ?

Deux critères principaux permettent de rendre compte de la notion de continuité : celui de la distance, bien entendu mais également celui de la configuration des lieux.

En adoptant une telle règle, le législateur a entendu interdire, en principe, toute opération de construction isolée dans les communes du littoral. Il est donc nécessaire, pour pouvoir construire, d'invoquer la proximité immédiate d'autres constructions. Mais une telle proximité ne peut donner lieu à la fixation d'une distance invariable, applicable en toutes circonstances. Si, par exemple, deux cents mètres par rapport au lieu-dit le plus proche constituent une distance trop importante pour justifier d'une quelconque continuité [37], quatre-vingts mètres représentent, semble-t-il, la limite à partir de laquelle il convient de s'interroger, à l'aide surtout du critère tenant à la configuration des lieux [38].

Le facteur déterminant paraît être alors l'unité du secteur en cause. S'il existe un lien naturel entre les parcelles que l'on désire ouvrir à l'urbanisation et les parcelles déjà urbanisées, s'il n'y a aucun élément de rupture, la proximité sera retenue. Si, à l'inverse, on passe d'une unité, par exemple paysagère, à une autre, si, en particulier, une route se situe entre les terrains déjà urbanisés et ceux sur lesquels les constructions sont projetées, il n'y aura pas continuité [39]. C'est la « **méthode du compartiment** » qui est alors employée, comme pour déterminer les espaces urbanisés (voir ci-après, chap. V, La bande des cent mètres) : le juge dégage des « **compartiments de terrain** », limités souvent par des voies publiques, puis s'interroge sur l'affectation dominante du

33. CE, 19 juin 1996, commune de Cerbère, n° 157681, Rec. P 261 ; JCP, 1996, éd. G, IV, 2432, obs. M.-C. Rouault.
34. CAA Lyon, 7 novembre 1995, Ministre de l'Équipement c/société Socofra, n° 93 LY 01960.
35. CAA Lyon, 7 novembre 1995, Ministère de l'Équipement c/société Socofra, précité, CAA Lyon, 8 avril 1997, commune de Margencel et M. et Mme Duchamp, nos 96 LY 02094 et 96 LY 02185.
36. CE, 9 novembre 1994, Jean-Patrick Constantini, Ministre de l'Équipement, du Logement et des Transports, nos 121297 et 141808 ; CAA Bordeaux, 5 juin 1997, commune de Cerbère, n° 94 BX 00602.
37. CE, 15 octobre 1999, commune de Logonna-Daoulas, n° 198578.
38. CAA Lyon, 13 juillet 1993, Devedens, n° 92 LY 00898.
39. CAA Lyon, 13 juillet 1993, précité ; CE, 15 octobre 1999, commune de Logonna-Daoulas, précité.

compartiment [40]. Dans cette appréciation, le juge administratif peut également tenir compte, pour établir le lien nécessaire, de l'homogénéité de densité et de coefficient d'occupation du sol entre les deux zones considérées [41].

Que doit être « l'existant » par rapport auquel est évaluée la continuité ? L'article L 146-4-I fait référence aux « agglomérations et villages existants ». L'interprétation qui est donnée de ces notions par le juge administratif est relativement stricte. L'étude de la jurisprudence permet de retenir quelques éléments significatifs.

D'abord, le juge ne prend en considération que la situation actuelle et non pas celle qui se produira, même certainement, du fait de la réalisation d'un projet déjà autorisé. Ainsi, une zone d'aménagement concerté « dont l'urbanisation n'est encore que très partiellement engagée » ne peut constituer le point de départ d'une urbanisation en continuité [42].

Ensuite, le juge administratif considère qu'un lotissement ne peut être considéré comme constituant à lui seul une agglomération ou un village [43]. Il est nécessaire, d'une part, que ce lotissement présente l'organisation d'un village et, d'autre part, qu'il existe un rapport de proportionnalité entre son importance et l'ampleur de l'opération prévue en continuité. Ainsi, un lotissement de quelques villas n'est pas un village [44]. Il en va de même, malgré sa dénomination, d'un village de vacances comportant pourtant une trentaine de constructions [45].

Il est, enfin, évident qu'il ne peut y avoir extension de l'urbanisation à partir d'un simple hameau ou d'un secteur quelque peu mité [46]. C'est, précisément, pour empêcher qu'une telle jurisprudence, qui concernait aussi les communes de montagne en application de l'article L 145-3 du code de l'urbanisme [47], ne bloque le développement des petits pôles d'urbanisation montagnards, qu'un amendement de la loi Montagne, incluant les « hameaux existants » dans le rapport de continuité, est apporté par la loi du 4 février 1995 d'orientation pour l'aménagement et le développement du territoire. Mais cet amendement ne vise aucunement les communes littorales.

Un tout autre amendement, émanant de la loi n° 99-574 du 9 juillet 1999 d'orientation agricole, concerne la loi littoral. Il s'agit de la réponse législative à l'affaire qui a donné lieu à l'arrêt commune de Logonna-Daoulas, cité ci-

40. Concl. M. Declerc sous TA Rennes, préfet du Finistère c/commune de Nevez, RFDA, sept-oct. 1998, p. 1020.
41. CE, 9 avril 1999, M. et Mme Jordan, nos 165 303 et 165 457.
42. CE, 19 juin 1996, commune de Cerbère, précité.
43. CE, 3 juillet 1996, SCI, Mandelieu Maure-Vieil, n° 137623, DA, nov. 1996, n° 548.
44. TA Nice, 13 mars 1997, Mme Cazanc-Houlleville, n° 93-2875, BJDU, 4/97, p. 297, chron. B. Phémolant.
45. CAA Marseille, 2 juillet 1998, M. Ferre, n° 97 M.A. 00027.
46. CAA Lyon, 13 juillet 1993, Devedens, précité ; CE, 9 novembre 1994, Jean-Patrick Constantini, précité.
47. CE, 14 décembre 1992, commune de Saint-Gervais-les-Bains, DA, 1993, n° 55.

dessus. Le juge administratif[48] avait annulé l'arrêté du maire de la commune de Logonna-Daoulas délivrant le permis de construire un bâtiment à usage de poulailler, au motif que la construction autorisée ne pouvait être regardée comme réalisée en continuité avec une agglomération ou un village existant. Or, les élevages en question sont concernés par l'arrêté du 13 juin 1994, qui interdit l'édification des bâtiments à moins de cent mètres des habitations, de deux cents mètres des plages et de cinq cents mètres des zones conchylicoles. Cela signifie qu'il n'est pas possible de réaliser de tels bâtiments en continuité avec l'urbanisation existante, pas plus qu'en hameau nouveau comportant des habitations. Dès lors, en raisonnant comme il l'a fait, le juge administratif interdit toute possibilité de créer des élevages sur le territoire d'une commune littorale, alors même qu'aucune disposition de la loi littoral ne pose une telle interdiction et qu'à l'inverse, celle-ci, en son article premier, entend favoriser « le maintien ou le développement des activités agricoles ». Il y a donc, en l'espèce, incompatibilité entre le dispositif du jugement et l'intention du législateur et ce dernier, en cette affaire exemplaire, se doit de réagir.

Il le fait rapidement – peut-être trop – en ajoutant[49] un alinéa à l'article L 146-4-I, pour permettre l'exercice d'activités classées dans une commune littorale, nonobstant la règle de la continuité. Cependant, dans son désir de restreindre au maximum la portée de l'exception afin de ne pas être accusé de laxisme dans la protection de l'espace littoral, le législateur adopte un texte d'interprétation délicate, susceptible de faire naître des litiges au stade de l'application (**voir encart**).

Si l'on ne peut ou l'on ne veut étendre l'urbanisation en continuité avec l'existant, il n'existe qu'une autre modalité pour réaliser cette extension : créer un hameau nouveau intégré à l'environnement.

§ 2 – Les hameaux nouveaux

Lorsqu'elle s'effectue en dehors des espaces proches du rivage, l'extension de l'urbanisation est affranchie de toute considération de densité lorsqu'elle s'effectue en continuité. Par contre, l'extension de l'urbanisation sous la forme de hameau nouveau sur des secteurs encore naturels doit obligatoirement être mesurée, non seulement lorsqu'elle intervient sur des espaces qualifiés de « proches du rivage », mais encore lorsqu'elle se produit sur des espaces rétro-littoraux, donc des zones urbanisables. La définition du hameau nouveau, en effet, exclut les opérations de quelque envergure. Elle ne concerne que les petits programmes qui, par ailleurs, doivent être « intégrés à l'environnement ».

48. TA Rennes, 14 mai 1997, M. Trelhu, n° 912312, CAA Nantes, 10 juin 1998, commune de Logonna-Daoulas et Tromeur, BJDU, 99/1, Concl. Christiane Jacquier, puis CE, 15 octobre 1999, précité.
49. Article 109 de la loi n° 99-574 du 9 juillet 1999 d'orientation agricole.

L'AMENDEMENT
« DÉVELOPPEMENT DES ACTIVITÉS AGRICOLES »

TEXTE

Article L 146-4-I, ci-avant

OBJET :

Autoriser, sur le territoire des communes littorales, des constructions ou installations liées aux activités agricoles ou forestières – et non point aux activités industrielles ou commerciales – qui seraient incompatibles avec le voisinage des zones habitées, ceci malgré la règle de la continuité.

CONDITIONS :

- De lieu : les constructions ou installations visées doivent se situer « en dehors des espaces proches du rivage ».
- De forme : l'autorisation est soumise à l'accord du préfet après avis de la commission départementale des sites, perspectives et paysages.
- De fond : les constructions ou installations ne doivent pas « porter atteinte à l'environnement ou aux paysages » (ce qui est un comble pour des établissements qui, par définition, sont nuisibles pour l'environnement).

COMMENTAIRE :

Le texte de l'amendement est tout à fait révélateur de l'embarras du législateur à relever le défi consistant, d'un côté à préserver les sites et paysages sans, de l'autre, entraver trop fortement le développement des activités. Le principe posé est alors assorti de multiples réserves, elles-mêmes rédigées à partir d'expressions dont le sens est discutable.

A. Définition du hameau nouveau

Aux termes de l'instruction du 22 octobre 1991 [50], « la notion de hameau nouveau fait référence à un petit groupe de maisons conformément à l'acceptation généralement admise ». L'idée de mesure est donc indiscutablement présente lorsqu'on fait référence à cette notion mais il est indispensable de se référer à la jurisprudence pour savoir concrètement ce qu'est véritablement un hameau nouveau.

Il convient d'abord de noter que le contrôle opéré par le juge administratif sur la notion du hameau nouveau est un contrôle normal [51]. Le juge s'attache à des considérations concrètes pour se déterminer : le nombre de constructions envisagées, les éléments d'organisation de l'espace.

50. Moniteur TP, 1er novembre 1991, textes officiels, p. 364 et J.-M. Bécet « Commentaires sur l'instruction du 22 octobre 1991 sur la protection du littoral », RJE, 1992, p. 49.
51. CE, 7 janvier 1991, Association de sauvegarde du Patrimoine Martiniquais, c/commune du Diamant n° 90231.

Ainsi, des projets importants ne peuvent se réaliser sous couvert de la notion de hameau nouveau; mais, en sens inverse, quelques constructions éparses ne constituent pas un hameau nouveau.

Dès le départ, les tribunaux administratifs, suivis sur ce point par les juridictions supérieures, ont considéré que la construction d'immeubles collectifs représentant un nombre considérable de mètres carrés de SHON ne pouvait être autorisée sur ce fondement [52]. Il en va de même pour un projet ne comportant, outre un hôtel, que des villas, mais en grande quantité (750) [53]. Fort intéressante à cet égard est l'affaire jugée par le Tribunal Administratif de Montpellier, le 9 février 1994, fédération pour les espaces naturels et l'environnement catalan, c/commune de Cerbère [54], dans la mesure où le juge administratif interdit tout effet « boule de neige » en la matière, en réintégrant l'opération en cause, la construction de deux bâtiments à usage d'habitation représentant une SHON de 3852 m^2, dans une opération plus vaste, devenue définitive (**voir encart**). Pareillement, enfin, le juge ne tient pas compte du découpage plus ou moins fictif d'un même programme en plusieurs petits îlots qualifiés de hameaux nouveaux; il considère l'ensemble pour décider que la notion de hameau nouveau ne peut recevoir application [55].

À l'opposé, un projet trop petit ne constitue pas non plus un hameau nouveau, faute de présenter les éléments d'organisation de l'espace nécessaires à la constitution d'une entité autonome d'urbanisation. Ainsi, trois constructions plus ou moins éloignées les unes des autres ne forment pas une telle entité [56], et pas davantage un lotissement de quatre lots sans équipements propres suffisants [57].

L'espace organisé accueillant quelques constructions d'une surface hors œuvre nette de toute manière inférieure à 5000 m^2 doit, d'autre part, être intégré à l'environnement.

B. L'intégration à l'environnement

Sur ce point également, il est plus facile de se prononcer négativement que positivement. Ce que la loi veut interdire, ce sont les lotissements occupant une ligne de crête et donc visibles de partout. Il est certain, à cet égard, que le critère de visibilité pèsera beaucoup dans l'appréciation à porter sur l'intégra-

52. TA Nice, 2 avril 1992, préfet des Alpes-Maritimes, époux Vautrerot et autres, n° 91-3685, AJDA, 20 septembre 1992, p. 622, RJE, 1992/3, p. 373; TA Nice, 23 avril 1992, « Vivre dans la presqu'île de Saint-Tropez », n° 91-2529.
53. TA Lille, 17 septembre 1992, Fédération régionale des sociétés de protection de la nature et de l'environnement, JCP, 1993, G, IV, p. 248, n° 2055.
54. Jugement confirmé en appel: CAA Bordeaux, 5 juin 1997, commune de Cerbère, n° 94 BX 00602.
55. CE, 3 juillet 1996, SCI Mandelieu Maure-Vieil, n° 137623, Dr. Adm., nov. 96, n° 548.
56. CE, 24 mars 1989, Ministre de l'Équipement, c/M. Rochet, n° 71717.
57. CAA Lyon, 8 avril 1997, commune de Margencel et M. et Mme Duchamp, n° 96 LY 02094.

LA COUR ADMINISTRATIVE D'APPEL DE BORDEAUX
(1re chambre)
COMMUNE DE CERBERE
5 JUIN 1997 – N° 94 BX 00602

Considérant, d'une part, qu'il ressort des pièces du dossier que les deux permis de construire litigieux ont pour objet d'autoriser la construction, dans le secteur de Pedra-Drete de la commune de Cerbère, de deux bâtiments à usage d'habitation comportant respectivement 56 et 32 logements pour une surface hors œuvre nette de 3 852 mètres carrés ; que si la COMMUNE DE CERBERE soutient que les deux permis de construire visent à compléter l'opération « village des aloès » portant sur 148 logements déjà autorisés, qu'ils concernent des parcelles situées dans un secteur urbanisé et viabilisé et qu'ils ont pour objet de terminer l'aménagement de la zone UD du plan d'occupation des sols, une telle zone même si elle jouxte la zone NA 3 dans laquelle se trouve la ZAC de Peyrefite, ne peut être regardée comme étant en continuité avec une agglomération existante ; que, dès lors, le moyen doit être écarté ;

Considérant, d'autre part, que l'opération en cause ne peut, eu égard à son importance, être conçue comme un hameau nouveau intégré à l'environnement ;

Considérant qu'il résulte de tout ce qui précède que la COMMUNE DE CERBERE n'est pas fondée à soutenir que c'est à tort que par le jugement attaqué, le tribunal administratif de Montpellier a annulé le permis de construire délivrés le 30 avril 1991 par le maire de Cerbère à la SCI Terrimbo ;

tion de l'opération à l'environnement [58]. Si la localisation du projet ne garantit pas par elle-même son faible impact visuel, il convient de le rechercher par un traitement adéquat, par exemple la dissimulation derrière des haies vives.

L'intégration à l'environnement dépend également du dimensionnement des bâtiments et aussi de leur style architectural qui doit être adapté à la région littorale considérée.

Il n'existe pas, à notre connaissance, de décision d'annulation fondée sur le motif de la non-intégration à l'environnement, alors même que cette condition pourrait conférer au juge un large pouvoir d'appréciation.

Quel que soit l'aménagement autorisé, le libre accès au rivage et le libre cheminement le long de celui-ci doivent être organisés. Naguère, cette question n'intervenait que dans la bande des cent mètres. Depuis la loi littoral qui crée une servitude transversale d'accès au littoral, le problème peut dépasser ce cadre étroit. C'est pourquoi il doit être traité dans le cadre des dispositions concernant l'ensemble du territoire communal et venant orienter l'urbanisation nouvelle.

---

58. TA Besançon, 6 décembre 1990, Fédération de défense de l'environnement du Jura, n° 16844.

Section IV – L'obligation de ménager le libre accès au rivage

L'usage libre et gratuit du rivage, qui implique le libre accès du public à celui-ci, a des origines jurisprudentielles lointaines. Dès 1858, le Conseil d'État affirme, en effet, que les rivages de la mer faisant partie du domaine public maritime, « tout le monde a le droit d'y accéder librement [59] ». Une telle jurisprudence, constamment réaffirmée, malgré la montée en puissance du principe, en apparence concurrent, de l'exploitation économique du domaine [60], est, du reste, expressément reconnue par la doctrine administrative, depuis tout aussi longtemps (circulaire du 15 juin 1858, relative à la liberté de se baigner sur les plages).

Cependant, de plus en plus, les droits des particuliers le cédaient devant les pressions exercées par les acteurs économiques et les appétits des promoteurs qui bénéficiaient en particulier d'un détournement de l'usage des concessions d'endigage, qui servaient à fabriquer des terrains à bâtir bien situés, alors qu'elles faisaient disparaître les droits du public sur les terrains exondés [61]. Il devenait évident que seul le législateur pouvait consacrer, pour la période contemporaine, un principe dont l'effectivité n'était plus assurée par l'application d'un droit domanial plus ou moins défaillant. De plus, du fait des constructions toujours plus nombreuses édifiées au plus près de la mer, le problème ne concernait plus le seul domaine public, mais des espaces privés dont il fallait contraindre les propriétaires à assurer le libre accès au rivage.

Il devenait donc indispensable d'intervenir d'abord sur le domaine public lui même pour en sauvegarder l'usage libre et gratuit par les particuliers. Cette intervention, parachevée par la loi littoral, comporte deux volets fondamentaux : le premier concerne les concessions d'endigage, le second les concessions de plages. Il fallait aussi garantir les droits du public en agissant en dehors du domaine, à l'encontre des propriétaires privés. La technique des servitudes d'utilité publique est alors employée par le législateur.

La loi du 31 décembre 1976, portant réforme de l'urbanisme, crée la servitude de passage des piétons sur le littoral (SPPL), servitude longitudinale complétée par une servitude transversale, instaurée par la loi littoral. Cette dernière fait, d'ailleurs, du libre accès du public au rivage un principe général, ce que confirme encore sa dernière modification : l'article L 146-6-I, ajouté par la loi SRU du 13 décembre 2000 (**voir encart**).

---

59. CE, 19 mars 1858, Vernes, Rec. P399.
60. CE, 3 mai 1963, commune de Saint-Brévin-les-Pins, AJDA, 1963, p. 343, RDP, 1963, P1174, note Waline.
61. CE, 30 novembre 1979, Fontaine, RDP 1980, p. 1465, Concl. Théry.

LOI LITTORAL ET PRINCIPE DE LIBRE ACCÈS DU PUBLIC AU RIVAGE

La loi du 3 janvier 1986 consacre solennellement le principe de libre accès du public au rivage, en l'imposant à tous les aménageurs. Le législateur, dans la dernière modification de cette loi (par l'article 42 de la loi n° 2000-1208 du 13 décembre 2000 relative à la solidarité et au renouvellement urbain, qui ajoute un article L 146-6-1) en fait même l'un des buts des nouveaux schémas d'aménagement des sites dégradés.

– L'article L 146-3, C. urbanisme
« Les opérations d'aménagement admises à proximité du rivage organisent ou préservent le libre accès du public à celui-ci ».

Champ d'application : une opération d'aménagement. Une telle opération doit répondre à deux conditions.

- Une condition légale : poursuivre l'un des objectifs énumérés par l'article L 300-1 du Code de l'urbanisme, à savoir « mettre en œuvre une politique locale de l'habitat, organiser le maintien, l'extension ou l'accueil des activités économiques, favoriser le développement des loisirs et du tourisme, réaliser des équipements collectifs, lutter contre l'insalubrité, sauvegarder ou mettre en valeur le patrimoine bâti et les espaces naturels, aider le renouvellement urbain ou mettre en œuvre un projet urbain ».
- Une condition jurisprudentielle : révéler, par son contenu, une volonté d'aménagement (Concl. Lasvignes, sur CE, Section, 28 juillet 1993, commune de Chamonix-Mont-Blanc, BJDU, 1/94, p. 27), c'est-à-dire traduire un effort d'aménagement d'une portion du territoire.

Contenu : obligation faite aux aménageurs de préserver une possibilité d'accès existant préalablement, ou d'organiser l'accès au rivage dans le cas contraire.

Les plans relatifs à l'opération devront organiser le droit d'accès, ce qui évitera le recours à la procédure de modification ou de suspension de la SPPL.

– L'article L 146-6-1 (voir ci-après, chap. IV)
§ 3 – « Afin de réduire les nuisances ou dégradations mentionnées au premier alinéa et **d'améliorer les conditions d'accès au domaine public maritime…** »

Objet : autoriser le réaménagement des sites dégradés par la présence d'équipements ou de constructions réalisées avant l'entrée en vigueur de la loi littoral, éventuellement en modifiant ou en remplaçant ces installations, malgré le principe de l'inconstructibilité sur les espaces remarquables ou dans la bande des cent mètres.

Conditions : Nuisances et dégradations constatées sur une plage et les espaces naturels qui lui sont proches.

Buts fixés : Réduire les nuisances
Améliorer les conditions d'accès au DPM.

Il y a aménagement d'une zone située à proximité du rivage ; le droit d'accès doit donc être organisé et l'un des buts fixés est d'en favoriser l'exercice.

§ 1 – L'usage libre et gratuit du rivage

Cette règle incontestable du droit domanial peut subir deux types d'atteintes principales : la réduction de son assiette, du fait de la suppression de pans entiers de ce rivage, la contrariété avec une occupation autorisée de ce même rivage ou de terrains domaniaux immédiatement contigus. Est ainsi posé le problème des concessions d'endigage, d'une part, des concessions de plage, d'autre part. Seule l'intervention formelle du législateur permet de restaurer la règle initiale.

A. Le respect de l'intégrité du rivage

Institution juridique fort ancienne, la concession d'endigage permet l'aliénation de parcelles qui avaient fait, avant leur exondement, partie du domaine public maritime (DPM). Pendant longtemps, intérêt général et intérêt privé étaient également présents dans la procédure dont l'utilisation a même permis de donner consistance au principe du libre accès au rivage (dessèchement des marais aquitains qui crée un véritable rivage et autorise à y accéder). Mais, à partir surtout de 1960, la puissance publique accorde de telles concessions sur le DPM, alors même que l'intérêt général n'est nullement démontré, pour fabriquer des terrains à bâtir (les marinas pieds-dans-l'eau), ce qui procure souvent un enrichissement, hors de proportion avec les frais engagés, aux promoteurs immobiliers, tout en transformant l'espace public en terrains privés.

Après 1963, ce détournement s'opère, à l'inverse des vœux du législateur, en raison, surtout, d'une mauvaise interprétation des dispositions législatives et réglementaires. À une réglementation classique fort lourde qui devait comporter examen préalable, consultation publique, instruction mixte, établissement de l'acte de concession puis, après exondement, l'acte de complément emportant transfert de propriété, la loi du 20 novembre 1963 avait ajouté deux dispositions intéressantes qui ont manqué leur but, faute d'une intégration convenable aux règles existantes. D'une part, un droit de préférence au bénéfice des collectivités locales est institué en cas de demande de concession d'endigage sur le rivage [62] : s'il avait été exercé, ce droit aurait pu maintenir les terrains exondés dans le domaine public communal. Mais, faute de moyens financiers suffisants et enfermé dans un délai trop court de 6 mois, le droit de préférence est un leurre. D'autre part et surtout, le principe de l'inaliénabilité est réaffirmé avec force avec l'obligation d'incorporer au DPM « les terrains artificiellement soustraits à l'action des flots ». La volonté du législateur est méconnue du fait de l'incidente « sous la réserve des disposi-

62. CE, 30 janvier 1980, commune de Mortagne sur Gironde, AJDA, 1980, p. 427, note J. Le Masurier.

tions contraires d'actes de concessions », glissée dans l'article et constamment appliquée au détriment de la règle.

La lutte menée par les associations de défense, qui réclamaient le respect des droits du public, trouve écho d'abord dans le rapport de la Cour des Comptes de 1972, puis dans la circulaire du 3 janvier 1973, avant que le Conseil d'État ne consacre solennellement ces droits par la jurisprudence bien connue SCHWETZOFF-PAOLI. Toutefois, ces moyens indirects étaient tout à fait insuffisants et le décret du 29 juin 1979, expliqué dans le détail par la circulaire du 4 juillet 1980, rénove totalement le régime juridique des concessions d'endigage. La procédure, qui va désormais intégrer tous les contrôles relatifs à l'utilité publique, est largement modifiée et le fond du droit est complètement transformé par la suppression du droit de propriété privée sur les terrains exondés Ces derniers doivent être maintenus dans le DPM et leur utilisation ne peut plus faire l'objet que de « formes temporaires d'occupation privative », étant donné qu'ils ne peuvent être affectés qu'à l'implantation d'équipements et de services collectifs ou répondant à un but d'intérêt général, c'est-à-dire nécessaires à l'exercice d'activités balnéaires, nautiques ou sportives.

Il subsiste cependant une ambiguïté car, quoiqu'il soit expressément indiqué que l'ancienne procédure ne pouvait plus servir que pour la régularisation *a posteriori* d'anciennes opérations d'endigage, les concessions traditionnelles ne peuvent être exclues par décret si la loi est censée les autoriser. Aussi, les dispositions de la loi littoral relatives à la matière sont-elles indispensables pour régler le problème.

L'article 27 de la loi du 3 janvier 1986 pose, à cet égard, un principe très favorable à la protection du littoral : « il ne peut être porté atteinte à l'état naturel des rivages de la mer, notamment par endiguement, assèchement, enrochement ou remblaiement ». Ce principe, cependant, est assorti de réserves et d'exceptions. De la nature et de l'importance de ces dernières dépend finalement la portée de la règle elle-même.

Lorsque jouent les réserves prévues, les travaux peuvent être réalisés sans conditions particulières. Elles sont difficilement contestables et concernent :

- les opérations de défense contre la mer ; celles-ci répondent au phénomène général du recul des côtes qui implique que de tels travaux soient poursuivis et développés sous certaines réserves ;
- la réalisation des ouvrages et installations nécessaires aux services publics relatifs à la sécurité maritime ou à la défense nationale ;
- les équipements impliqués par le développement d'activités économiques supposant la présence de l'eau : la pêche maritime, la saliculture, les cultures marines ; il est difficile de regretter cette réserve puisque l'exploitation des ressources de la mer côtière est insuffisamment poussée dans notre pays.

Les exceptions énoncées sont moins facilement explicables mais, en contrepartie, les travaux qu'elles permettent sont soumis à conditions. Outre la possibilité, toujours prévue, de régulariser les opérations antérieures, elles visent les ouvrages et installations liées à l'exercice d'un service public (autres que ceux cités plus haut au titre des réserves) ou à l'exécution d'un travail public. La formule est large, trop large peut-être, mais sa portée est restreinte si l'on tient compte de la double condition posée par le texte : une condition de fond : la localisation impérative sur le DPM ; une condition de procédure, la déclaration d'utilité publique de tels travaux au besoin après enquête publique rénovée, surtout s'ils entraînent un « changement substantiel d'utilisation de zones du DPM » (article 25 de la loi 86-3).

Dès lors, il est certain que les excès antérieurs les plus graves ne peuvent plus se reproduire : la technique de la concession d'endigage ne saurait être envisagée pour l'exécution d'opérations immobilières en bordure de mer ou celle, par exemple, d'équipements commerciaux utiles aux résidents.

La situation pourrait être différente à l'intérieur des limites portuaires, puisque notre principe exclut « les zones portuaires et industrialo-portuaires », de son champ d'application. Mais, finalement, les procédures aboutissent, en partant d'une règle inverse, à savoir, la possibilité de réaliser, y compris par endigage, tous travaux d'infrastructure et de superstructures, à une solution peu différente quant au problème posé. Le décret n° 84-941 du 24 octobre 1984 relatif à l'utilisation du domaine portuaire mis à disposition comporte, en effet, un certain nombre de limites aux compétences des autorités compétentes en ce qui concerne l'aménagement des ports décentralisés.

Sur le DPM mis à disposition, il ne peut être établi que des ouvrages, bâtiments et équipements ayant un rapport avec l'exploitation du port ou de nature à contribuer à l'animation et au développement de ce port. La formule est large, pose certains problèmes d'interprétation, mais exclut sûrement un certain nombre d'aménagements.

Concrètement, sont possibles tous les travaux de restructuration et d'ajustement des ouvrages à la demande. Cela vise, en particulier, si l'on considère les ports de plaisance, les équipements à terre : capitainerie, locaux avec sanitaires et appareils météorologiques, râteliers à annexes, postes à essence et aires de stockage de carburant, cela malgré les risques de pollution.

Est et demeure interdit, par contre, tout ce qui n'est pas en liaison avec la mission du port. Cela vise, en particulier, toutes les constructions immobilières à usage d'habitation, telles les marinas. Mais alors, l'exception, dans le cadre des concessions portuaires rejoint ce qu'est effectivement le principe en dehors des limites portuaires : il s'agit finalement – et c'est déjà intéressant pour l'environnement – d'éviter que des espaces situés au contact même de l'eau puissent être aménagés pour être destinés à l'habitat privatif permanent ou secondaire.

Certaines limitations au droit des particuliers, par amputation du rivage, restent donc possibles, surtout dans les enceintes portuaires, mais sont toutes justifiées par l'intérêt général. L'usage libre et gratuit de tous peut rencontrer une autre restriction du fait des titres d'occupation privative accordés par l'autorité compétente sur le domaine public. À cet égard, le problème essentiel se situe au niveau des concessions de plages, celles-ci faisant partie, pour la plupart, du domaine public.

B. Le problème des concessions de plages

(La libre circulation sur les plages)

Le libre accès des plages au public était parfois plus ou moins contrecarré par les pratiques de certains « plagistes », titulaires de contrats de concession passés avec les autorités publiques, qui soumettaient à de fortes restrictions l'entrée et la circulation des piétons sur ces espaces. Or, si le problème faisait l'objet de circulaires et était résolu par le juge administratif dans un sens favorable au public, l'intervention du législateur était, là aussi, souhaitée pour éviter tout équivoque. L'article 30 de la loi littoral règle ainsi la question, tout à la fois en réaffirmant le principe ancien et en posant des règles nouvelles.

L'accès des piétons aux plages est libre, affirme le législateur d'entrée. Mais la règle s'accommode de certains correctifs. En premier lieu, l'accès aux plages peut, soit être interdit pour des motifs touchants à la sécurité ou à la défense nationale, soit être soumis à certaines conditions imposées par le respect des équilibres naturels. En second lieu, l'usage libre et gratuit par le public n'est pas exclusif. Sur ce point, le législateur innove : si « *l'usage libre et gratuit par le public constitue la distinction fondamentale des plages* », pour la première fois, une occupation privative est mise sur le même plan : « *au même titre que leur affectation aux activités de pèche et de cultures marines* ». Pour permettre la compatibilité entre ces usages différents mais juridiquement égaux, l'article 25 alinéa 1 de la loi littoral prévoit que toute décision d'utilisation du DPM doit tenir compte de la vocation des zones concernées et de celles des espaces terrestres avoisinants. C'est également dans une optique de conciliation que le législateur solutionne le problème des concessions de plages.

Le législateur refuse d'aller jusqu'aux extrêmes conséquences des principes de liberté et de gratuité en remettant en cause la possibilité de passer des contrats de concessions de plages. De nouvelles concessions peuvent être accordées et d'anciennes renouvelées, y compris sur les plages naturelles, mais à condition de ne pas trop limiter le jeu des principes. Il doit toujours être possible d'accéder au rivage gratuitement mais l'usage libre et gratuit de la plage peut être limité dans l'espace.

S'il y a concession, *le concessionnaire est dans l'impossibilité de subordonner l'accès et la circulation sur la plage, pour aller vers l'eau et en revenir, au paiement d'une somme d'argent.* Il n'est pas interdit au plagiste de prévoir des points d'accès obligés ou de ménager des couloirs de circulation, ne serait-ce que pour préserver la tranquillité de ceux qui acceptent d'acquitter une redevance. Mais il ne saurait aller au-delà, sans rendre inopérant le jeu des principes.

Le problème de l'usage se pose différemment. Il est des utilisations des plages qui sont mieux assurées grâce aux services offerts par le concessionnaire : le repos, les jeux organisés, etc., et il n'est nulle raison pour que de telles prestations soient gratuites. Mais il faut éviter que celles-ci qui, toutes, débouchent sur l'occupation privative d'espaces, ne soient en fait obligatoires et empêchent de faire gratuitement, sur la plage, quoi que ce soit d'autre que de passer pour rejoindre l'eau. C'est pourquoi le législateur décide *que les concessions préservent « le libre usage par le public d'un espace d'une largeur significative tout le long de la mer ».*

Une telle règle n'est pas exempte de toute ambiguïté. On comprend facilement l'intention du législateur mais la mise en œuvre est délicate. D'abord, on pourrait penser que la surface des dépendances concédées serait susceptible de varier avec les marées, le même espace libre étant laissé au bord de l'eau. Cela est inexact et la formule employée s'explique seulement par le fait que les concessions n'existent pratiquement que sur le littoral méditerranéen où l'estran est de très faible étendue. Ensuite, que veulent dire les termes « largeur significative ? ». Sur ce point, les députés avaient voté un amendement selon lequel cette largeur ne pouvait être inférieure à 5 m. Mais il est pratiquement certain qu'un tel chiffre serait considéré, dans les contrats de concession, comme un maximum et non un minimum et ce, quelles que soient les dimensions de la plage. Il a donc paru préférable de s'en tenir à une indication générale, étant donné que chaque contrat doit déterminer précisément la largeur de la bande sur laquelle les différents usages possibles sont libres et gratuits, en tenant compte des caractéristiques des lieux.

L'essentiel est d'empêcher la privatisation totale d'espaces littoraux qui doivent, avant tout, être affecté à l'usage de tous, sans pour autant renoncer à toute exploitation économique de ces espaces. La fixation de règles qui prennent en considération tous les intérêts en jeu est, tant à l'échelle d'une plage qu'à celle d'une commune ou d'un groupe de communes, la seule façon de résoudre les conflits d'occupation.

§ 2 – Les servitudes de passage des piétons sur le littoral et vers le littoral

Il ne suffit pas de consacrer le principe du libre accès au rivage sur le domaine public ; encore faut-il, face à la privatisation grandissante de la façade littorale, assurer à tous la possibilité de venir jusqu'à ce domaine, sans en être empêché par le simple exercice du droit de propriété. La question est réglée en deux temps par le législateur. L'article 52 de la loi n° 76-1286 du 31 décembre 1976 portant réforme de l'urbanisme ajoute au Code de l'urbanisme les articles L 160-6 à L 160-8 qui instituent une servitude de passage en bordure du littoral, à l'usage des piétons. Puis la loi littoral, en son article 5 (article L 160-6-1 du Code de l'urbanisme), crée une servitude de passage des piétons vers le littoral, transversale au rivage, qui, seule, peut donner toute son effectivité à la servitude longitudinale, en garantissant ainsi la possibilité d'atteindre le domaine public en n'importe quel point du littoral.

A. Détermination des servitudes de passage

1. La servitude longitudinale

Selon l'alinéa 1er de l'article L 160-6 du Code de l'urbanisme : « Les propriétés riveraines du domaine public maritime sont grevées sur une bande de trois mètres de largeur d'une servitude destinée à assurer exclusivement le passage de piétons ». Un nouveau droit est donc reconnu au public : celui de se promener à pieds parallèlement au rivage.

Les termes de l'article précité du Code de l'urbanisme sont sans ambiguïté : l'institution de la servitude est de plein droit et son tracé précis. Les deux notions auxquelles il est fait référence pour déterminer l'assiette de la servitude, celle de propriété privée riveraine et celle de DPM sont juridiquement précises. Au demeurant, l'article R 160-9 du Code de l'urbanisme, reprend chacun des éléments du DPM à partir duquel sont mesurés les trois mètres de la servitude : le rivage de la mer, les lais et relais, les terrains soustraits artificiellement à l'action des flots ou les dépendances du DPM artificiel, tels les ports maritimes délimités. Concrètement, toutefois, la matérialisation de ce tracé de droit peut connaître quelques difficultés. D'une part, beaucoup d'actes de délimitation du DPM naturel sont très anciens et ne correspondent plus toujours à la situation actuelle ; c'est pourquoi il est prévu (article R 160-10) que les propriétaires riverains peuvent demander au préfet qu'il soit procédé à la délimitation du DPM au droit de leur propriété. L'administration est alors tenue de donner suite à la demande, sauf impossibilité matérielle[63]. D'autre part, faute du décret d'application de l'article 26 de la loi littoral, on ne sait toujours pas quels sont les procédés scientifiques qui permettraient de fournir à cet égard des informations plus précises que celles données par la technique matérielle toujours employée aujourd'hui pour délimiter le DPM naturel.

Quant aux propriétés privées concernées, elles doivent être directement contiguës au DPM. Mais la servitude ne peut grever « *les terrains situés à moins de quinze mètres des bâtiments à usage d'habitation édifiés avant le 1er janvier*

63. TA Rennes, 7 décembre 1983, Morineau et autres.

1976 » ou « *les terrains attenant à des maisons d'habitation et clos de murs* » à la même date, hormis le cas où l'institution de la servitude est le seul moyen d'assurer la continuité du cheminement des piétons ou leur libre accès au rivage de la mer [64]. La distance de quinze mètres peut aussi être exceptionnellement réduite, (article R 160-15) soit par accord avec le propriétaire, accord formalisé dans une convention passée avec une collectivité publique ou un établissement public de coopération intercommunale, soit lorsque certaines caractéristiques physiques de la propriété diminuent l'impact de la servitude : bâtiment situé à un niveau sensiblement plus élevé que celui de l'emprise de la servitude, existence d'un passage déjà ouvert à la circulation des piétons, mur clôturant le terrain situé lui-même à moins de quinze mètres du bâtiment d'habitation.

Pour un certain nombre de motifs dont la plupart ne sauraient être discutés, la servitude peut voir son tracé de droit modifié ou même être exceptionnellement suspendue dans les conditions définies aux articles R 160-12 à R 160-15 du Code de l'urbanisme.

La modification est très fréquente lorsque le littoral est fortement colonisé. Elle répond soit à certaines situations particulières, à savoir « l'existence de chemins ou règles locales préexistantes [65] » soit à la présence d'obstacles naturels ou juridiques qui empêcheraient d'assurer la continuité du cheminement des piétons ou le libre accès au rivage de la mer : il en va ainsi lorsque le tracé de droit conduirait à passer en des endroits sur lesquels la sécurité des promeneurs serait mal assurée ou encore si ce tracé se heurtait aux intérêts des propriétaires protégés par la loi. Un des principaux problèmes qui se posait alors trouve sa solution à l'article 4-I de la loi littoral qui prévoit que « le tracé modifié peut grever exceptionnellement des propriétés non riveraines du droit public maritime ». La procédure complexe qu'il faut alors suivre prévient les abus éventuels.

À titre exceptionnel, la servitude longitudinale peut être suspendue. Suspendue et non supprimée puisqu'il ne peut exister aucun droit acquis à ce qu'un terrain ne soit pas grevé, quelles que soient les évolutions le concernant. L'article R 160-14 du Code fixe les motifs d'intérêt général qui justifient la suspension, motifs économiques, écologiques ou militaires et qui s'ajoutent à l'hypothèse dans laquelle « les piétons peuvent circuler le long du rivage grâce à des voies ou passages ouverts au public ».

Le motif économique peut être invoqué dans le cas où le maintien de la servitude pourrait faire obstacle au fonctionnement d'un service public ou d'activités économiques exigeant la proximité immédiate de l'eau, tels établissements de pêche ou entreprises de construction navale. Mais, d'une part, le

---

64. CE, 25 novembre 1988, Ministre de l'urbanisme et du Logement, c/Association pour la sauvegarde du pays fouesnantais, AJDA, 20 avril 1989, p. 279, note J.-B. Auby.
65. CE, 31 mars 1989, épouse Guyon, req. N° 70784, RDI, 1985, p. 345.

passage de la servitude doit radicalement faire obstacle au fonctionnement de l'établissement et toute modification de ce tracé se révéler sans intérêt compte tenu de l'importance de l'obstacle à contourner. D'autre part, la suspension concerne surtout les établissements déjà existants en 1986 ; car l'article L 146-3 du Code de l'urbanisme, issu de la loi littoral, indique expressément que « les opérations d'aménagement admises à proximité du rivage organisent ou préservent le libre accès à celui-ci ». Sous réserve du sens plus ou moins étendu qui peut être donné à la notion d'opération d'aménagement, cet article pourrait renforcer le jeu du qualificatif « exceptionnel » dans les appréciations administratives en la matière.

Des motifs tenant à la conservation de sites à protéger pour des raisons d'ordre écologique, archéologique ou encore tirées de la stabilité des sols peuvent également justifier la suspension de la servitude. La circulation des piétons peut, par exemple, être interdite à l'intérieur de certaines réserves naturelles en cas de risque pour le développement de la flore. La suspension n'est admise que si la modification ne présentait pas d'intérêt étant donnée la dimension du site.

Enfin, les motifs d'ordre militaire ont posé un problème en voie de résolution. S'il apparaît normal de suspendre la servitude à proximité d'installations de la Défense Nationale, le nombre de terrains militaires interdits au public sur certaines portions du littoral apparaissait trop important. Mais des conventions ont souvent été signées entre autorités militaires et autorités administratives pour autoriser à continuer le cheminement sur des terrains nus appartenant à l'armée. Cette dernière entreprend aussi depuis quelque temps de vendre aux collectivités ou au Conservatoire les parcelles qui ne lui paraissent plus nécessaires à l'accomplissement de sa mission.

Une procédure protectrice des intérêts des particuliers doit être suivie dès lors qu'est envisagée modification ou suspension du tracé du droit. L'opération consistant à déterminer le tracé de la servitude est lancée, habituellement, par la direction départementale de l'équipement qui choisit un intervenant chargé de la préparation technique du projet, de la définition, sur le terrain, d'un tracé, compte tenu de toutes les contraintes. La phase officieuse se termine, après discussion du projet avec les élus, par la préparation du dossier d'enquête publique. Ce dernier comporte, selon les dispositions de l'article R 160-12, une notice explicative exposant l'objet de l'opération prévue, le plan parcellaire des terrains sur lesquels le transfert de la servitude est envisagé, avec l'indication du tracé à établir et celle de la largeur du passage, la liste des propriétaires concernés, ainsi que l'indication des parties du territoire où il est envisagé de suspendre l'application de la servitude.

La procédure officielle débute donc par une enquête publique ouverte par arrêté préfectoral. Les articles R 11-4 et suivants du Code de l'Expropriation s'appliquent, sous réserve de la possible visite des lieux par le commissaire-enquêteur, en présence du maire et des propriétaires concernés dûment avisés, et de la possibilité, pour le commissaire, de proposer, à cette occasion, une rectification du tracé, ce qui permet de régler immédiatement certaines contestations mais entraîne un complément d'enquête au cas où la rectification proposée aboutirait à grever de nouveaux terrains [66].

À l'issue de l'enquête et après éventuelle mise au point de la servitude, le conseil municipal est officiellement consulté ; il dispose de deux mois pour rendre un avis, avis qui est ordinairement favorable, puisque la commune est à l'origine des opérations dont elle a toujours suivi l'évolution. En cas d'avis positif, le préfet est compétent pour approuver, par arrêté motivé, le tracé modifié et/ou suspendu ; un décret motivé en Conseil d'État est indispensable si l'avis est exceptionnellement négatif. La décision est accompagnée d'un rapport de synthèse, contenant une description parcelle par parcelle du tracé de la servitude, et d'un plan parcellaire qui la visualise. Cette décision peut faire l'objet d'un recours pour excès de pouvoir de la part des propriétaires directement touchés ou encore d'une association pour la défense de l'environnement et la préservation des sites. Les limitations au droit de propriété qu'elle comporte doivent être publiées par les soins de l'administration, au Bureau des Hypothèques.

Reste alors à aménager le sentier littoral pour permettre son ouverture effective au public.

2. La servitude transversale

L'article 5 de la loi 86-2 règle un problème resté en suspens, alors que, de sa solution, pouvait dépendre, en certains endroits, l'intérêt de l'institution de la servitude : celui des *remontées* destinées à relier le cheminement littoral à la voirie publique existante. Le droit de promenade le long du rivage et le droit d'accès, en effet, peuvent se trouver, de fait, plus ou moins paralysés, dans les secteurs où la côte est difficilement accessible, par la trop grande distance entre les voies publiques terrestres permettant l'accès au sentier littoral et la mer. Le tribunal administratif de Rennes, par un jugement en date du 24 novembre 1982 [67], avait exclu la possibilité, pour l'administration, de créer, sur des fonds privatifs, des antennes allant du sentier côtier vers l'intérieur des terres pour rejoindre d'autres sentiers ou le réseau des voies ouvertes aux véhicules. Pour donner une réelle consistance au droit de parvenir sans encombre en tout point du rivage, le législateur de 1986 permet l'institution de telles remontées, en se servant des « voies et chemins privés d'usage collectif existants, à l'exception de ceux réservés à un usage professionnel », chaque fois qu'il n'existerait aucune voie publique « située à moins de cinq cents mètres

66. TA Rennes, 7 novembre 1984, Gestin.
67. TA Rennes, 24 novembre 1982, Le Grand, AJDA, 1982, p. 440, note Nguyen-Quoc.

et permettant l'accès au rivage ». Les chemins à usage professionnel sont exclus car le passage de piétons serait susceptible d'occasionner une gêne importante pour l'exploitation – conchylicole, par exemple – et comporterait ainsi des risques d'accident. D'autre part, même si la condition de distance est remplie, la servitude transversale n'est pas systématiquement instaurée : il n'y a jamais instauration de plein droit. Il faut respecter une procédure qui est celle applicable en cas de modification ou de suspension de la servitude longitudinale. Mais, de la sorte, est affirmée avec plus de force la vocation « publique » du bord de mer.

B. Les conséquences de l'institution des servitudes de passage

Elles concernent les propriétaires, les usagers et l'administration.

1. Les propriétaires

Il convient, d'une part, que la servitude puisse produire son plein effet sans, d'autre part, que les propriétaires ne subissent de dommages sans contrepartie. C'est ainsi qu'un certain nombre d'obligations sanctionnées sont énumérées à l'article R 160-25 du CU à l'encontre des propriétaires. Ces derniers doivent laisser aux piétons le droit de passage paisible (le simple fait de laisser la possibilité à un chien de garde de vagabonder sur le fonds servant d'assiette à la servitude peut être considéré comme une entrave à la libre circulation) ; pour cela, ils ne peuvent modifier l'état des lieux en rendant le passage plus difficile, sauf à obtenir une autorisation préfectorale pour l'exécution de travaux d'une durée inférieure à six mois ; ils sont tenus de laisser l'administration effectuer tous les travaux nécessaires à la signalisation de la servitude ou à la sécurité des promeneurs. Des sanctions pénales punissent les infractions à ces dispositions, dans les conditions du droit commun (art. L 465 du Code pénal ; R 160-33 du CU).

Par contre, les propriétaires ne peuvent en aucune façon être considérés comme responsables en cas de dommages subis par les usagers exerçant leur droit de passage. L'article 6 de la loi du 3 janvier 1986 l'ajoute expressément à l'article L 160-7 du CU. De même, et contrairement à la règle de non-indemnisation des servitudes d'urbanisme, une indemnité est susceptible d'être allouée au propriétaire si celui-ci subit un préjudice direct, matériel et certain [68]. L'action se prescrit par un délai de six mois à compter de la date à laquelle le dommage a été causé ; elle doit être portée devant le tribunal administratif et est dispensée du ministère d'avocat, sauf en appel [69]. Dans ses jugements, le tribunal administratif considère que l'apparition de nombreux promeneurs

68. Voir Hubert Charles : « L'indemnisation de la SPPL »., RFDA, nov.-déc. 1985, p. 913 *sq.*
69. TA Rennes, 28 novembre 1984, trois décisions : consorts Guyon, consorts Polaillon-Guionin, M. Guyon.

constitue un préjudice permanent indemnisable et que l'accroissement des risques justifie l'édification d'une protection sous la forme d'une clôture entre le sentier et la propriété, clôture dont le coût rentre dans le préjudice réparable. Enfin, l'évaluation du préjudice est liée à la destination antérieure du terrain.

2. Les usagers

Les usagers ne peuvent utiliser le sentier que conformément aux fins définies par la loi; c'est-à-dire que seul est permis le cheminement pédestre. Tout autre usage est prohibé et puni de l'amende prévue par les contraventions de la 4e classe (art. R 160-33 CU). En particulier, hormis les voitures d'enfants ou les fauteuils roulants, aucun véhicule n'est admis sur ce sentier.

3. L'administration

Il est évident que des aménagements doivent être réalisés sur le terrain pour permettre le passage, en toute sécurité, des piétons sur le chemin côtier.

C'est à l'État qu'incombe la charge des études et du suivi des procédures. L'État supporte l'indemnisation des propriétaires (art. R. 160-31 CU). Enfin, les dépenses nécessaires à l'exécution des travaux requis pour assurer le libre passage et la sécurité des piétons lui reviennent également (art. R 160-27 CU). Ce dernier article énonce, toutefois, que « les collectivités locales et les organismes intéressés peuvent éventuellement participer aux dépenses » et l'on sait que, devant la faiblesse des crédits d'État, il s'agit presque d'une obligation.

Il importe aussi de rappeler que les pouvoirs de police du maire ne sont en rien modifiés par l'institution de la servitude. L'autorité de police municipale demeure responsable du maintien de l'ordre public sur les terrains en cause, le mécanisme de substitution prévu par le Code général des collectivités territoriales au profit du préfet jouant en cas de carence. C'est dans ce contexte qu'il faut replacer l'article R 160-24 du CU aux termes duquel: « Le maire ou, à défaut, le préfet, prend toute mesure de signalisation nécessaire en vue de préciser l'emplacement de la servitude de passage ». En cas d'accident, du fait d'un défaut de signalisation, il semble que la responsabilité communale pourrait se trouver éventuellement engagée dans le cadre du régime des dommages de travaux publics... mais la victime préférera se retourner contre l'État qui, en toute hypothèse, devra répondre du défaut d'entretien normal du sentier littoral.

Dans les faits, la situation la plus courante en ce qui concerne l'entretien du sentier est la suivante: l'État remet à la commune littorale un produit fini, c'est-à-dire un cheminement piétonnier aménagé et balisé. Ensuite, les charges d'entretien sont réparties entre l'État et la commune, la répartition faisant parfois l'objet de conventions qui formalisent l'accord. Les opérations les plus importantes, à savoir les travaux imposés par la détérioration de l'assiette du sentier ou ceux qui portent sur le renouvellement des équipements de protection restent à la charge de l'État. Les opérations courantes de débroussaillage, renouvellement de la signalisation ou autres sont assurées par les communes.

Il existe également des communes qui préfèrent, dans le cadre de leur projet politique d'ouverture du littoral au public, politique souvent antérieure à l'institution de la servitude, maîtriser plus directement l'outil, quitte à acquérir certains des terrains sur lesquels est assise l'assiette de la servitude et à les aménager à leurs frais. L'État n'est pas hostile, on s'en doute, à semblables initiatives.

Chapitre III

LES RÈGLES ET PRINCIPES APPLICABLES SUR L'ENSEMBLE DU TERRITOIRE DE LA COMMUNE LITTORALE (2 – LA PRÉSERVATION DES ESPACES REMARQUABLES OU CARACTÉRISTIQUES) (art. L 146-6 – Code Urbanisme)

La loi littoral du 3 janvier 1986 met en œuvre, après la directive sur la protection et l'aménagement du littoral approuvée par le décret du 25 août 1999, le premier principe posé par le rapport Piquard : la protection intégrale des espaces les plus beaux ou les plus riches du point de vue écologique, situés sur le territoire de la commune littorale. Bien que l'idée en soit acceptée par tous, sa concrétisation pratique pose certains problèmes délicats : quels espaces sont effectivement concernés, la « préservation » laisse-t-elle une marge d'appréciation aux autorités compétentes ou encore la notion « d'aménagement léger » est-elle extensive ? Sur ces points aussi, la jurisprudence la plus récente apporte des solutions originales, quelquefois étonnantes, alors que le législateur, en introduisant dans la loi le nouvel article L 146-6-1, voudrait gommer un passé marqué par l'altération de certains sites.

SOMMAIRE

Section II – La règle de droit applicable

§ 1 – *Une règle contraignante appliquée avec réalisme*

A. Le principe de l'interdiction de toute urbanisation

B. Une application subtile du principe

§ 2 – *Des exceptions justifiées mais trop étroites*

A. Les « aménagements légers »

B. L'article L 146-6-1 du Code de l'urbanisme

Mots clés

- PATRIMOINE NATUREL ET CULTUREL DU LITTORAL
- BIOTOPES
- DUNES
- ESPACES BOISÉS SIGNIFICATIFS
- SITES CLASSÉS
- ZONE HUMIDE
- ZNIEFF
- PRÉSERVATION
- INTERDICTION DE CONSTRUIRE
- COMPATIBILITÉ
- AMÉNAGEMENTS LÉGERS
- PLAGES
- ESPACES NATURELS PROCHES
- NUISANCES

Section I – Les espaces concernés

L'article L 146-6 du Code de l'urbanisme renvoie à un décret pour fixer « la liste des espaces et milieux à préserver », décret n° 89-694 qui intervient le 20 septembre 1989 et est interprété par la circulaire 89-56 du 10 octobre 1989. Mais le législateur avait déjà grandement facilité la tâche du pouvoir réglementaire en fournissant, à titre d'exemples, donc dans le cadre d'une énumération déjà longue mais non limitative, une liste d'espaces et de milieux à protéger. C'est ce qui explique le problème d'opposabilité qu'a connu l'article L 146-6 de l'entrée en vigueur de la loi du 3 janvier 1986 à la publication du décret du 20 septembre 1989. La plupart des tribunaux administratifs ont, en effet, refusé d'appliquer les dispositions de l'article L 146-6 sans le décret d'application [1]. Le Conseil d'État, à l'inverse, admet l'opposabilité immédiate des dispositions parfaitement claires de l'article L 146-6 avant la publication du décret [2]. C'est, cependant, ce refus des tribunaux administratifs, qui a conduit le gouvernement à prendre le décret d'application précité, alors que certains autres attendent toujours (voir ci-avant, chap. I – Le champ d'application de la loi).

Le décret n° 89-694 du 20 septembre 1989, fixe, dans l'article R 146-1 du Code de l'urbanisme, d'une manière exhaustive cette fois, la liste et les caractéristiques des espaces et milieux littoraux devant être préservés au titre de l'article L 146-6. Il ne résout pas pour autant tous les problèmes posés par la définition juridique de ces espaces et milieux ; s'il comble certains vides, il suscite, à l'inverse, des interrogations nouvelles, ne serait-ce, d'ailleurs, qu'au

1. TA Nice, 15 décembre 1987, Honorat, n° 1443-87-II ; TA Nice, 7 avril 1988, Association pour la défense de l'environnement et de la qualité de la vie du Golfe-Juan Vallauris et autres, n° 215-88-II, RJE, 4-1988, p. 485, Concl. contraires, N. Calderaro ; TA Montpellier, 13 mai 1988, Société de protection de la nature de Sète, Frontignan, Balaruc, RJE, 4- 1988, p. 516 ; TA Amiens, 25 mars 1988, Préfet de la Somme, c/commune de Crotay, n° 87-1680.
2. CE, 10 décembre 1990, Groupement des associations de défense des sites et de l'environnement de la Côte d'Azur et autres, nos 97119 et 97123 ; CE, 10 juin 1992, Société pour l'étude et la protection de la nature en Bretagne, n° 112389, Études foncières, n° 56, septembre 1992, p. 39.

niveau de l'articulation des dispositions législatives et réglementaires. Les difficultés se situent tant au plan de la nature des espaces concernés qu'à celui de la qualification juridique de ceux-ci.

Encore faut-il, ensuite, procéder localement à la détermination des espaces et milieux auxquels un zonage spécial sera appliqué. Deux questions surgissent alors : qui est compétent pour faire ce travail ? Comment faut-il le mener à bien ?

§ 1 – La définition juridique des espaces concernés

Pour bénéficier de la protection instaurée à l'article L 146-6 du Code de l'urbanisme, il faut que les parcelles en cause réunissent deux conditions cumulatives : d'abord, qu'elles figurent dans la liste des espaces et milieux fournie à l'article R 146-1 du Code de l'urbanisme ; cette liste, très étendue, pourrait concerner une grande partie des espaces littoraux, malgré quelques restrictions dont il s'agit de déterminer la portée ; et puis, condition limitative, ces espaces doivent répondre à certaines exigences de fond, c'est-à-dire constituer « un site ou un paysage remarquable ou caractéristique du patrimoine naturel et culturel du littoral » être « nécessaires au maintien des équilibres biologiques » ou « présenter un intérêt écologique ».

A. La nature des espaces et milieux

Si l'on veut déterminer avec précision les espaces et milieux visés par les dispositions protectrices de l'article L 146-6, il faut, d'une part, comparer liste législative et liste réglementaire et ensuite tenter de résoudre les problèmes qu'elles posent.

La liste réglementaire est, on l'a dit, exhaustive. C'est donc sur elle qu'il faut se baser. Mais on s'aperçoit immédiatement :

- qu'elle **reprend pour l'essentiel** celle de l'article L 146-6, sans malheureusement définir davantage les espaces cités, alors que certains n'ont pas une consistance évidente : qu'est-ce qu'une dune ?
- qu'elle complète effectivement la liste législative (**voir encart**) ; mais elle y incorpore en particulier, ce qui pourrait être source de problèmes, des périmètres déjà sélectionnés par d'autres législations différentes : les parties naturelles des sites inscrits ou classés et des parcs nationaux ou encore les biotopes délimités au titre de l'article 4 de la loi du 10 juillet 1976 sur les réserves naturelles ;
- qu'elle comporte en revanche des formulations différentes qui pourraient apparaître en retrait par rapport au texte de loi : ainsi, le décret énonce « les forêts et zones boisées proches du rivage de la mer », tandis que la loi citait « les forêts et zones boisées côtières » ;

ESPACES CONCERNÉS	
Liste législative (article L 146-6)	**Liste réglementaire (article R 146-1)**
• Les dunes et les bandes côtières, les plages et lidos.	Les dunes et les bandes côtières, les plages et lidos.
	• Les estuaires, les falaises et les abords de celles-ci.
• Les forêts et zones boisées côtières.	• Les forêts et zones boisées proches du rivage de la mer et des plans d'eau intérieurs d'une superficie supérieure à 1000 hectares.
• Les îlots inhabités.	• Les îlots inhabités.
• Les parties naturelles des estuaires, des rias ou abers et des caps.	• Les parties naturelles des estuaires, des rias ou abers et des caps.
• Les marais, les vasières, les zones humides et milieux temporairement immergés, ainsi que les zones de repos, de nidification et gagnage de l'avifaune désignées par la directive européenne, n° 79-409 du 2 avril 1979 concernant la conservation des oiseaux sauvages.	• Les marais, les vasières, les tourbières, les plans d'eau, les zones humides et milieux temporairement immergés.
	• Les milieux abritant des concentrations naturelles d'espèces animales ou végétales, telles que les herbiers, les frayères, les nourrisseries et les gisements naturels de coquillages vivants ; les espaces délimités pour conserver les espèces en application de l'article 4 de la loi n° 76-629 du 10 juillet 1976 et les zones de repos (... *Id.*).
	• Les parties naturelles des sites inscrits ou classés en application de la loi du 2 mai 1930 modifiée et des parcs nationaux créés en application de la loi n° 60-708 du 22 juillet 1960, ainsi que les réserves naturelles instituées en application de la loi n° 76-629 du 10 juillet 1976.
	• Les formations géologiques telles que les gisements de minéraux ou de fossiles, les stratotypes les grottes ou les accidents géologiques remarquables.
• Et dans les départements d'outre-mer, les récifs coralliens, les lagons et mangroves.	Et dans les départements d'outre-mer, les récifs coralliens, les lagons et mangroves.

- qu'elle ne comble pas certains vides : l'article L 146-6 indique, sans autre précision, qu'il convient de préserver, au titre de cet article, certains espaces « marins » et aussi les sites et paysages caractéristiques du patrimoine « culturel » du littoral ; en ne faisant aucune application de ces dispositions particulières, le pouvoir réglementaire enferme l'article dans une perspective terrestre et exclusivement naturelle qui n'était pas obligatoirement voulue par le législateur.

Telle qu'elle figure à l'article R 146-1 du Code de l'urbanisme, cette liste pose trois problèmes majeurs : **un problème de localisation des espaces, un problème d'usage des espaces**, enfin, lié au précédent, **le problème du patrimoine culturel du littoral**.

Le premier peut s'exprimer ainsi : les espaces cités à l'article R 146-1 doivent-ils tous être situés à proximité du rivage ou, tout du moins en co visibilité avec lui ? Deux indices pourraient le laisser à penser : beaucoup des espaces cités se situent obligatoirement près du rivage ; lorsque ce n'est pas le cas, le texte peut faire référence à cette proximité : « forêts et zones boisées proches du rivage de la mer » et l'on peut se demander si, par contagion, le critère de la proximité ne s'applique pas aux autres éléments de la liste. Certaines décisions semblent aller en ce sens qui, dans leur motivation, relèvent soigneusement ce caractère [3]. De même, dans leurs conclusions, les commissaires du gouvernement paraissent justifier par un tel critère les choix communaux [4]. Mais il faut prendre garde de confondre deux choses. La proximité par rapport au rivage peut être essentielle dans l'appréciation du caractère remarquable d'un site ou d'un paysage ou de l'intérêt écologique d'une dune mais elle ne doit pas intervenir dans la première étape, celle du recensement des espaces qui pourraient être concernés par la protection instituée à l'article L 146-6. Les dispositions de cet article ont vocation à s'appliquer, si certaines conditions de fond sont réunies, sur l'ensemble du territoire de la commune littorale, quelle que soit son étendue, quelle que soit la situation des espaces visés par rapport à la mer. La jurisprudence du Conseil d'État, sur ce point, n'est pas équivoque [5]. Les arrêts cités ci-dessus sont d'autant plus éclairants qu'ils interviennent précisément relativement aux zones boisées, c'est-à-dire concernant le seul élément de la liste pour lequel le critère de la proximité pourrait se révéler pertinent.

---

3. CAA Lyon, 31 mai 1994, SCI la Cascatelle n° 93 LY 01253 ; CAA Nantes, 24 mars 1999, Association Manche Nature, n° 97 NT 02524, DMF, janvier 2000, n° 600, note E. Le Cornec.
4. Conclusions, J. C. Bonichot sous CE, 17 juin 1998, Association de l'amicale des loisirs et du temps libre longevillais, n° 168977, Association de défense des propriétaires longevillais, n° 169463 et Mme Daviet, n° 169216, BJDU, 5-98, p. 333.
5. CE, 29 juillet 1998, Syndicat Intercommunal du Golfe de l'Adour, n° 169134, BJDU 5-1998, Conclusions, J. Arrighi de Casanova ; CE, 25 novembre 1998, Commune de Grimaud, n° 168029, DMF, janvier 2000, n° 600, note, E. le Cornec.

Le second problème provient de la référence faite par les textes au caractère « naturel » que doivent présenter certains éléments pour pouvoir figurer dans la liste des espaces et milieux protégés par les dispositions de l'article L 146-6 : « les parties naturelles des estuaires, des rias ou abers et des caps », « les parties naturelles des sites inscrits ou classés » ; de la même façon, on peut se demander si, par contagion, ce caractère « naturel » ne s'applique pas à l'ensemble des éléments de la liste. À ce propos, il convient, d'abord, de s'intéresser au qualificatif « naturel ». Il s'applique, selon le commissaire du gouvernement Isaïa qui en fournit la meilleure définition [6], à « tout espace ou milieu qui est issu directement du monde physique et qui se suffit à lui même, c'est-à-dire dont l'existence n'est pas conditionnée par une intervention humaine ». En ce sens, ce qui est naturel s'oppose, bien entendu, à ce qui est urbanisé mais aussi à ce qui est simplement aménagé, sans être nécessairement urbanisé. Le commissaire du gouvernement Isaïa poursuit, « la partie naturelle d'un site s'oppose à la partie artificielle, c'est-à-dire celle qui, d'une façon ou d'une autre a été aménagée, résulte du travail humain, qu'il s'agisse de constructions plus ou moins anciennes, destinées ou pas à l'habitation, de monuments divers, par exemple les alignements mégalithiques de Carnac ou encore de l'ensemble des terres agricoles, c'est-à-dire des terres défrichées qui ont vocation à faire l'objet d'une exploitation économique ». Cette conception maximaliste est simple, elle pourrait correspondre à l'énumération fournie par l'article R 146-1, mais elle n'est pas sans susciter certaines interrogations.

La jurisprudence est relativement explicite sur un point : un espace urbanisé ne peut normalement pas se voir accorder la protection organisée par l'article L 146-6. Mais cependant, même ici, toute certitude fait défaut parce qu'il n'est pas possible de généraliser. Le caractère urbanisé de l'espace est souvent mis en avant pour juger que telle parcelle doit être exclue, dès l'abord, des espaces rentrant dans le champ d'application de cet article [7]. Les formules employées par le Conseil d'État sont parfois particulièrement nettes : ainsi, dans l'arrêt commune de Pornic, du 1er octobre 1997, le juge suprême dit clairement « Considérant qu'il est constant que les deux secteurs litigieux délimités autour des hameaux de la Gaurinière et de Portmain sont en partie urbanisés ; que, par conséquent, ils ne constituent pas des espaces naturels à protéger au sens des dispositions de l'article L 146-6 du Code de l'urba-

6. Conclusions H. Isaïa sous CAA Nantes, 4 mai 1994, commune de Crozon, n° 92-675, BJDU, 5-94, p. 3.
7. CE, 11 MARS 1991, Mme Porcher, n° 81753 ; CAA, Bordeaux, 23 mars 1995, Mme Perez-Habiba, commune de Saint-Georges-de-Didonne, n° 93 BX 00604 et 93 BX 00649 ; CE, 6 mai 1996, Association « Hardelot Opale Environnement » et Association « Nord Nature », n° 151698 et 152467 ; CE, 1er octobre 1997, commune de Pornic, n° 173184 ; CE, 29 décembre 1997, Mme de Saint-Pierre, n° 158541 ; CE, 17 juin 1998, Association de l'amicale des loisirs et du temps libre longevillais et autres, n° 168977, BJDU, 5-98, p. 333, conclusions J. C. Bonichot ; CE, 25 novembre 1998, commune de Grimaud, n° 168029, précité.

nisme ». Cette formulation, également utilisée, par exemple, dans l'arrêt commune de Grimaud, montre bien que c'est au plan de la nature de l'espace que le juge se place et non au plan de la qualification. La pratique est également fixée en ce sens, les directions départementales de l'équipement appelant « exclus » les parcelles urbanisées situées à l'intérieur d'espaces qui, par définition, pourraient être soumis au régime juridique de l'article 146-6.

Mais cette pratique témoigne qu'une certaine urbanisation n'est pas absolument incompatible avec le classement d'espaces en L 146-6. Quelques décisions, qui retiennent l'application des dispositions protectrices prévues, notent que le secteur en cause est « peu urbanisé », ce qui veut dire qu'il supporte déjà des constructions [8]. Cependant, l'ambiguïté est alors grande : les parcelles en cause sont situées dans la partie naturelle du site, problème de définition, parce que les constructions qui y sont présentes « sont intégrées dans la végétation et implantées de manière très dispersée sur de grands domaines », donc « ne portent pas atteinte au caractère remarquable du site », question de qualification. Au moins y a-t-il là élément d'incertitude avec la réintroduction d'une appréciation subjective et souvent délicate à porter.

Cette incertitude est encore plus forte, si, au-delà du caractère urbanisé, on tient compte de l'altération du site « par l'activité humaine [9] ». Tout terrain qui a fait l'objet, à n'importe quel moment, d'un quelconque aménagement ou, simplement, d'un quelconque usage par l'homme, ne pourrait plus présenter le caractère naturel qui lui permettrait de figurer dans la liste de l'article R 146-1. À la limite, serait-il encore possible de trouver un seul site qui n'aurait jamais fait l'objet d'une occupation humaine… ? Certes, tout est encore question d'appréciation subjective qui porte non pas sur la définition mais sur la qualification du site. Mais surgit précisément là le troisième problème : celui de l'absence dans la liste de tout élément correspondant à la notion de « patrimoine culturel » mentionnée par les textes.

L'article R 146-1 du Code de l'urbanisme n'énumère que des éléments du patrimoine naturel, ce qui, d'une part, pose les importants problèmes examinés ci-dessus, d'autre part, restreint arbitrairement la portée que le législateur entendait donner à l'article L 146-6. Comme l'écrit E. Le Cornec : « Il va de soi que les espaces remarquables du littoral sont non seulement les espaces naturels mais également les espaces bâtis qui peuvent constituer des éléments du patrimoine culturel du littoral comme le prévoit l'article L 146-6 ». Préserver une promenade en front de mer, bordée de villas à l'architecture caractéris-

8. CE, 14 janvier 1994, commune du Rayol-Canadel N° 127025, Droit administratif 1994, n° 172 ; CAA Lyon, 7 décembre 1994, commune du Rayol-Canadel SNC, Empain-Grahan, n° 93 LY 00545 et 93 LY 00672 ; CAA Lyon, 24 octobre 1995, Société Rest. AG, n° 94 LY 00913, DMF, 1998, n° 578, p. 92, note J.-M. Bécet, Droit de l'environnement, février 1996, n° 35, p. 10, note G. F.
9. CE, 29 juin 1998, Chouzenoux, BJDU, 4/98, brèves.

tique, protéger et mettre en valeur un monument érigé sur le littoral, cela correspond à l'objet de l'article L 146-6. Or la liste exhaustive fournie à l'article R 146-1 ne tire aucune conséquence de cet objectif, ce qui conduit logiquement le juge administratif à refuser d'appliquer les dispositions protectrices prévues à l'article L 146-6 pour des éléments de ce patrimoine culturel [10]. La seule décision qui fait allusion à un élément susceptible de se rattacher au patrimoine culturel, la présence de vestiges archéologiques [11], intervient dans une affaire relative à la création de zones aquacoles, donc intéressant un espace marin proche du littoral et par définition non urbanisé. Il faut recourir à la création d'une zone de protection du patrimoine architectural urbain et paysager pour protéger d'une manière spécifique les éléments de ce patrimoine culturel, alors que l'article L 146-6 aurait pu, logiquement s'appliquer.

L'article L 146-6 du Code de l'urbanisme ne concerne que des éléments qui se rattachent au patrimoine naturel du littoral, si ceux-ci réunissent les conditions de fond prévues par le texte.

B. La qualification des espaces et milieux

Tous les espaces relevant de la liste fournie à l'article R 146-1 du Code de l'urbanisme ne relèvent pas du régime juridique des espaces remarquables. Ce serait, sans cela, la majeure partie de la zone côtière qui se trouverait concernée, ce qui n'est pas l'intention du législateur, lequel désire seulement préserver d'aménagements incompatibles avec leur qualité les parcelles les plus fragiles. Il a, en ce sens, posé une seconde condition cumulative, afin de pratiquer une sélection parmi les catégories d'espaces répertoriés; les dunes, landes, plages, zones boisées côtières, parties naturelles des sites, zones humides, etc., ne sont concernées d'après la loi « littoral » que:

- si elles constituent un site ou un paysage remarquable ou caractéristique ou...
- si elles sont nécessaires au maintien des équilibres biologiques.

Après avoir constaté que l'espace concerné relève, par sa nature, de la liste des espaces susceptibles d'être protégés en tant « qu'espace remarquable », faut-il encore, dans un second temps, vérifier que cet espace mérite effectivement cette qualification. Ces deux opérations ne doivent pas être confondues ce que, pourtant, certaines décisions semblent faire.

---

10. CE, 11 mai 1994, Association « Semiramis », « les amis de Saint-Raphaël et de Fréjus », et « Var Environnement », n° 129046; TA Rennes, 1er octobre 1998, M. et Mme Philippe Rain, Droit environnement, janvier-Février 1999, note E. Le Cornec, Revue Juridique Environnement, 2-1999, p. 254, note P. Billet.
11. CE, 10 juin 1992, Société pour l'étude et la protection de la nature en Bretagne, n° 112389.

Ainsi, cet arrêt rendu par la Cour administrative d'appel de Bordeaux [12], laquelle décide : « Considérant... que la zone dans laquelle est prévue l'agrandissement du port de plaisance constitue une friche dont la végétation et la faune, même si elles pouvaient comporter certaines particularités, au demeurant mal définies, se trouvent déjà fortement dégradées ; que cette zone, si elle est incluse dans le périmètre du site de Chiberta, inscrit à l'inventaire des sites pittoresques du département par l'arrêté ministériel du 24 novembre 1972, ne peut être regardée comme en constituant une partie naturelle au sens de l'article R 146-1 du Code de l'urbanisme ». Il aurait fallu d'abord se pencher sur le point de savoir s'il y avait – ce qui est contestable – partie naturelle d'un site inscrit, puis, en cas de réponse affirmative, déterminer si l'espace pouvait recevoir la qualification d'espace remarquable, ce qui n'était pas le cas en l'occurrence.

Il faut d'autre part, observer que le décret du 20 septembre 1989, par une interprétation trop extensive de la loi, ajoute aux deux critères législatifs de sélection un autre critère supplétif, celui de « l'intérêt écologique ». L'article L 146-6 comportait ces termes mais en tant qu'incidente destinée à rappeler la nécessité, pour les espaces énumérés, de répondre à l'un des deux critères précédents pour être concernés : les dunes, landes et autres périmètres cités ne peuvent être pris en considération « qu'en fonction de l'intérêt écologique qu'ils présentent » (**voir encart**). En érigeant en critère autonome, alternatif, ce simple rappel, le pouvoir réglementaire étend indiscutablement la portée du régime des « espaces remarquables » et, ce faisant, déborde certainement ce qu'il est habilité à faire. Cependant, la question de la légalité du décret n'a jamais été abordée qu'indirectement [13], dans la mesure où l'opposabilité directe de la loi « littoral » permet au juge de fonder ses décisions sans examiner auparavant une telle hypothèse [14]. Mais, parfois, ce juge est amené à modérer les ambitions de l'État en annulant des classements abusifs en NDS [15], alors même qu'il a lui-même une conception plutôt extensive de « l'espace remarquable ».

S'il existe donc, aujourd'hui, **trois critères qualitatifs, ceux-ci sont indépendants les uns des autres**. Dans quelques affaires, il y a, certes, croisement des critères. Ainsi, par exemple, dans sa décision, Syndicat Intercommunal du Golfe de l'Adour [16], le Conseil d'État, après avoir noté que la zone en question « se situe dans la partie naturelle du site inscrit des étangs landais sud »,

12. CAA Bordeaux, 28 octobre 1999, Association des cinq cantons la Barre et association pays basque écologie, n° 96 BX 00112.
13. TA Nantes, 14 mars 1991, département de la Vendée c/Préfet de la Vendée, n° 902680.
14. Conclusions Benoit sous CAA Marseille, 20 janvier 2000, commune de Ramatuelle, n° 97 MA 01046.
15. CE, 3 octobre 1997, Mme de Kermenguy, n° 158554.
16. CE, 29 juillet 1998, n° 158543 et 160965, voir aussi, CE, 30 avril 1997, Syndicat Intercommunal du Port d'Albret, n° 158945.

QUALIFICATION DES ESPACES

Article L 146-6	Article R 146-1
« Les documents et décisions relatifs à la vocation des zones ou à l'occupation et à l'utilisation des sols **préservent** les espaces terrestres et **marins, sites et paysages remarquables ou caractéristiques** du patrimoine naturel et **culturel** du littoral et les milieux nécessaires au **maintien des équilibres biologiques**. Un décret fixe la liste des espaces et milieux à préserver, comportant notamment, **en fonction de l'intérêt écologique qu'ils présentent**, les dunes... ».	« Sont préservés, dès lors qu'ils constituent **un site ou un paysage remarquable ou caractéristique du patrimoine** naturel et **culturel** du littoral, sont nécessaires **au maintien des équilibres biologiques** ***ou*** présentent un intérêt écologique, les dunes... ».

procède à la qualification juridique des terrains en soulignant que cette partie « se compose, notamment de dunes boisées et de dépressions humides traversées par les canaux du Boudigan et de l'Anguillère et abrite dans ces dépressions humides une faune et une flore caractéristiques de la forêt hygrophile du littoral landais, qui présente une grande fragilité biologique ; qu'ainsi la création de la ZAC affecte un paysage caractéristique du patrimoine naturel du littoral landais et des milieux humides nécessaires au maintien de son équilibre biologique ». De même, dans l'espèce commune de Grimaud [17], la haute juridiction décide que les espaces considérés sont au nombre de ceux dont l'article L 146-6 exige la préservation, aux motifs que le secteur « est constitué de zones boisées des contreforts du massif des Maures, site remarquable dominant le rivage de la mer, ainsi que de milieux présentant un intérêt écologique pour la faune et la flore ». Parfois aussi, le juge considère que ce sont des facteurs écologiques, tels que la qualité ou la diversité d'un boisement, qui constituent par eux-mêmes, la remarquabilité du site [18]. Mais souvent, le juge administratif, dans son opération de qualification, se fonde sur un seul critère : soit l'aspect paysager, sans que l'intérêt écologique soit visé, soit, à l'inverse, l'aspect écologique sans que le caractère « remarquable ou caractéristique » de l'espace en cause ne soit évoqué : la formulation de l'arrêt société Rest. AG [19], est particulièrement explicite à cet égard : la Cour, après avoir reconnu dans la zone en question un paysage caractéristique, poursuit : « sans qu'il y ait lieu

17. CE, 25 novembre 1998, n° 168029.
18. CAA Bordeaux, 18 novembre 1999, Association soustonnaise d'action légale pour la défense des équilibres naturels, n° 96 BX 00491.
19. CAA Lyon, 24 octobre 1995, n° 94 LY 00913.

de rechercher si elle constitue également un milieu nécessaire au maintien des équilibres biologiques et présente un intérêt écologique… ».

Ainsi, plusieurs décisions classent les dunes littorales parmi les espaces concernés par l'article L 146-6, au vu de leur seul intérêt écologique [20]. En revanche, les particularités paysagères sont seules retenues dans de nombreuses hypothèses ; à ce propos, il est essentiel de relever avec soin les qualificatifs employés. Les textes retiennent uniquement les termes « remarquable » ou « caractéristique », mais le juge peut en employer d'autres, comme « unique » ou encore « pittoresque » (**voir encart**).

Rapidement, pour opérer son contrôle sur la qualification des espaces éventuellement concernés par l'article L 146-6, le Conseil d'État a renoncé à se limiter à l'erreur manifeste d'appréciation, comme l'avait fait, au départ, les tribunaux administratifs [21]. Le Conseil d'État, depuis la décision Commune du Rayol Canadel [22], procède à un contrôle normal. L'éventuelle erreur commise par les auteurs d'un document d'urbanisme local dans la qualification des zones n'a plus à être « manifeste » ; en ce sens, les dernières décisions rendues par la haute juridiction en tant que juge d'appel énoncent que « les auteurs du plan d'occupation des sols ne se sont pas fondés sur des faits matériellement inexacts et n'ont pas entaché leur décision d'erreur d'appréciation [23] ». Le Conseil d'État opère également un contrôle normal lorsqu'il est saisi sur le fondement du dernier alinéa de l'article L 146-6 qui fait obligation aux communes littorales de classer en espaces boisés « au titre de l'article L 130-1 du présent code, les parcs et ensembles boisés existants les plus significatifs de la commune, après consultation de la commission départementale des sites ». Le juge prend en considération l'importance et la qualité du boisement, mais aussi la configuration des lieux, selon, par exemple, qu'ils sont compris dans une coupure d'urbanisation ou, à l'inverse, sont déjà mités par des constructions [24].

Il faut, cependant, remarquer que la jurisprudence n'est pas aussi transparente que les propos précédents pourraient le faire penser. Souvent, **le juge administratif se montre elliptique** dans sa motivation et n'indique pas sur

20. CAA, Nancy, 11 décembre 1997, SLE Société HLM de Lille, et, même date, SCI Godin, n° 94 NC 01061 ; CAA Nantes, 24 mars 1999, Association Manche Nature, n° 97 NT 02524, Dr. Environnement, n° 70, note R. R., DMF, 2000, n° 600, note E. Le Cornec.
21. TA Orléans, 29 mars 1988, J. Rommel et autres, Frapec et Sologne Environnement, Rev. Jur. Envir. 2/1989, p. 209 ; TA Nantes, 14 mars 1991, Département de la Vendée, c/Préfet de la Vendée, n° 902680 ; TA Rennes, 2 mai 1991, Association de défense de l'environnement bigouden, n°s 91519 et 91520.
22. CE, 14 janvier 1994, n° 127025.
23. CE, 17 juin 1998, Association de défense des propriétaires longevillais, n° 169463 ; du même jour, M. et Mme Chevolleau, n° 169465 et M. Guedou, n° 177928.
24. CE, 14 novembre 1990, Mme Collin et comité de défense de l'avenue Ortolan, n°s 109154 et 109372, D. 1991, J. 148, note H. Charles ; CE, 7 janvier 1991, Association de sauvegarde du patrimoine martiniquais c/commune de Dramont, n° 90231 ; CE, 4 janvier 1995, commune de Narbonne, n° 153533 ; CE, 10 mars 1995, Union Départementale pour la sauvegarde de la vie, de la nature et de l'environnement dans le Var, n° 128290.

LES QUALIFICATIFS « REMARQUABLE » OU « CARACTÉRISTIQUE »

Ces deux qualificatifs reposent sur des éléments différents :

CARACTÉRISTIQUE : Élément de paysage distinguant fortement une zone spécifique, soulignant son originalité sans être nécessairement d'une exceptionnelle beauté.

Exemples :

- zone boisée couvrant « toute la surface allant jusqu'au rivage formé de petites falaises rocheuses » et formant « un ensemble suffisamment vaste pour être regardé comme un paysage caractéristique du patrimoine naturel du littoral méditerranéen ». (CAA Lyon, 24 octobre 1995, Société REST. AG).
- « dunes boisées et dépressions humides traversées par des canaux » constituants « un paysage caractéristique du patrimoine naturel du littoral landais », (CE, 29 juillet 1998, Syndicat Intercommunal du Golfe de l'Adour).

Il existe un ensemble de sites analogues représentatifs d'une région, parmi lesquels peut être effectué un choix.

REMARQUABLE : Élément de paysage comportant des données esthétiques rares, sinon uniques.

Exemples : ensemble naturel dont on découvre « l'immensité du paysage » (CAA Bordeaux, 30 décembre 1997, commune de Biscarosse) ; parcelles qui « eu égard à leur situation dominante le long de la côte rocheuse du sud de l'île-aux-Moines, sont visibles depuis la mer et permettent de découvrir le Golfe du Morbihan et les abords de l'île » (CAA, Nantes, 4 février 1998, SCI de la Croix de Kerno).

Les paysages remarquables, peu nombreux, s'opposent aux paysages simplement « pittoresques » qui, eux, sont très nombreux (CE, 6 mai 1996, Association Hardelot Opale Environnement).

« Si les côtes bretonnes présentent, dans leur ensemble, un charme propre, il ne peut s'agir pour autant de paysages remarquables au sens de la loi littoral », (Conclusions Pochard sur CE, 23 juillet 1993, commune de Plouguerneau).

quels éléments concrets il fonde sa décision. Il a, semble-t-il, de plus en plus tendance à accompagner la conception très extensive qu'a l'État des espaces remarquables, en présumant le caractère « remarquable » des secteurs retenus. La décision Chouzenoux rendue par le Conseil d'État en tant que juge de cassation est, à cet égard, exemplaire [25] : « Considérant que si les dispositions précitées tendent à préserver les parties naturelles des sites inscrits ou classés qui doivent être **présumées** constituer un paysage remarquable ou caractéristique eu égard à l'objet des procédures de classement et d'inscription prévue

25. CE, 29 juin 1998, M. Chouzenoux, n° 160256.

par la loi du 2 mai 1930... ». Une telle appréciation n'est peut-être pas inexacte lorsque les procédures complexes de cette dernière loi ont été effectivement mises en œuvre, surtout en ce qui concerne les sites classés, mais le juge administratif paraît parfois accorder le même crédit à divers inventaires qui ne présentent certainement pas les mêmes garanties. Il en va particulièrement ainsi à propos des zones naturelles d'intérêt écologique, faunistique et floristique (ZNIEFF).

L'inventaire des ZNIEFF, outil de connaissance du patrimoine naturel français, lancé après 1982 par le Muséum d'Histoire Naturelle, est établi par des scientifiques mais sans suivre de procédure contradictoire et sans être soumis à enquête publique [26]. Aussi n'entraîne-t-il obligatoirement aucune protection réglementaire spéciale, même si diverses circulaires, celle du 10 octobre 1989 prise en application des articles L 146-6, R 146-1 et R 146-2 et celle du 14 mai 1991 relative aux ZNIEFF y font référence pour apprécier les espaces et milieux remarquables et caractéristiques. Finalement, la ZNIEFF crée « une présomption d'existence d'espace remarquable, caractéristique et nécessaire au maintien de l'équilibre écologique [27] ». Les services de l'équipement considèrent fréquemment que la délimitation d'une ZNIEFF comporte automatiquement un classement en espaces remarquables « sans hiérarchiser ni la qualité des milieux ni la qualité des études qui les avaient inventoriées [28] ». Le juge, le plus souvent, entérine le classement, la ZNIEFF traduisant « l'intérêt écologique que présentent les terrains litigieux [29] ». Le raisonnement vaut sans conteste pour les ZNIEFF de type I qui recensent les espaces d'intérêt biologique remarquable [30] mais est davantage contestable pour les ZNIEFF de type II qui concernent « les ensembles naturels et peu modifiés ou qui offrent des potentialités biologiques importantes ». Ces dernières sont identifiées, répétons-le, sans les garanties juridiques habituelles et ne devraient pas faire « présumer » l'espace remarquable.

Il en va de même en ce qui concerne les zones humides. Beaucoup présentent une importance déterminante en tant que zones de haute productivité primaire, offrant une grande diversité de microbiotopes ou en tant que zones de passage indispensables à la faune. Mais toutes ces zones, estuaires, étangs et marais littoraux, vasières, etc. ne constituent pas un espace remarquable

26. C. Chavalet, « ZNIEFF, un outil de démocratie éclairée », Études foncières, n° 47, juin 1990 ; O. Piron, « ZNIEFF, de l'inventaire scientifique à la qualification juridique », même réf.
27. A. M. Mesnard, « droits maritimes », Tome II, Droit du littoral, éd. Juris-service, 1995, p. 59.
28. C. Bersani, M. Bondaz et B. Ravail, « rapport sur les conditions d'application de la loi "littoral" », 25 juillet 2000, p. 31.
29. CE, 12 novembre 1997, commune d'Erquy, RJE, 1998, p. 129, note P. Billet ; CAA Lyon, 31 décembre 1996, AIDE, Dr. Adm., 1997, n° 265 ; CAA Bordeaux, 19 juin 1997, comité de défense de Vingrau et autres, AJDA, 1997, p. 914 ; CAA Nantes, 4 février 1998, Syndicat Mixte du Point-Fort et ministre de l'Environnement, RJE, 1999/1, p. 163, note P. Billet.
30. Voir art. 23 de la loi « paysage » du 08/01/93 et la circulaire précitée n° 91-71 du 14 mai 1991.

au sens de l'article L 146-6 du Code de l'urbanisme. Dans l'affaire, exemplaire à cet égard, de la voie de contournement au nord de la ville de Sète, en bordure de l'Étang de Thau [31], le commissaire du Gouvernement exprimait l'opinion selon laquelle « nous ne sommes pas tout à fait convaincus que la partie de l'espace marin sur laquelle a mordu le projet soit réellement un espace remarquable... parce que l'endroit où est localisé la déviation est situé... dans un espace déjà fortement urbanisé et l'anse de la Fougade n'est pas très éloignée de la zone industrielle de Sète où se trouvent notamment des usines de produits chimiques et des raffineries ». Toutefois, sans discuter une telle appréciation et sans même justifier sa position, le Conseil d'État se contente de mentionner « qu'au nombre de ces derniers – les espaces énumérés à l'article L 146-6 – figurent les zones humides et milieux temporairement immergés... ». Il y a donc manifestement désir du Conseil d'État, chaque fois qu'il peut y avoir place pour le doute, de trancher en faveur de l'inclusion de l'espace considéré parmi ceux qui méritent la protection des dispositions de l'article L 146-6.

Il est également essentiel de noter que le juge pénal peut intervenir pour dire qu'un espace est concerné par les dispositions de l'article L 146-6, lorsqu'il est saisi d'un procès verbal d'infraction aux dispositions de l'article L 146-6 du Code de l'urbanisme. La Chambre criminelle de la Cour de cassation a, sur ce point, une interprétation extensive des termes de la loi [32] (**voir encart**).

LA POSITION DU JUGE PÉNAL :
INTERDICTION ABSOLUE DU STATIONNEMENT DE CARAVANES

« Attendu qu'en l'état de ces motifs, la Cour d'Appel, qui n'avait pas à rechercher si le classement du terrain du prévenu en zone protégée était prévu par le Plan d'occupation des sols de la commune, a justifié sa décision sans encourir les griefs précités;

Qu'en effet, en vertu des dispositions combinées des articles L 111-1-1 et L 146-6 du Code de l'urbanisme, les prescriptions de la loi du 3 janvier 1986, dont l'entrée en vigueur n'a été subordonnée à l'intervention d'aucun texte d'application, sont directement applicables aux autorisations individuelles dont relève le stationnement de caravanes et excluent notamment, la dispense prévue par l'article R 443-4, alinéa 1, d; ».
(Cass. Crim., 3 juin 1998, n° 3336; Voir aussi, Cass. Crim., 25 octobre 1995, n° 5087).

31. CE, 30 décembre 1996, Société de protection de la nature de Sète-Frontignan-Balaruc, n° 102023, BJDU, 1/97, Conclusions, C. Maugüe, DMF, janvier 1998, p. 29 *sq.*, note, J.-M. Bécet.
32. Cass. Crim., 13 mai 1996, arrêt n° 2293; Cass. Crim., 3 juin 1998, n° 3336; Cass. Crim., 17 juin 1998, n° 3793. Voir aussi, CA Caen, 4 septembre 1999, Dr. Envir., 1996, n° 36, p. 11, note X Braud.

Le juge interprète donc très largement les caractéristiques exigées par la loi pour déterminer les espaces et milieux méritant la forte protection de l'article L 146-6. Il rejoint en cela les administrations de l'Équipement et de l'environnement qui se livrent, sur le terrain, en opposition, parfois, aux communes elles-mêmes, à la sélection des espaces protégés.

§ 2 – L'identification pratique des espaces concernés

Le droit, on vient de le voir, n'offre pas à ceux qui, sur le terrain, doivent identifier les espaces remarquables, des repères parfaitement clairs. Une telle opération doit donc donner lieu, pour le moins, à discussion si plusieurs autorités peuvent intervenir, à l'issue d'une démarche technique menée par des scientifiques. Sur l'un et l'autre point, la méthode employée pose problème.

A. Quelle autorité détermine les espaces remarquables ?

Il importe de souligner, dès l'abord, que la détermination des espaces remarquables n'est dotée d'aucune spécificité qui la singulariserait par rapport aux autres appréciations à porter en vertu de la loi « littoral ». Mais, c'est à ce propos que les réactions ont été les plus vives et les critiques les plus acerbes parce que c'est sur l'application de cette disposition que, pour l'État, s'est jouée la crédibilité de la loi littoral.

À la faveur, en effet, du décret du 20 septembre 1989 sur la préservation des espaces remarquables, les préfets des départements littoraux sont mis, pour la première fois, par la circulaire n° 89-56 du 10 octobre 1989, relative au renforcement de la politique nationale de préservation de certains espaces et milieux littoraux, dans l'obligation de veiller « avec fermeté à ce que les documents d'urbanisme et les décisions d'occupation et d'utilisation du sol respectent strictement ces dispositions protectrices ». Il n'y a là rien de juridiquement critiquable. Le ton très ferme de cette instruction prouve seulement l'attention nouvelle portée par le Gouvernement à la traduction dans les faits d'un des principes essentiels exposés dans la loi littoral. D'ailleurs, le moyen principal dont l'utilisation est préconisée n'est autre que le contrôle de légalité sur les décisions locales, contrôle administratif impliqué par la décentralisation. Mais, au-delà, l'État, responsable de l'aménagement du territoire et, à ce titre, protecteur autoproclamé de l'espace littoral, entend se livrer à une véritable récupération de pouvoirs qu'il avait, auparavant, décentralisés. L'instruction du 22 octobre 1991 le confirme à l'évidence, le vocabulaire employé étant sans équivoque : « l'État doit garantir le strict respect des principes rappelés ci-dessus. Lors de l'élaboration ou de la révision des documents d'urbanisme, vous aurez à chacune des étapes de la procédure, à **définir** et à **faire valoir** les conditions locales de respect des principes, à vous assurer de leur prise en compte effective et, s'il y a lieu, à **l'imposer**... ».

Dans le contexte de la décentralisation, l'application pratique de l'article L 146-6, comme celle des autres articles de la loi, doit incomber à la commune elle-même. Il devrait donc appartenir au conseil municipal de déterminer, lorsqu'il arrête le plan d'urbanisme, à l'issue d'un travail technique réalisé par l'opérateur de son choix, les « espaces remarquables » de la commune ; le préfet pourrait alors manifester son désaccord avec les choix effectués et, si les discussions s'enlisent, bloquer l'opposabilité du document. Puisque le plan local d'urbanisme est élaboré et révisé « sous la responsabilité de la commune », c'est là la seule façon légale de procéder. Pourtant, l'instruction du 22 octobre 1991 confirme la pratique qui s'était instaurée : c'est l'État, sous la responsabilité du Préfet, qui identifie les espaces à préserver et les fait connaître aux communes lors du « porter à connaissance ». Cette manière d'agir n'est pas en elle-même illégale, dans la mesure où elle laisse une certaine latitude de discussion aux communes dans la suite de la procédure de sélection des espaces, mais elle est révélatrice d'un état d'esprit défavorable à la décentralisation. L'initiative change de camp et le caractère de simple proposition du « porter à la connaissance », n'est pas toujours évident dans les termes employés : l'État identifie les espaces à préserver et les fait connaître aux communes qui peuvent difficilement contester l'argumentaire.

Certains préfets ont, au demeurant, tenté d'aller au bout de cette logique en déterminant eux-mêmes, par arrêté, la liste des espaces remarquables. Le tribunal administratif de Pau, saisi d'un recours pour excès de pouvoir contre un tel arrêté, assortit d'une motivation particulièrement claire son annulation [33] (**voir encart**).

Le comportement malhabile du préfet des Landes traduit cependant fidèlement une réalité dans laquelle le droit est une fiction. Pourtant, le respect formel de ce droit est sans conséquence fâcheuse car, en cas de litige, on l'a montré plus haut, le juge reconnaît – ou non – l'espace remarquable sans tenir compte du zonage retenu par le document d'urbanisme local. Alors, comment expliquer une attitude « d'autorité » qui engendre, sans profit, de nombreux conflits avec les élus locaux qui s'estiment dépossédés de compétences que la loi leur attribuait ? Le prétexte invoqué est le suivant : la commune n'aurait pas la capacité d'expertise technique nécessaire pour effectuer des délimitations qui, par ailleurs, concernent des milieux qui évidemment, ne suivent pas les limites administratives.

Il est relativement facile de relever le caractère fallacieux d'une telle allégation. En premier lieu, la capacité d'expertise peut exister à l'échelon local : elle est parfois reconnue… par l'État lui même qui, par exemple, a désigné les services techniques de la Communauté Urbaine de Brest pour identifier,

33. TA de Pau, 26 mai 1992, les amis de la Terre, ACCA de Tarnos, Fédération départementale des chasseurs des Landes c/Préfet des Landes, n°s 91-546 à 91-565 ; RJE, février 1993, note J.-Y. Madec et J.-L. Rey.

« Considérant qu'il résulte, en premier lieu, de l'ensemble de ces dispositions que, si les espaces et milieux à préserver dans les communes littorales doivent être pris en compte tant au niveau des documents d'urbanisme que des décisions relatives au droit des sols, aucune d'entre elles, ni d'ailleurs aucune autre disposition législative ou réglementaire, ne donne compétence au préfet pour déterminer, par voie réglementaire, dans chaque commune, la liste desdits espaces ;

Considérant, en second lieu, que les Plans d'occupation des sols sont élaborés ou révisés à l'initiative et sous la responsabilité des communes ; que l'État est simplement associé à ces procédures ; que, s'il appartient au préfet de porter à la connaissance des communes dans lesquelles un plan est en cours d'élaboration, de modification ou de révision, à titre d'information, notamment quant au contrôle de légalité qu'il sera appelé à exercer a posteriori sur ce document, la liste des espaces et milieux qui, selon lui, devraient être considérés comme entrant dans le champ d'application de l'article L 146-6 précité ou éventuellement d'informer les communes déjà dotées d'un tel document, qu'à défaut de mettre en œuvre, dans les délais prévus à l'article L 123-7-1 précité, une procédure de révision ou de modification dudit plan pour le rendre compatible avec la préservation imposée par l'article L 146-6, il en prendra l'initiative dans les conditions fixées par l'article L 123-7-1, il ne lui appartient pas d'enjoindre à une commune de rendre compatible son plan avec une liste d'espaces et milieux à préserver qu'il a lui-même préalablement établie… ».

TA de Pau, 26 mai 1992.

pour le compte de l'État, les espaces remarquables sur le territoire de la communauté. Si, en second lieu, la compétence technique n'existe pas dans les services locaux, les autorités communales ou celles de l'établissement public de coopération intercommunale compétent en matière d'urbanisme peuvent désigner, comme le fait l'État, un bureau d'études extérieur pour effectuer cette délimitation. Le problème financier, s'il existe, devrait être réglé par l'intermédiaire de la dotation générale de décentralisation. Ce que fait l'État peut être fait par la commune, dans le respect de la décentralisation et sous le contrôle du juge administratif. La nécessité d'aller vite ne peut pas non plus être alléguée : le rapport sur les conditions d'application de la loi littoral cité ci-dessus, note combien les propositions de délimitation ont été longues à déboucher, ce qui explique (p. 31, note 69) que sur ce point, la moitié des Plan d'occupation des sols des communes de la Manche sont encore incompatibles et plus du tiers dans le département du Morbihan…

Une évolution, sur ce point, pourrait provenir de Corse. La loi n° 2002-92 du 22 janvier 2002 change la donne en ce qui concerne cette collectivité. Il est possible que, dans un proche avenir, le droit nouveau soit étendu à toutes les régions (**voir encart**).

Il va de soi que, quelle que soit la manière dont le problème de compétence est résolu, des questions de méthode se posent lorsqu'il s'agit d'identifier les espaces remarquables.

> **LOI N° 2002-92 DU 22 JANVIER 2002**
> **RELATIVE À LA CORSE ET ARTICLE L 146-6**
>
> L'article L 4424-10 nouveau du Code général des collectivités territoriales précise que l'Assemblée de Corse, dans le cadre du plan d'aménagement et de développement durable dont elle arrête le contenu, peut exercer certaines compétences réglementaires pour l'application de la loi littoral.
>
> En particulier, l'Assemblée de Corse devient compétente pour fixer la liste des espaces concernés par l'article L 146-6, sans être tenue par l'énumération donnée par l'article R 146-1 du Code de l'urbanisme.
>
> Il y a donc, au profit de la collectivité territoriale de Corse, retour à la décentralisation. Mais on notera qu'il s'opère en faveur non point de la commune littorale corse mais de la région. Ce niveau pourrait avoir, comme on l'a indiqué dès l'introduction, une importance décisive au plan de l'application de la loi littorale dans l'ensemble du pays.

B. Comment détermine-t-on les espaces remarquables ?

Deux possibilités existaient, au départ, pour repérer et délimiter les espaces à protéger. Soit la sélection était opérée au coup par coup : à l'occasion de l'instruction de demandes d'autorisation d'occupation du sol, puis à celle de la mise en compatibilité du document d'urbanisme local, une analyse géographique des espaces concernés par rapport à l'article L 146-6 est effectuée. Une telle solution peut laisser quelque place à la subjectivité, génératrice de contentieux, mais permet une souplesse qui peut se révéler utile face à des situations mouvantes. Soit était établi un code de référence global, objectif mais qui figeait les situations à un moment précis. Cette seconde solution est retenue par le gouvernement dans la circulaire du 10 octobre 1989, qui prévoit l'établissement de cartes départementales des espaces concernés par l'article L 146-6, sous l'autorité du préfet mais en concertation avec les services de l'administration de l'État intéressés et aussi les collectivités, afin d'établir des cohérences dans la politique globale de protection des espaces. Ce choix débouche sur la constitution, au niveau central, d'un groupe de travail national pour harmoniser les méthodes et les outils et sur la désignation, au niveau local, du département de la Vendée pour expérimenter ces techniques et outils (**voir encart**).

Il est à noter qu'au niveau local, le pilotage de l'opération de détermination des espaces concernés n'est pas toujours confié par le préfet à la même autorité et que des conflits ont éclaté quelquefois entre DDE et DIREN, au rebours, souvent, de ce qu'une inclinaison naturelle inciterait à penser : les services de l'équipement ont tendance par exemple, à intégrer systématiquement dans

Schéma n° 1

APPLICATION LOI LITTORAL (VENDÉE)

DÉFINITION DES ESPACES À PROTÉGER

Démarche méthodologique

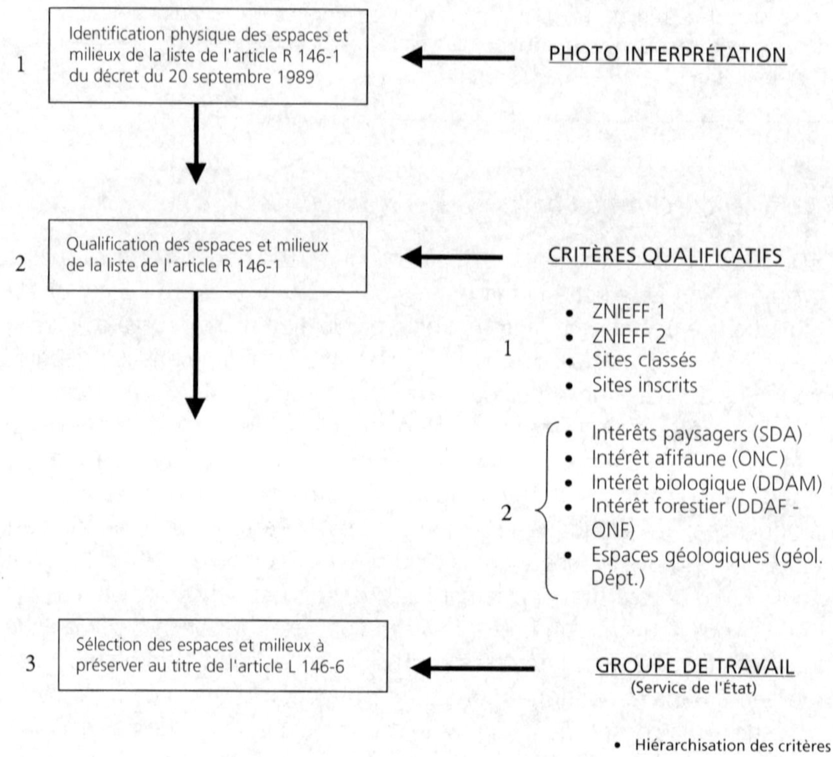

Sources : DDE Vendée

APPLICATION LOI LITTORAL (VENDÉE)

DÉFINITION DES ESPACES À PROTÉGER

Démarche technique

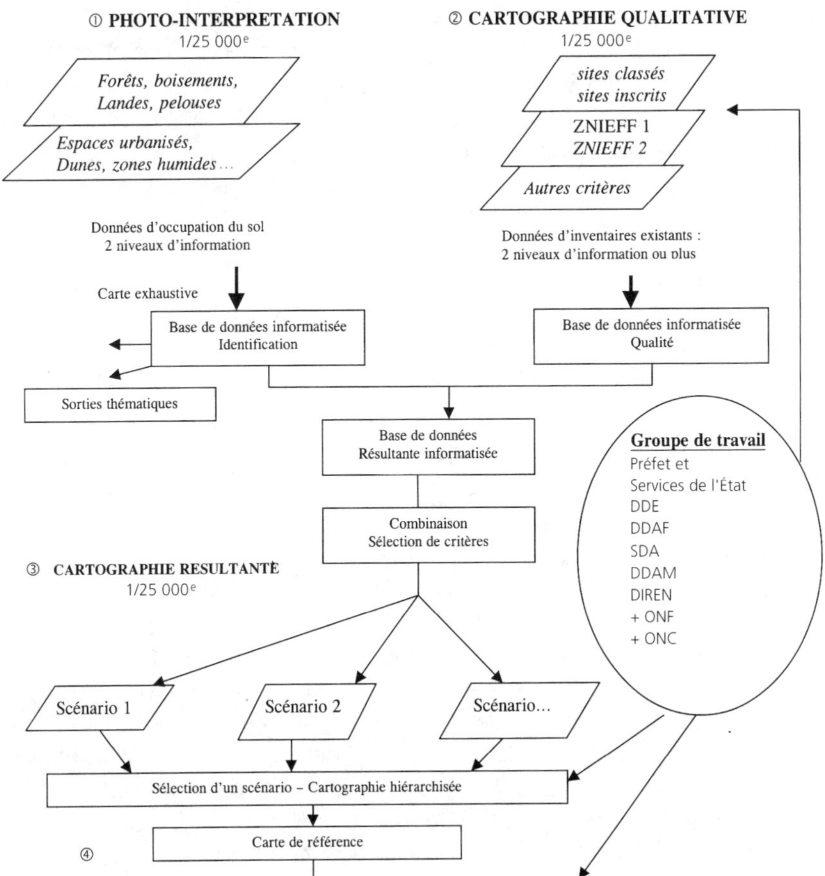

- Concertation avec les collectivités locales pour application de la loi littoral sur les marges
- Information commission départementale des sites
- Information département

Sources : DDE Vendée

la carte de référence, la totalité des ZNIEFF tandis que les services de l'environnement ont davantage le souci de hiérarchiser selon la véritable qualité des milieux.

Sur place, en prenant pour modèle, les démarches méthodologiques et techniques suivies dans le département de la Vendée, la définition des espaces à protéger s'opère de la façon suivante :

- dans une première étape, le bureau – ou les bureaux – d'études choisi par l'administration de l'État se livre à deux séries d'opérations : l'identification physique de tous les espaces et milieux de la liste de l'article R 146-1, la qualification précise de ces espaces et milieux par rapport aux critères qualitatifs retenus. La première est une opération de photo-interprétation au 1/25 000e, qui recense les données d'occupation du sol et aboutit à la constitution d'une base de données informatisée « Identification ». La seconde passe par l'établissement d'une cartographie qualitative au 1/25 000e, qui recense tous les espaces répondant à l'un au moins des critères définis par l'article R 146-1 et aboutit à la constitution d'une base de données informatisée « Qualité ». Puis les deux bases de données sont croisées, ce qui permet l'établissement de trois *scénarii* différents, l'un maximaliste, le deuxième médian, le troisième minimaliste.
- Dans une seconde étape, le groupe de travail institué autour du préfet et constitué de représentants de tous les services de l'État concernés, sélectionne un scénario et fait établir une carte de référence qui devrait être l'objet d'une concertation avec les collectivités locales, avant qu'elle ne devienne la base du « porter à la connaissance ». Il faut pourtant dire que si la commune ou le groupement de communes n'a pas fait réaliser, parallèlement, le même exercice par un autre bureau d'études, il est extrêmement difficile de réfuter les appréciations de l'État, exprimées, comme on l'a dit, sur un ton et avec un vocabulaire qui laissent peu de place à la discussion. De plus, les frais entraînés par la contre-expertise ne font l'objet d'aucune compensation puisqu'il ne s'agit plus d'une dépense nécessairement entraînée par le transfert des compétences, étant donnée la manière dont il est conçu. Aussi, les réactions communales restent le plus souvent velléitaires, ce qui pourrait, dans l'avenir, évoluer avec l'approfondissement de la coopération intercommunale dans le domaine de l'urbanisme.

Quoiqu'il en soit, force est de dire, en conclusion, qu'aujourd'hui la protection de l'article L 146-6 s'applique à des espaces inventoriés le plus souvent par l'État, selon une conception très extensive par rapport à l'intention du législateur. Le rapport, précité, sur les conditions d'application de la loi littoral propose, à cet égard, des modifications de l'article R 146-1 dans le sens d'une interprétation beaucoup plus stricte des conditions d'application de l'article L 146-6 et donc de la délimitation des espaces concernés. Il n'en reste pas moins que la protection forte établie par cet article s'applique indistinctement à tous les espaces actuellement qualifiés d'espaces remarquables ou caractéristiques. En quoi consiste cette protection ?

Section II – La règle de droit applicable

Puisque les espaces sur lesquels s'applique l'article L 146-6 du Code de l'urbanisme sont censés être des espaces fragiles, la protection apportée doit être très forte. Pourtant, une curieuse évolution s'est récemment manifestée au niveau de la jurisprudence. Après une période d'hésitation quant à la nature du contrôle qu'il devait exercer en la matière, le juge administratif approfondit son contrôle relativement à ces espaces sensibles faisant l'objet d'une protection stricte. Tous les documents et décisions d'urbanisme sont concernés et un principe général d'interdiction des travaux et constructions est appliqué, hormis quelques exceptions législatives interprétées rigoureusement. Cependant, à partir de 1996, le juge semble découvrir les potentialités offertes par le terme « préserver » employé par le législateur et il se montre moins sévère ; en conséquence, il remet en cause, dans quelques décisions heureusement isolées, l'opposabilité générale des dispositions protectrices de notre article.

§ 1 – Une règle contraignante appliquée avec réalisme

L'article L 146-6 a connu quelques difficultés d'application entre le moment d'entrée en vigueur de la loi du 3 janvier 1986 et celui où a été pris le décret du 20 septembre 1989 ; beaucoup de tribunaux administratifs ont, en effet, (voir ci-dessus, § I, introduction) refusé de faire une application immédiate de la loi elle-même avant que le Conseil d'État ne condamne cette façon de voir et admette l'opposabilité de l'article L 146-6 avant même que ne soit publié son décret d'application. Cependant, l'attitude des tribunaux administratifs, jointe au fait que l'article L 146-6 était considéré comme la vitrine de la nouvelle politique de protection du littoral, a conduit le gouvernement à prendre le décret d'application de cet article [34], avec un retard moins conséquent et, ce qui est tout aussi important, à adresser au préfet, par voie de circulaires, les consignes nécessaires pour faire respecter le droit à cet égard par les communes littorales.

34. D. n° 89-694, du 20 septembre 1989.

A. Le principe de l'interdiction de toute urbanisation

Une réglementation très stricte va alors s'imposer sur tous les espaces remarquables. Une dernière difficulté devait, toutefois, être levée tenant à la nature du contrôle que le juge administratif devait exercer en la matière. Un simple contrôle de l'erreur manifeste d'appréciation est d'abord appliqué [35] avant que ne soit mis en œuvre un contrôle normal, à partir de la décision commune du Rayol-Canadel [36], sans du reste, qu'en résultent des conséquences pratiques notables. La règle applicable est telle, en effet, qu'elle interdit toute possibilité de choix à l'autorité communale compétente. Tout travail ou aménagement, toute construction qui ne peut être considéré comme aménagement léger au sens de l'article R 146-2, est illégal, quel que soit le soin pris pour l'intégrer à l'environnement ou pour en éviter les risques éventuels pour le milieu à protéger [37].

Il faut remarquer que le juge administratif fait de l'interdiction **un principe**.

Le terme est repris aussi bien dans les arrêts d'annulation que dans les arrêts de rejet. Ainsi la Cour administrative d'appel de Lyon, dans la célèbre affaire de la commune du Rayol-Canadel [38]: « Considérant que le territoire couvert par le PAZ s'inscrit en totalité dans un site remarquable jusqu'alors peu urbanisé et dont la nécessité de la protection justifie l'interdiction de principe de toute forme de construction sur les terrains qui le composent... » ou le Conseil d'État dans une affaire à laquelle il donne une solution opposée [39].

> « Considérant que l'espace, qui est déjà partiellement urbanisé, constitue un site qui, pour pittoresque qu'il soit, n'est pas un espace remarquable caractéristique du patrimoine naturel et culturel du littoral justifiant une interdiction de principe de toute forme de construction ».

Il s'agit, pour l'autorité compétente, d'une compétence liée ne lui laissant aucune latitude: il y a obligation de prendre les mesures propres à assurer la préservation des espaces concernés par l'article L 146-6 et un seul contenu est possible: l'interdiction.

Une telle règle a un champ d'application général. Toutes les décisions d'urbanisme lui sont soumises. Il n'est pas possible, d'abord, pour un maire d'accorder un certificat d'urbanisme positif même sur une petite partie d'un terrain

35. CE, 10 décembre 1990, GADSECA, n° 97123; CE, 10 juin 1992, Société pour l'étude de la protection de la nature en Bretagne, n° 112389.
36. CE, 14 janvier 1994, n° 127025, Dr. Adm. 1994, n° 172, D. 1994, Somm. p. 96, observ. H. Charles.
37. Sur ce dernier point, CAA, Nantes, 24 novembre 1994, M. Jacob, BJDU, 2/95, Concl. Isaïa; TA Nice, 10 avril 1997, M. Roger Haddad c/commune de Bormes-les-Mimosas et préfet du Var, BJDU, 3/97, Concl. A. Poujade.
38. CAA Lyon, 7 décembre 1994, commune du Rayol-Canadel et SNC Empain-Graham, n° 93 LY 00545.
39. CE, 6 mai 1996, Association Hardelot-Opale-Environnement, n° 151698.

protégé au titre de l'article L 146-6. Un certificat d'urbanisme négatif est obligatoire, qui écarte toute possibilité d'urbanisation [40]. De même, le maire ne peut, sur les mêmes espaces, accorder un permis de construire, quels que soient les autres paramètres juridiques : il est indifférent que le terrain soit situé dans un lotissement, et même qu'il en constitue la seule parcelle non construite ; la qualification d'espace remarquable s'oppose à la délivrance de l'autorisation [41] ; le moyen tiré de ce que le terrain est situé dans une zone constructible du Plan d'occupation des sols ne saurait, par ailleurs, être invoqué utilement [42].

Ensuite, tous les plans d'urbanisme – ou documents en tenant lieu, comme les plans d'aménagement de zone [43] – sont évidemment concernés. Le zonage adopté doit obligatoirement permettre la réalisation des objectifs déterminés par la loi et, dès lors, le zonage ND strict est le seul compatible avec la protection juridique forte dont bénéficient les espaces remarquables (NDS : futures zones Ns). En revanche, la création dans un Plan d'occupation des sols d'une zone NA s'inscrivant dans un tel site est entachée d'illégalité [44]. De même, il n'est pas possible pour les auteurs d'un Plan d'occupation des sols de prévoir dans le document des emplacements réservés pour des installations, telles des parkings, qui ne constitueraient pas des aménagements légers au sens de l'article R 146-2.

De même, le camping et le caravanage sont interdits sur ces espaces, puisque l'article L 146-5, considère ces activités comme créant une urbanisation. Il faut d'ailleurs noter que, sur ce point, la chambre criminelle de la cour de cassation a une position fort restrictive. Elle considère que, puisque l'article L 146-6 pose le principe d'une préservation absolue des espaces qu'il concerne, sont absolument interdits « le stationnement des caravanes, soumis ou non à autorisation, quelle qu'en soit la durée, et toute forme de camping, même pratiqué isolément [45] ». Une telle interdiction s'étend même à l'installation d'une caravane sur un terrain que le juge pénal considère comme faisant partie d'un espace remarquable et où est implanté une construction constituant la résidence principale de son utilisateur, alors que, dans ce cas, l'article R 443-4 du Code de l'urbanisme exclut toute demande d'autorisation.

---

40. CAA Bordeaux, 30 décembre 1997, commune de Biscarosse, n° 95 BX 00861 ; CAA Nantes, 4 février 1998, SCI de la Croix de Kerno, n° 95 NT 01302.
41. CAA Nantes, 25 janvier 1996, commune de la Richardais et SCI les Millières, nos 94 NT 00303 et 00351.
42. CAA Nancy, 11 décembre 1997, SLE, Société HLM de Lille, n° 94 NC 01020.
43. CE, 30 avril 1997, Syndicat Intercommunal du Port d'Albret, n° 158945.
44. TA Pau, 18 novembre 1992, commune de Sanguinet, RJE, 1993, p. 216, note Madec et Rey ; CE, 14 janvier 1994, commune du Rayol-Canadel, précité ; CE, 12 novembre 1997, commune d'Erquy, n° 170248 ; CAA Bordeaux, 18 novembre 1999, Association soustonnaise d'action légale pour la défense des équilibres naturels, n° 96 BX 00491.
45. Cass. Crim., 13 mai 1996, n° 2293.

Au-delà des autorisations d'urbanisme proprement dites, toute décision ayant pour objet ou pour effet de permettre un certain usage du sol est soumise aux dispositions de l'article L 146-6. Il en va ainsi pour la décision d'homologation d'un terrain de moto-cross en espace remarquable [46].

B. Une application subtile du principe

Il semble, pourtant, que cette approche claire et simple ne rende plus parfaitement compte d'une jurisprudence plus subtile, et que la mise en œuvre de l'article L 146-6, quelquefois, recèle pour les autorités compétentes des parcelles d'appréciation discrétionnaire. Il a suffi que le juge administratif ait à connaître d'affaires plus délicates pour qu'il mette en évidence toutes les possibilités offertes par le terme « **préserver** » et recrée exceptionnellement de petits espaces de liberté pour les communes.

Le problème apparaît pour la première fois, à notre connaissance, dans un arrêt rendu par la cour administrative d'appel de Lyon, le 24 octobre 1995 [47]. Cette décision, en effet, ouvre une première brèche dans la prétendue exigence d'inconstructibilité absolue. La cour annule le permis de construire accordé par le maire du Pradet pour un ensemble immobilier « d'une longueur totale d'environ 200 mètres pour une hauteur de 10 mètres et devant comporter 6 300 m^2 de surface hors d'œuvre nette », non pas pour atteinte au principe d'inconstructibilité mais au vu de l'importance du projet autorisé, qui ne pouvait pas être implanté sans nuire gravement au paysage à préserver. Le juge, dans cette affaire, propose d'établir en quelque sorte, une corrélation entre la nature de l'espace à préserver compte tenu de toutes ses caractéristiques et le niveau de la préservation.

Le Conseil d'État, par deux décisions dont la portée est difficile à apprécier, va donner un contenu positif à cette proposition, dans le cadre d'un contrôle qui peut être à nouveau un contrôle de l'erreur manifeste d'appréciation. Dans sa décision Société de Développement du Dramont-Agay et Société Dramont-Aménagement [48], il cite conjointement les articles L 146-6 et L 146-2 du Code de l'urbanisme et, sans se préoccuper plus avant de la qualification des espaces concernés, considère que le plan d'aménagement de zone, qu'il analyse en détail, ne comporte, dans l'urbanisation de la zone naturelle qu'il permet, aucune démesure impliquant l'erreur manifeste : « qu'en autorisant une telle opération, le préfet du Var n'a pas commis d'erreur manifeste d'appréciation

---

46. TA Pau, 15 mars 2001, M. Daniel Ruse, req. N° 00 1242, BJDU, 2001, p. 10, conclusions Franck Étienvre.
47. CAA Lyon, Société Rest AG, n° 94 LY 00913, droit de l'environnement, février 1996, p. 10, note G. F.
48. CE, 29 novembre 1996, n° 129241, BJDU, 2/97, p. 74, Concl. D. Piveteau, DMF, janvier 1998, note, J.-M. Bécet.

au regard des articles L 146-2 et L 146-6 du Code de l'urbanisme ». Cette même idée de démesure fonde le refus du Conseil d'annuler l'arrêté préfectoral déclarant d'utilité publique la réalisation d'un échangeur routier affectant en petite partie une zone humide (**voir encart**).

Il est à noter que, dans les deux cas, le caractère remarquable des espaces concernés était contesté par le commissaire du gouvernement.

LE CONSEIL D'ÉTAT – SECTION DU CONTENTIEUX
1re et 4e sous-sections réunies
Sur le rapport de la 1re sous-section
SOCIÉTÉ DE PROTECTION DE LA NATURE DE SÈTE-FRONTIGNAN-BALARUC
30 décembre 1996 – N° 102023

Sur la légalité interne :

En ce qui concerne le moyen tiré de la violation de l'article L 146-6 :

Considérant que la première phrase du premier alinéa de l'article L 146-6 du Code de l'urbanisme énonce que « les documents et décisions relatifs à la vocation des zones ou à l'occupation et à l'utilisation des sols préservent les espaces terrestres et marins, sites et paysages remarquables ou caractéristiques du patrimoine naturel et culturel du littoral et les milieux nécessaires au maintien des équilibres biologiques » ; que les catégories d'espaces et milieux à préserver à ce titre sont mentionnés de façon non limitative par la deuxième phrase du même alinéa de l'article L 146-6 ; que si l'article L 146-6 a prévu l'intervention d'un décret tant pour fixer la liste des espaces et milieux à préserver au titre de son premier alinéa que pour définir la nature et les modalités de réalisation des aménagements autorisés en vertu de son deuxième alinéa, l'intervention de ces dispositions réglementaires ne constituait pas une condition nécessaire à l'entrée en vigueur des dispositions de l'article L 146-6 pour ceux des espaces et milieux qui sont énumérés dans la deuxième phrase de son premier alinéa ; qu'au nombre de ces derniers, figurent les zones humides et milieux temporairement immergés ainsi que des zones de repos, de nidification et de gagnage de l'avifaune désignée par la directive européenne n° 79-409 du 2 avril 1979 ;

Considérant toutefois, qu'eu égard tant au caractère très limité de la partie du tracé du projet qui affecte une zone humide qu'aux mesures de protection qui ont été prévues pour éviter la formation de terres et gravats, le préfet de l'Hérault, en déclarant d'utilité publique l'opération contestée, n'a pas commis d'erreur manifeste d'appréciation au regard des dispositions de l'article L 146-6 du Code de l'urbanisme.

Dans la même ligne, le Conseil d'État peut ainsi considérer qu'un zonage ND apporte une protection suffisante à des espaces relevant de l'article L 146-6, alors que, comme on l'a dit, le zonage NDS paraissait seul répondre aux exigences posées par cet article [49]. De même, il admet la possibilité pour une commune de déterminer, sur de tels espaces, des emplacements réservés pour implanter des parkings, à la condition que leur localisation et leur desserte les rendent compatibles avec les objectifs poursuivis par le législateur [50].

Finalement, le juge administratif refuse de s'enfermer dans un cadre prédéfini lorsqu'il exerce son contrôle sur la manière dont les dispositions de l'article L 146-6 ont été appliquées. Il fait prévaloir son souci de réalisme à l'encontre de toutes autres considérations, ce qui explique que, dans certaines hypothèses rares, il accepte de déroger au principe d'inconstructibilité et même au contrôle normal qu'il opère habituellement. Le terme « préserver », sans signification juridique précise, le lui permet. Sur certains espaces particulièrement fragiles qu'il entend protéger efficacement, le juge exige même un rapport de « conformité » aux prescriptions de l'article L 146-6 [51]. Alors, on est en présence d'une compétence liée : il y a obligation pour l'autorité compétente de prendre les mesures strictes de protection, dont le contenu, dicté par la loi, ne peut être que l'interdiction de construire. Sur d'autres espaces, eux aussi concernés par les dispositions de l'article L 146-6, mais peut-être moins intéressants pour diverses raisons, la simple compatibilité avec les objectifs législatifs autorise quelques libertés avec le principe d'interdiction, surtout s'il s'agit de réaliser des aménagements routiers d'intérêt général, même dans le cadre d'une compétence liée.

En définitive, comme le souligne le commissaire du gouvernement, D. Piveteau dans ses conclusions précitées sur l'affaire Société de développement du Dramont-Agay, « l'opération intellectuelle est unique » : l'appréciation concernant l'espace en question induit le degré de protection exigé, interdiction absolue de toute construction ne constituant pas un « aménagement léger » ou possibilité, certes restreinte mais réelle, de réaliser quelques travaux.

AVIS

Une telle jurisprudence doit être approuvée pour son réalisme, étant donné, surtout, la conception extensive qui prévaut quant à la qualification des espaces remarquables… et les doléances corrélatives des élus locaux. Cependant, une autre voie nous apparaîtrait plus appropriée : plutôt que de reconnaître l'applicabilité de l'article L 146-6 et de jouer sur la notion de préservation, le juge administratif pourrait être plus rigoureux quant à l'appréciation des espaces remarquables, qui seraient alors entièrement régis par le principe de l'inconstructibilité totale. Le résultat recherché serait atteint, sans qu'il soit besoin d'établir des degrés dans la protection procurée par les dispositions de l'article L 146-6.

---

49. CE, 20 novembre 1995, Association L'Environnement à Concarneau, BJDU, 6/95, Concl. Fratacci.
50. CE, 17 juin 1998, Association de l'amicale des loisirs et du temps libre longevillais et autres, n° 168977, BJDU, 5/98, p. 333, Concl. J.-C. Bonichot.
51. CE, 29 juillet 1998, Syndicat Intercommunal du Golf de l'Adour, nos 158543 et 160965.

Il faut répéter enfin, que cette protection graduée reste une protection générale qui s'applique à tous les travaux, à tous les documents, à toutes les décisions, en matière d'urbanisme. Un doute avait germé, du fait d'une décision du Conseil d'État, heureusement restée marginale et sans véritable portée[52]. La haute juridiction, en effet, s'exprime ainsi :

> « Considérant qu'aux termes de cet article L 146-6, "*les documents et décisions relatifs à la vocation des zones ou à l'occupation et à l'utilisation des sols préservent les espaces terrestres et marins, sites et paysages remarquables ou caractéristiques du patrimoine naturel et culturel du littoral et les milieux nécessaires au maintien des équilibres biologiques*" ; que le permis de construire ne constitue pas un document de la nature de ceux que vise l'article L 146-6 ; que, dès lors, le moyen doit être écarté ».

Une telle affirmation, qui n'est assortie d'aucune explication, s'oppose indéniablement au texte lui même, d'ailleurs, interprété tout à fait différemment par les circulaires d'application. La doctrine, unanime, se prononce également en sens contraire et les exemples cités plus haut montrent que le juge administratif lui-même applique sans équivoque les dispositions de l'article L 146-6 directement aux permis de construire. La décision Mme Huas n'apparaît donc que comme un accident sans conséquence au sein d'une jurisprudence bien établie.

La règle, donc, est stricte mais adaptable. Elle comporte, d'autre part, certaines exceptions dont la plupart étaient déjà prévues dans le texte initial de l'article L 146-6.

§ 2 – Des exceptions justifiées mais trop étroites

Protection ne veut pas dire stérilisation. La non-intervention généralisée sur les espaces concernés n'est pas chose possible. En premier lieu, ces espaces « remarquables et caractéristiques » sont le plus souvent des espaces très attractifs : si les textes n'imposent explicitement l'ouverture au public que pour ceux de ces espaces ayant fait l'objet d'une décision de préemption dans le cadre de la politique des espaces naturels sensibles des départements (article L 142-1 du Code de l'urbanisme), il est évident que cette destination est implicite. Il faut donc organiser l'accueil des visiteurs. En second lieu, certaines activités par ailleurs encouragées par l'article 1er de la loi littoral, se déroulent sur de tels espaces, sans en contrarier la protection, au contraire, puisqu'elles-mêmes sont « caractéristiques » des espaces en question. Il faut donc permettre à ces activités au moins de se poursuivre, sinon de se développer. En un mot, il faut gérer les espaces remarquables et caractéristiques et, pour cela,

52. CE, 29 novembre 1996, Mme Huas et association pour la sauvegarde de la Pointe de la Malouine, n° 116282 ; Rec. Lebon, T, p. 476 ; DMF, septembre 1999, p. 779, note E. Le Cornec.

réaliser ou laisser se réaliser les aménagements indispensables. La notion « d'aménagement léger », explicitée à l'article R 146-2 du Code de l'urbanisme, est censée répondre à cette nécessité. Entendue, en règle générale, d'une manière restrictive, il n'est nullement certain aujourd'hui qu'elle y corresponde exactement.

D'autre part, il faut prendre garde d'oublier que la qualification d'espace remarquable est de nul effet quant à la situation actuelle des terrains en cause. Certains d'entre eux ont souffert, au fil du temps, de dégradations diverses qu'une protection objective du site demande, si possible, de réduire. Tel est l'objet du nouvel article L 146-6-1, introduit dans le Code de l'urbanisme par l'article 42 de la loi n° 2000-1208 du 13 décembre 2000 relative à la solidarité et au renouvellement urbain. Toutefois, si cette exception nouvelle peut résoudre certains problèmes ponctuels, elle risque d'en provoquer un certain nombre d'autres, du fait d'une rédaction que l'on peut qualifier de défectueuse.

A. Les « aménagements légers »

L'article L 146-6 décide, à propos des espaces remarquables, que « des aménagements légers peuvent y être implantés lorsqu'ils sont nécessaires à leur gestion, à leur mise en valeur notamment économique ou, le cas échéant, à leur ouverture au public. Un décret définit la nature et les modalités de réalisation de ces aménagements ». L'article R 146-2, émanant du décret n° 89-694 du 20 septembre 1989, prévoit, précisément, deux types d'aménagements légers, ceux qui sont dirigés vers l'accueil du public, ceux qui sont nécessaires à l'exercice d'activités économiques.

La première catégorie comporte « les chemins piétonniers et les objets mobiliers destinés à l'accueil ou à l'information du public, lorsqu'ils sont nécessaires à la gestion ou à l'ouverture au public de ces espaces ou milieux ». Ces dispositions, interprétées très strictement, permettent difficilement, à notre sens, d'assurer une bonne gestion de tous ces espaces. Certes, les terrains dont il s'agit peuvent être, s'il en est besoin, restaurés puis entretenus. L'alinéa 3 de l'article L 146-6 prévoit, en effet, « la réalisation de travaux ayant pour objet la conservation ou la protection de ces espaces et milieux ». De tels travaux sont soumis à enquête publique suivant les modalités de la loi n° 83-630 du 12 juillet 1983, dès lors que leur montant dépasse 1 million de francs. Il est donc possible à l'autorité compétente de maintenir en bon état « physique » les milieux à préserver considérés, mais pas nécessairement en employant tous les procédés en usage. Le rapport sur les conditions d'application de la loi littoral, précité, pose (p. 29) la question de la réutilisation ou simplement de l'entretien d'un patrimoine paysager traditionnel, tramizzi corses ou cabanes d'ostréiculteurs, par exemple, aujourd'hui « absents des préoccupations administratives ». Mais surtout, la doctrine actuelle concernant les aménagements et équipements destinés à l'accueil des touristes, considère ceux-ci comme des êtres désincarnés, donc ne permet pas de satisfaire des besoins qui existent et devraient être pris en compte par l'autorité gestionnaire.

D'abord, le touriste est exclusivement un piéton. La note technique annexée à la circulaire du 10 octobre 1989 est, sur ce point, fort claire : les chemins qui peuvent être réalisés sont à destination piétonnière exclusive et la consistance des travaux de leur établissement doit être limitée au strict nécessaire. En revanche, pistes cyclables ou équestres ne peuvent être établies sur les espaces protégés, puisque, réclamant un minimum d'aménagements, tels le nivellement du terrain ou une assise de la piste sur une largeur minimale, elles sont susceptibles de modifier le paysage et l'écologie. Évidemment, il ne peut être question de créer des routes nouvelles pour desservir ces sites, ou encore des parkings nouveaux pour accueillir les véhicules utilisant des chemins existants : le conservatoire du littoral et des espaces lacustres lui-même est condamné pour avoir, dans une convention de gestion d'un de ses terrains, prévu, en espace remarquable, la création d'un tel parc de stationnement[53]. Il faut noter, cependant, que sur ce dernier point, la décision précitée rendue par le Conseil d'État le 17 juin 1998, Association de l'amicale des loisirs et du temps libre longevillais, pourrait marquer une évolution. Il faut, cependant, remarquer qu'en l'espèce, parkings et chemins d'accès existaient déjà en fait et que la localisation de ceux qui seraient maintenus et feraient l'objet de travaux « a été effectuée de manière à préserver l'environnement » (**voir encart**).

Ensuite, le touriste ne fait que passer. Sur son chemin, il peut trouver des bancs pour se reposer et des poubelles pour jeter ses petits détritus, des panneaux d'information et de signalisation, éventuellement des toilettes, pourvu qu'elles soient mobiles : car ces quelques aménagements, pour être tolérés, sont posés sur le sol ou fondés superficiellement et ont donc un impact réversible. En revanche, le promeneur ne peut ni camper, ni jouer, ni s'instruire, ni même téléphoner (sans portable).

- l'article L 146-5 de la loi littoral considère les campings comme de l'urbanisation. Tout aménagement en vue de la pratique d'une telle activité est donc, en vertu du principe de l'interdiction de l'urbanisation, interdit en espace protégé (voir ci-avant **La position du Juge pénal**, ce chapitre, p. 99). Ainsi, le Plan d'occupation des sols ne peut délimiter un ou plusieurs secteurs particuliers prévus à cet effet sur de tels espaces. Il est cependant à noter que la pratique du camping sauvage, très fréquente en espaces dunaires et sur les espaces boisés littoraux et par ailleurs fort difficile à enrayer, se révèle particulièrement néfaste dans ces secteurs dépourvus des équipements minimaux liés à cette activité.

53. TA Nice, 15 mai 1997, Association les amis de Saint-Raphaël et de Fréjus, BJDU, 4/1997, p. 297.

LE CONSEIL D'ÉTAT – SECTION DU CONTENTIEUX
1re et 4e sous sections réunies
sur le rapport de la 1re sous-section
ASSOCIATION DE L'AMICALE DES LOISIRS ET DU TEMPS LIBRE LONGEVILLAIS
Et autres
17 juin 1998 – N° 168977

En ce qui concerne les moyens tirés de la violation des dispositions du Code de l'urbanisme issues de la loi du 3 janvier 1986 :

Considérant qu'il résulte des dispositions combinées des articles L 146-6 et R 146-1 du Code de l'urbanisme que les forêts et zones boisées côtières doivent faire l'objet de mesures de préservation, sous réserve de certains aménagements légers ou travaux nécessaires à leur gestion et à leur mise en valeur, lorsqu'elles constituent un site ou paysage remarquable ou caractéristique du patrimoine naturel ou culturel littoral, sont nécessaires au maintien des équilibres biologiques ou présentent un intérêt écologique ; qu'en outre, comme le prescrit le dernier alinéa de l'article L 146-6, le Plan d'occupation des sols doit classer en espaces boisés à conserver, au titre de l'article L 130-1 du Code de l'urbanisme, « les parcs et ensembles boisés existants les plus significatifs de la commune » ;

Considérant qu'il ressort des pièces du dossier que, pour délimiter les espaces à préserver en application des dispositions précitées, les auteurs du Plan d'occupation des sols, qui d'ailleurs ont repris sur ce point les conclusions d'une mission d'inspection diligentée par l'État, ont englobé dans les zones devant être protégées au titre de l'article L 146-6 du Code de l'urbanisme les parties de la forêt dont le maintien en espace naturel est indispensable à l'équilibre écologique, à l'exclusion des secteurs déjà urbanisés ; que dans ces conditions, le moyen tiré de ce que le zonage effectué serait contraire à l'article L 146-6 du Code de l'urbanisme, faute de comprendre l'intégralité des zones boisées de la commune, doit être écarté ;

Considérant qu'en vertu du 8°) de l'article L 123-1 du Code de l'urbanisme, le Plan d'occupation des sols peut fixer les emplacements réservés aux voies et ouvrages publics, aux installations d'intérêt général ainsi qu'aux espaces verts ; que l'article L 146-7 du même code applicable dans les communes littorales définies à l'article 2 de la loi du 3 janvier 1986 subordonne la réalisation de nouvelles routes dans ces communes à des conditions restrictives auxquelles il ne peut être dérogé qu'en raison de contraintes liées à la configuration des lieux ;

Considérant qu'il résulte de la combinaison de ces dispositions que, dans les communes littorales, la détermination des emplacements réservés pour les parcs de stationnement de véhicules ne doit pas être incompatible avec la mise en œuvre des prescriptions de l'article L 146-7 ;

Considérant qu'il ressort des pièces du dossier et, en particulier, du rapport de l'expertise ordonnée en référé par les premiers juges, que les emplacements réservés aux parcs de stationnement sont desservis par des chemins communaux d'accès existants et que leur localisation a été effectuée de manière à préserver l'environnement ; que les emplacements ainsi réservés ne sont pas contraires aux objectifs poursuivis par l'article L 146-7 du Code de l'urbanisme ;

– Les espaces remarquables ne sont pas destinés à la pratique des activités sportives. Ainsi, il n'est pas possible de prévoir, sur de tels espaces, un emplacement réservé pour installer une aire de jeux et de sport [54]. *A fortiori*, la réalisation d'un parcours de golf, qui crée un espace artificiel par le remodelage profond et irréversible des terrains qu'il entraîne, est incompatible avec la vocation des espaces L 146-6 [55].
– Hormis les panneaux d'information disposés à l'entrée du site, le promeneur n'a pas à sa disposition de moyens pour observer et s'instruire. N'étant pas nécessaire à la conservation du site, les équipements tels que hutte de chasseurs ou observatoire ornithologique sont interdits sur le site [56]. Évidemment, n'est pas autorisée l'édification d'un bâtiment – fixe ou mobile – destiné à l'information du public, à la vente de guides et de boissons.
– Le touriste fréquentant les espaces protégés ne trouvera pas même une cabine téléphonique publique lors de son circuit. La mise en place des lignes exige, en effet, des travaux de nature à modifier le paysage et son écologie. Seules peuvent être autorisées les cabines situées dans les postes de secours indispensables à la sécurité du public. Il pourrait y avoir, en ce cas, problème si, comme bien souvent, des plages non surveillées se situent dans ou à proximité immédiate d'espaces remarquables. Il faut prendre garde, en effet, d'oublier que la commune est responsable des accidents de baignade, en quelques lieux qu'ils surviennent, pour mauvaise organisation des services de secours, si un téléphone ne se trouve pas à proximité, pour alerter les secours le plus vite possible [57]…

Pour la même raison, le touriste ne trouvera pas, en espace protégé, de toilettes avec dispositif fixe d'assainissement…

Faute d'être suffisamment compréhensive, la notion d'aménagement léger pour l'accueil du public passe du domaine du droit à celui de la tolérance administrative. La fréquentation de tels espaces le prouve à l'évidence…

La seconde catégorie d'aménagements légers comporte les aménagements nécessaires à l'exercice des activités agricoles, de pêche et cultures marines ou lacustres, conchylicoles, pastorales et forestières ne créant pas de surface hors œuvre nette au sens de l'article R 112-2 du Code de l'urbanisme et dont la localisation dans ces espaces ou milieux ne dénature pas le caractère des lieux et est rendue indispensable pour des nécessités techniques.

54. CE, 20 octobre 1995, Commune de Saint-Jean-Cap-Ferrat et autres, nos 151282, 151816, 151859.
55. CE, 25 novembre 1998, commune de Grimaud, n° 168029, BJDU, 1999/1, Concl. Maugüé.
56. TA, Nice, 15 mai 1997, Association les amis de Saint-Raphaël et de Fréjus, précité.
57. CAA, Nantes, Assemblée plénière, 21 mars 1990, commune de Saint-Jean Trolimon, (les petites affiches, 2/10/91, note B. Levy).

Ces aménagements doivent eux aussi, en premier lieu, être légers. Est illégal le règlement d'une zone ND qui autorise les aménagements visés au paragraphe B de l'article R 146-2, en omettant de préciser que ces aménagements doivent être légers [58]. Ces aménagements légers peuvent, malgré ce qualificatif, se révéler conséquents par nécessité. Ils sont alors assujettis à l'enquête publique préalable régie par la loi du 12 juillet 1983.

Il y aura ainsi enquête publique dans les cas suivants :

- les travaux d'hydraulique agricole mentionnés à l'article 175, § 2 à 7, du Code rural, d'un montant total supérieur à un million de francs et qui sont entrepris en tout ou en partie dans des espaces L 146-6 ;
- les aménagements nécessaires à l'exercice des activités marines citées, situés en tout ou en partie sur des espaces remarquables. Mais ces aménagements doivent répondre à une double condition, interprétée très rigoureusement, pour être tolérés en espaces remarquables. L'article R 146-2 initial du Code de l'urbanisme exigeait d'abord que les aménagements légers ne créent pas de surface hors œuvre nette (hormis des locaux d'une superficie maximale de 20 m², liés et nécessaires à l'exercice de ces activités, pour répondre aux prescriptions des réglementations sanitaires nationales et communautaires rendant obligatoires vestiaires et toilettes [59]). Or, au sens des dispositions de l'article L 112-2 du Code de l'urbanisme, les surfaces de planchers des bâtiments aménagés pour le stationnement des véhicules ou affectés au logement des récoltes, des animaux ou du matériel agricole, ainsi que les surfaces de serres de production ne créent pas de surface hors œuvre nette, alors que ces hangars comportent des inconvénients identiques à toute autre construction pour la protection de l'environnement et des paysages. Aussi, le décret n° 2000-1272 du 26 décembre 2000 a remplacé, dans l'article R 146-2, la référence à la surface hors œuvre nette par une référence à la surface hors œuvre brute : dès lors, quels qu'ils soient, les bâtiments ne peuvent excéder une surface de plancher de 20 m², ayant la destination prévue par le décret de 1992. Et encore joue alors la seconde branche de la condition : il faut que la localisation en espace remarquable s'impose indiscutablement et ne dénature pas le caractère des lieux… Aussi l'enquête publique prévue si l'emprise des aménagements dépasse 2 000 m², si ces aménagements sont entièrement situés sur le domaine public maritime, ou, dans les autres cas, si leur montant total est supérieur à un million de francs, risque d'être relativement rare. Cependant, « le gouvernement est conscient du fait que cette limitation est trop sévère » et « travaille activement » à la modification de l'article R 146-2, afin que

58. TA Caen, 6 octobre 1998, Association Collectif de protection de la Pointe d'Agon, n° 071444 ; RJE, 2/2000, observ. Brobenko.
59. Décret n° 92-838 du 25 août 1992.

les installations de conchyliculture, en particulier, puisent effectivement adapter leurs installations [60].
– des travaux forestiers, à la même condition, s'ils sont nécessaires à l'entretien de la forêt ou relatifs à la sécurité contre l'incendie.

Là encore, le droit ne dépeint pas véritablement la réalité. D'où, soit des tolérances pour organiser valablement les activités sur les espaces remarquables, soit de graves difficultés à exercer des activités économiques que l'article premier de la loi littoral entend pourtant développer. Le législateur, par exemple, entend favoriser les cultures marines ; leur implantation en espaces remarquables est donc possible. Cependant, la conception de l'aménagement léger ne permet pas leur bon développement. Vu l'importance actuelle des installations en période de concentration économique, les seules exigences sanitaires, auxquelles d'ailleurs, le pouvoir réglementaire n'avait pas pensé au départ, excèdent souvent les 20 m^2 admis ; de même, les besoins de surveillance, qui exigent la présence constante d'un gardien, ne sont nullement pris en compte. Il a déjà été difficile de faire reconnaître que les bassins de décantation et les bâtiments de travail des coquillages ne créaient pas de surface hors œuvre nette… Il serait bon à cet égard, de supprimer le qualificatif « léger » et d'autoriser sans distinction, les aménagements qui sont strictement nécessaires au bon exercice de l'activité. L'attitude du juge pénal renforce la conviction (**voir encart**).

L'activité agricole est également possible, et même souhaitée, sur ces espaces. Certains sièges d'exploitation sont localisés dans ces milieux. Il n'est plus possible de les moderniser car toute possibilité de permis de construire est normalement exclue, pour des installations qui créent de la surface hors œuvre brute. Davantage de souplesse serait bienvenue.

Il faudrait que le juge administratif, en ce domaine, fasse également prévaloir un souci de réalisme sur des considérations certes parfaitement compréhensibles et légitimes sur un plan théorique mais trop éloignées des préoccupations effectives sur le terrain. Mais il faudrait aussi que les contraintes juridiques, peut-être moins fortes mais affichées, donnent lieu à une réelle surveillance sur le terrain pour que l'application du droit ne paraisse pas l'exception.

Peut-être l'objectif poursuivi par le législateur en votant « l'amendement Gaïa », devenu l'article L 146-6-1 du Code de l'urbanisme allait-il, à cet égard, dans le bon sens. Cependant, la peur d'ouvrir une faille dans la protection des espaces remarquables conduit le Parlement à édicter un texte très complexe qui risque de donner lieu à un contentieux abondant.

60. Voir réponse ministérielle au député Charles Ehrmann, JO AN, 10 décembre 2001, p. 7130 ; réponse ministérielle au sénateur Jean-Guy Branger, JO Sénat, 31 janvier 2002, p. 315.

L'INTERVENTION DU JUGE PÉNAL : L'AMÉNAGEMENT LÉGER

La modification consistant à supprimer le qualificatif « léger » dans le cadre des activités aquacoles paraît d'autant plus indispensable que l'implantation de tout aménagement non considéré comme léger constitue une infraction punissable par le juge pénal, compétent pour caractériser, par ses composantes, l'espace remarquable et dire si les travaux effectués lui sont attentatoires. L'arrêt rendu par la cour d'appel de Poitiers le 20 juin 1997 (CA de Poitiers, 20 juin 1997, Ministère Public, Commune d'Angoulins sur Mer et Sepronas, c/Magnien, n° 97/478, confirmé par cour de cassation, chambre criminelle, 10 juin 1998, n° 3665) est particulièrement révélateur.

Les travaux, qui avaient justifié le procès-verbal de constat dressé par un agent assermenté de la Direction Départementale de l'Équipement à La Rochelle, consistaient en remblaiement de l'extrémité de trois bassins ostréicoles, à la création de plans inclinés d'accès au fond de ces bassins, ainsi qu'au remblaiement et terrassement d'espaces de dégagement entre ces bassins. Ces travaux nécessitaient d'importants apports de terres et de calcaires et portaient sur une surface importante, puisque d'environ 20 000 m^2. Cependant, de tels aménagements sont incontestablement utiles au bon exercice de l'activité admise en espace L 146-6, ne créent pas de surfaces hors œuvre nette et doivent être nécessairement localisés sur l'exploitation, elle-même en bordure du littoral. Ils paraissent donc ne pas être illégaux par rapport aux dispositions de l'article R 146-2. Et pourtant, la cour d'appel se prononce ainsi :

> « L'infraction apparaît constituée au regard des articles L 146-1, R 146-2 du Code de l'urbanisme, en vigueur au moment des faits, alors que les constatations faites laissent apparaître que les travaux effectués ont permis de réaliser des aménagements importants, ci-dessus visés, réalisés dans un secteur ostréicole d'une zone de marais, en bordure du littoral, constituant une zone humide, naturelle, au paysage caractéristique, et que, par leur importance, ces travaux ont porté atteinte à ce site naturel.
> Il résulte donc suffisamment de ces éléments que les infractions reprochées sont constituées et le jugement entrepris sera confirmé sur la déclaration de culpabilité ».

Le juge pénal a donc sa propre conception restrictive de l'aménagement léger, seul compatible avec la préservation de l'espace qu'il considère comme remarquable. Cela complique encore un peu plus la situation et nécessite, si l'on veut effectivement concilier protection de l'environnement et impératifs économiques, une réforme du deuxième alinéa de l'article L 146-6 et de l'article R 146-2.

B. L'article L 146-6-1 du Code de l'urbanisme

Tous les amendements jusqu'ici apportés à la loi littoral sont nés du désir de fournir une issue à un cas précis que le texte en vigueur ne permettait pas de solutionner : l'alinéa second de l'article L 146-8, ajouté par l'article 8 de la loi n° 94-112 du 9 février 1994 permet ainsi, à titre exceptionnel, la construction de stations d'épuration d'eaux usées avec rejet en mer, sur n'importe quel espace littoral, après que cette possibilité a été niée par le Conseil d'État dans l'affaire de la station d'épuration de Toulon-Ouest sur le site du Cap Sicié [61]. De même, l'alinéa second de l'article L 146-4-I, ajouté par l'article 109 de la loi d'orientation agricole n° 99-574 du 9 juillet 1999 (voir ci-avant, chap. II, section 3), permet la construction, en dehors des espaces proches du rivage, d'installations liées aux activités agricoles mais incompatibles avec le voisinage des zones habitées, ce qui rend impossible l'application de la règle de l'urbanisation en continuité, alors que le juge administratif avait refusé toute dérogation à cette règle afin d'autoriser la construction d'un bâtiment à usage d'élevage industriel de volailles dans une commune littorale finistérienne.

Le nouvel article L 146-6-1, ajouté, après l'article L 146-6, par l'article 42 de la loi n° 2000-1208 du 13 décembre 2000 relative à la solidarité et au renouvellement urbain, ne faillit pas à la règle : il a pour objet de fournir une solution à la célèbre affaire relative au projet de réhabilitation de la plage de Pampelonne, espace remarquable s'il en est, après que la cour administrative d'appel de Marseille, suivant le tribunal administratif de Nice, a annulé la délibération arrêtant ce projet [62].

L'affaire en question pose, selon les termes mêmes de Madame la commissaire du Gouvernement Mehl-Schouder, « la délicate question de savoir si la loi littoral permet véritablement de concilier, d'une part, la protection de l'environnement, d'autre part, le maintien et le développement du tourisme ». La plage de Pampelonne est sans conteste un espace remarquable : elle présente des caractéristiques paysagères uniques et se trouve, d'ailleurs, dans un site inscrit, et comporte encore, sur les dunes de l'arrière plage, des espèces végétales rares qui ont justifié l'insertion de l'ensemble dans une ZNIEFF de type I. D'autre part, les établissements en dur qui avaient été construits par les plagistes, au fil du temps, ne confèrent pas au site un caractère urbanisé dans la mesure où les 9 000 m^2 de SHON construits sont éparpillés sur un linéaire de plage très important et ne font donc pas perdre son caractère naturel à l'arrière plage et où, par ailleurs et surtout, les bâtiments en question sont édifiés, pour leur grande majorité, sans autorisation régulière. L'article L 146-6 doit donc recevoir application. Or, le projet de réhabilitation de la plage, en vertu duquel ont été délivrés les permis de construire contestés, prévoit, dans un souci de concilier l'environnement avec l'économie, la destruction des établissements anciens, la reconstitution du système dunaire, mais aussi l'insertion de l'activité

61. CE, 19 mai 1993, Association les Verts Var, n° 124983, AJDA, 20 octobre 1993, p. 449.
62. TA, Nice, 23 décembre 1996, Association « Vivre dans la presqu'île de Saint-Tropez » et autres, c/commune de Ramatuelle, n° 94-3088, BJDU, 1/98, Concl. M.-C. Mehl-Schouder ; CAA, Marseille, 20 janvier 2000, commune de Ramatuelle et Ministère de l'Équipement, des transports et du Logement, n°s 97 MA 01046 et 97 MA 01164.

touristique dans cet environnement par la construction d'équipements plus en harmonie avec le site. Or, malgré toutes les précautions prises, les constructions autorisées ne peuvent être regardées comme constituant des aménagements légers prévus par l'article R 146-2 du Code de l'urbanisme et les permis dont il s'agit sont entachés d'illégalité. Le nouvel article L 146-6-1 a pour but d'autoriser le réaménagement de tels sites, dans le même esprit : la préservation de l'environnement mais aussi l'organisation de la fréquentation touristique.

On ne peut qu'approuver l'intention, mais pas obligatoirement le texte tel qu'il a été adopté, sans discussion, par le Parlement. Le législateur n'ose pas, comme cela était déjà le cas pour les amendements précédents à la loi littoral, dire vraiment les choses et paraître revenir, même faiblement, sur des dispositions qui vont trop dans le sens de la protection. Alors, il multiplie les garde-fous, restreint le plus possible la portée de l'exception qu'il édicte et adopte finalement un texte qui permet peut-être de résoudre le cas précis ayant déclenché le processus mais qui, indiscutablement, complique encore l'application d'une loi déjà difficilement lisible.

1. Les conditions d'application

Les conditions d'application du nouvel article sont ambiguës. Il y a d'abord une **condition spatiale**. Sur ce plan, on note dès l'abord, une certaine contradiction entre la place de cet article dans la loi et sa rédaction. Puisqu'il est placé immédiatement après l'article L 146-6, il apparaîtrait logique qu'il apporte des correctifs, ou, à l'inverse, des additions, aux dispositions de cet article, donc qu'il concerne les espaces visés par ce dernier. C'est toujours le cas, dans le Code de l'urbanisme comme dans les autres codes, que lorsqu'une telle numérotation est adoptée, on reste dans le même champ d'application. Or, la rédaction de l'article L 146-6-1 déconnecte celui-ci de l'article L 146-6 : **les espaces remarquables ou caractéristiques n'apparaissent pas en jeu**. Les dispositions nouvelles s'appliquent, en effet, « **sur une plage et les espaces naturels qui lui sont proches** ». Il n'est nullement indiqué que cette plage et ces espaces doivent former, comme la plage de Pampelonne, un site rare pour que l'exception désormais prévue puisse jouer, il suffit qu'ils soient naturels. D'autre part, le champ d'application de l'article L 146-6-1 ne couvre pas, tant s'en faut, tous les espaces remarquables ou caractéristiques puisque ceux-ci, comme on le sait, ne sont pas obligatoirement liés à la plage et au rivage, mais sont susceptibles de se situer dans n'importe quel secteur du territoire communal.

En revanche, **la bande des cent mètres est directement visée** puisqu'elle comporte obligatoirement certains au moins des espaces associés à la plage, sinon la plage elle-même, lorsqu'elle n'est pas entièrement recouverte par le plus grand flot. Quant à ces espaces, on ne sait où ils s'arrêtent : doivent-ils être nécessairement unis à la plage par un véritable rapport d'utilité ou suffit-il que la distance par rapport à celle-ci soit faible ? Et alors, quelle est-elle ? Le futur décret qui devra déterminer les conditions d'application de cet article apportera peut-être les précisions nécessaires mais il ne semble pas, qu'en l'état actuel, le texte soit suffisamment clair pour être immédiatement applicable.

La seconde condition est matérielle : il faut qu'il existe, sur ces espaces, **des nuisances ou dégradations « liées à la présence d'équipements ou de constructions réalisées avant l'entrée en vigueur de la loi n° 86-2 »**. Là encore, les questions sont nombreuses et particulièrement celle-là : à partir de quel niveau, de quelle surface construite, un schéma d'aménagement pourra être établi ? Puisque le terme « constructions » est au pluriel, suffira-t-il de deux établissements de plage à proximité du rivage et inesthétiques pour que cette possibilité nouvelle soit mise en œuvre ? Le futur décret devra préciser les choses... et cela risque d'être difficile. Les seules précisions, fort utiles au demeurant, fournies par le législateur sont les suivantes : il est nécessaire que les bâtiments en cause aient été construits avant l'entrée en vigueur de la loi « littoral » et qu'ils soient cause de nuisances ou de dégradations.

2. Les schémas d'aménagement

Si ces conditions, encore bien vagues, sont réunies, que peuvent faire les autorités compétentes, à savoir les autorités communales ou celles d'un établissement public de coopération intercommunale compétent en matière d'urbanisme ? Il leur est loisible **d'établir un schéma d'aménagement**, sorte de plan d'aménagement de zone des ZAC avant la loi du 13 décembre 2000, qui ait pour but de porter remède aux nuisances ou dégradations constituées et, par là même, – c'est la conjonction « et » et qui est utilisée – **d'améliorer les conditions d'accès au rivage des particuliers**. Ce document, contrairement à la règle posée par l'article L 146-4-III du Code de l'urbanisme (voir ci-après, chap. 5, § 2), permet de maintenir en l'état, ce qui était, évidemment, déjà possible, mais aussi de modifier ou de remplacer, ce qui ne l'était pas, les équipements et constructions situés dans la bande des cent mètres et qui occasionnaient les altérations constatées sur le site. Ces ouvrages modifiés ou reconstruits doivent non seulement permettre « de réduire les nuisances », c'est-à-dire de restaurer l'environnement par une meilleure insertion dans celui-ci, mais encore permettre « d'organiser la fréquentation touristique », c'est-à-dire être utiles à l'accueil des usagers du site.

Un tel schéma, pour être valable, est soumis à une procédure extrêmement lourde. Après avoir été élaboré sous la responsabilité de la commune ou de l'établissement public de coopération, le projet de schéma est d'abord soumis à **enquête publique**. Cette enquête publique, bien que cela ne soit pas précisé, devrait, à notre sens, être diligentée par le maire et être soumise aux dispositions du décret n° 85-452 du 23 avril 1985 modifié. Puis, **l'avis de la**

commission des sites est requis. Enfin, le projet est **approuvé par décret en Conseil d'État**...

La lourdeur de la procédure montre, à l'évidence, la crainte des parlementaires de paraître revenir sur les protections instaurées par la loi littoral. Cet article nouveau n'est pas du tout celui qui était attendu pour donner un peu plus de souplesse dans l'application de l'article L 146-6. L'idée de schéma d'aménagement de zone est bonne : il ne faut pas, si ceux-ci devenaient possibles, que n'importe quel aménagement puisse, sans ordre ni garantie, être implanté en espace remarquable. Il est, de plus, indispensable que l'installation soit bien intégrée au site afin de ne pas créer de nuisances nouvelles. Mais l'article L 146-6-1, pour peu qu'il concerne les espaces remarquables, n'autorise que le remplacement de ce qui était et non les créations nouvelles. Or, surtout pour les cultures marines, mais aussi parfois pour la bonne gestion d'espaces soumis à une fréquentation touristique intense, il serait peut-être utile de modifier en ce sens l'article L 146-6.

Partie 2

LES RÈGLES D'URBANISME APPLICABLES SUR LES ESPACES SOUMIS À UN RÉGIME JURIDIQUE PARTICULIER

Tout le territoire de la commune littorale doit être préservé de toute urbanisation anarchique. Il est, cependant, certain que, plus le rivage est proche, plus les conflits entre usagers potentiels peuvent être sérieux. Aussi, le législateur pose-t-il, en sus des règles applicables sur l'ensemble du territoire communal, des normes beaucoup plus précises et contraignantes pour éviter la confiscation de l'ensemble des espaces encore disponibles à proximité de la mer par les promoteurs immobiliers ou encore ceux qui veulent exercer des activités qui n'imposent pas une telle proximité.

Deux catégories d'espaces sont ainsi spécialement distinguées :

- les espaces « proches du rivage » où s'applique le principe de l'extension limitée de l'urbanisation (Chap. IV) ;
- la bande littorale des cent mètres, concernée, sauf exception, par le principe d'inconstructibilité, que les espaces qui y sont inclus soient ou non remarquables (Chap. V).

Ces dispositions ne sont, cependant, pour tenir compte de la situation particulière de ces territoires, pas applicables sur le littoral des départements d'outre-mer, soumis, pour ces espaces, à un régime juridique particulier (Chap. VI).

Chapitre IV

LES ESPACES PROCHES DU RIVAGE (ARTICLE L 146-4-II DU CODE DE L'URBANISME)

Devenue la clé de voûte de la loi littoral, la notion d'espaces proches du rivage reste difficile à apprécier, tant dans son expression spatiale que dans son régime juridique. Il est d'abord fort délicat de délimiter avec précision de tels espaces : de nombreux critères, parfois difficilement conciliables, devraient être pris en compte pour fixer leurs frontières côté terre ; côté mer, se pose le problème de savoir si la bande des cent mètres en fait ou non partie. Il n'est point aisé, ensuite, de déterminer exactement les possibilités de développement qui y sont autorisées et la procédure à suivre pour en permettre la réalisation. De très nombreux litiges s'ensuivent, surtout que l'article L 146-4-II est mal compris des différents acteurs de l'aménagement du littoral.

SOMMAIRE

§ 2 – Les conditions de forme et de procédure

A. L'extension de l'urbanisation décidée par les seuls autorités communales

B. L'extension de l'urbanisation en dehors de la seule volonté communale

Conclusion

Mots clés

- LOI LITTORAL
- RIVAGE
- RIVAGE ESPACE PROCHE DU RIVAGE
- URBANISATION
- URBANISATION EXTENSION LIMITÉE DE L'URBANISATION

De toutes les dispositions incertaines régissant l'urbanisme littoral, celles qui figurent à l'article L 146-4-II du Code de l'urbanisme sont celles qui, actuellement, posent le plus de problèmes et qui, par ailleurs, sont les plus mal acceptées. Un accord général existe, en effet, aujourd'hui pour protéger contre l'appétit des promoteurs privés les espaces remarquables ou situés au plus près de la mer. Mais si l'on accepte l'inconstructibilité jusqu'à cent mètres du rivage, en essayant, toutefois, de jouer des exceptions, on tolère mal les limitations à cent un mètres. D'où de très nombreux litiges, à propos desquels se font jour d'importantes difficultés.

Or, la notion d'espaces proches, d'abord plus ou moins occultée, témoigne le mieux de l'ambition du législateur concernant le littoral. Elle résume le nouvel enjeu pour l'aménagement de ce territoire convoité et affiche le grand principe que la loi du 3 janvier 1986 met en avant : le principe d'équilibre. En organisant la conciliation entre développement et préservation, les espaces proches du rivage offrent le moyen de protéger le littoral d'une manière globale et durable. Cette méthode, tout en évitant leur stérilisation, va permettre de préserver le visage, et, avant tout, les paysages, de nos côtes.

On perçoit donc la logique interne du dispositif retenu par le législateur et la place des espaces proches à l'intérieur de ce dispositif. Mais cela ne signifie pas que sa mise en œuvre pratique est aisée…

À l'inverse, l'alinéa premier de l'article L 146-4-II du Code de l'urbanisme pourrait apparaître comme un monument de surréalisme juridique. Il n'est, en effet, pas possible, à sa seule lecture, de déterminer la consistance de la règle de l'extension limitée de l'urbanisation, les espaces précis dans lesquels elle s'applique, ou encore la portée précise des exceptions qu'elle supporte.

Il faut donc, d'abord, en premier lieu, reconnaître et identifier les espaces proches du rivage. Puis, en second lieu, il faut préciser les règles d'aménagement définies par la loi pour de tels espaces.

Section I – Le champ d'application de la notion d'espaces proches du rivage

Le législateur ne fournit aucune définition de l'espace proche du rivage. Le texte apporte seulement deux indications qui, indirectement, pourraient contribuer à déterminer les limites côté terre et côté mer de cet espace. Côté terre, il faudrait considérer les dispositions de l'article L 146-7 : puisque cet article repousse à 2 000 mètres du rivage les nouvelles routes de transit, on peut supposer que c'est à ce niveau que cessent les contraintes spécifiques liées à la proximité du rivage ; la pratique corrobore ce sentiment. Côté mer, l'extrémité de la bande inconstructible de cent mètres à partir de la limite haute du rivage (voir ci-après, chap. V – La bande des cent mètres) constituerait la frontière des espaces proches ; la doctrine était, en majorité, fixée en ce sens [1] mais le Conseil d'État n'a pas, semble-t-il, cautionné cette approche. Aucune précision complémentaire n'est apportée sur l'étendue précise, entre ces deux limites, des espaces proches et l'instruction du 24 octobre 1991 [2] se contente, tardivement, de demander aux services de l'État de préciser leur position quant à la détermination de ces espaces. Il appartient donc au juge administratif, saisi des contestations en la matière, d'identifier, cas par cas, les espaces proches, ce qu'il fait avec une grande liberté d'appréciation.

§ 1 – Les limites côté terre

Les espaces proches du rivage n'ont pas de limites intérieures précises. La limite des 2 000 mètres n'est elle-même qu'indicative. Dès lors, lorsqu'une commune littorale révise son plan d'occupation des sols pour le rendre compatible avec la loi littoral, il est souhaitable qu'elle procède elle-même à la délimitation de ses espaces « proches du rivage » et qu'elle n'accepte pas sans discussion celle qui est proposée par les services de la DDE. Un certain nombre de critères permettent de définir les espaces relevant de l'article L 146-4-II.

De toute façon, les limites reportées sur les documents graphiques du plan d'occupation des sols peuvent être contestées devant le juge administratif, soit directement, soit ponctuellement à l'occasion de toute autorisation d'occupation du sol qui ne respecterait pas à tort les dispositions de cet article. Nous allons présenter les différents critères applicables avant d'exposer les choix jurisprudentiels.

---

1. N. Calderaro, *Droit du littoral*, éd. Du Moniteur, 1993, p. 360 ; A. H. Mesnard, *Droits maritimes*, Tome II, *Droit du littoral, droit portuaire*, p. 29 ; C. Maugüe et R. Schwartz, *in* note sur CE, Section, 12 février 1993, commune de Gassin, AJDA, 1993, p. 355.
2. RJE, 1/1992, p. 99.

A. Une analyse multi-critères

Comme toute notion essentiellement fonctionnelle, la notion d'espaces proches du rivage, qui aboutit à la mise en place de contraintes destinées à en préserver les caractéristiques, est très complexe. Elle ne peut être approchée qu'en croisant plusieurs critères qualitatifs et quantitatifs que l'on peut ordonner en trois groupes :

- critère de la distance par rapport à la mer
- critères topographiques
- critères d'influence maritime.

Le critère de **la distance est essentiel puisqu'il est le seul à être expressément prévu par la loi**. Le terme « proche » ne peut être dépourvu de toute signification. Mais, sauf jugement arbitraire et a priori, ce critère n'est d'aucun secours pour fixer des limites précises car il est lui même ambivalent. **La proximité fonctionnelle** s'entend de tous les espaces participant aux mêmes fins ; il est possible qu'elle se révèle fort large. **La proximité physique**, si elle n'exige pas la contiguïté, apparaît plus restreinte. Cette seconde approche est renforcée si l'on porte attention à ce que l'un des deux motifs qui, dans le plan d'occupation des sols, doit motiver l'extension de l'urbanisation est « **l'accueil d'activités économiques exigeant la proximité immédiate de l'eau** ». L'imprécision, de toute manière, n'est pas levée. Il faut donc combiner ce critère avec d'autres.

Le recours aux critères topographiques est susceptible, dans certains cas, de fournir des indications intéressantes. Ce type de données était même, au début, celui qui avait les faveurs des responsables au ministère. Il paraissait alors convenir que les « espaces proches du rivage » s'étendaient, lorsque ce paramètre pouvait être utilisé, jusqu'au premier accident de relief permettant d'opérer une dissociation physique avec les espaces suivants. Sous ce rapport, les courbes de niveaux livrent des données parfaitement objectives, ne tenant aucun compte de la nature des espaces traversés, à condition, bien sûr, de couper l'entrée des vallées. Pour les côtes plates, sans relief, il est possible de considérer une voie de communication importante, point de fixation de l'urbanisation primitive qui, hormis dans les ports, était toujours reculée par rapport à la mer.

Dans l'optique fonctionnelle, ce sont, évidemment, les critères « d'influence maritime [3] » qui sont les plus importants.

En premier lieu apparaît la notion de « paysage marin », fréquemment retenue par les tribunaux administratifs, avant 1993 et l'intervention du CE,

3. Y. Hennequin, « Les espaces proches du rivage de la loi littoral, méthode de délimitation et propositions d'aménagements appliquées à la ria de Daoulas », Maîtrise de géographie, Université de Bretagne Occidentale, 1996.

pour caractériser l'espace proche du rivage [4]. Le critère de visibilité depuis la mer et sur la mer est alors prépondérant, pondéré par celui de la distance. On peut délimiter ainsi une portion de territoire tournée vers la mer, portion caractéristique du littoral et évidemment zone où la pression foncière est maximale. Mais, en second lieu, **les critères écologiques sont encore plus importants**. À ce titre, il est possible d'estimer que fait partie des espaces proches « la zone naturelle constituant un écosystème littoral quelle que soit sa profondeur vers l'intérieur des terres [5] ». Les espaces naturels « influencés biologiquement par la mer "ou" les espaces végétaux significatifs à caractère paysager littoral [6] » constitueraient ainsi des espaces proches du rivage.

D'autres indices peuvent encore éventuellement être pris en compte dans des hypothèses particulières. Ainsi, par exemple, les études préalables à la future directive territoriale d'aménagement des Alpes-Maritimes (voir ci-après, chap. VII – Directives territoriales d'aménagement) retiennent, pour les espaces fortement urbanisés, le facteur « temps » pour déterminer le champ d'application de l'article L 146-4-II : seraient espaces proches du rivage, tous ceux situés à moins d'un quart d'heure à pieds du rivage.

Finalement, dans de nombreux cas, les critères principaux se recoupent globalement ; il n'est alors pas trop difficile de fixer une limite cohérente, côté terre, aux espaces proches du rivage. Il n'y a véritablement problème que si des écarts importants existent selon les critères employés. Dans ce cas, surtout :

- il paraît essentiel de justifier soigneusement, dans le rapport de présentation du POS, la limite finale adoptée, au regard des contraintes posées par la loi ;
- préalablement, au sein du groupe de travail élaborant le projet de révision, les propositions du préfet, qui aura parfois déjà consulté la commission départementale des sites, feront l'objet d'un examen très attentif de la part des élus ;
- mais il n'y a jamais aucune certitude qu'en cas de contestation d'une opération d'aménagement prévue sur la base du règlement de plan d'occupation des sols, le juge administratif considère comme légal le choix opéré par les auteurs du document quant aux espaces proches du rivage.

B. Une jurisprudence extensive

La fameuse décision rendue le 12 février 1993 par la section du contentieux du Conseil d'État, commune de Gassin, SA Sagic [7] (**voir encart**) constitue

4. Jurisprudence Administrative Illustrée, « la loi du 3 janvier 1986 », septembre 1992, p. 37.
5. H. Coulombie et J.-P. Redon, « Le droit du littoral », litec, 1992, p. 149, n° 216.
6. Y. Hennequin, *op. cit.*, p. 79.
7. Rec. Lebon, p. 26 ; AJDA, 1993, p. 353 et 391, chronique Maugüe et Touvet ; JGP, 1993, II, 22163, Conclusions Le Chatelier.

CE Section, 12 février 1993, Commune de Gassin et SA Sagic

Considérant qu'il ressort des pièces du dossier que le terrain faisant partie de la zone d'aménagement concerté du golf international de Gassin créée par délibération du conseil municipal de Gassin du 2 décembre 1987, et sur lequel des constructions sont projetées, est situé pour l'essentiel à une distance de 500 à 1 000 mètres du rivage ; que ce terrain, bien qu'il soit séparé du rivage par une ligne de crête et par une zone urbanisée, constitue un espace proche du rivage au sens des dispositions précitées de l'article L 146-4-II du Code de l'urbanisme ;

Considérant qu'il ressort du rapport de présentation et de l'étude d'impact faisant partie du dossier de création de la zone d'aménagement concerté que l'acte créant cette zone autorise une importante opération de construction comportant deux hôtels de 140 chambres au total, deux résidences de tourisme offrant 80 logements en tout, et des bâtiments d'habitation collective et individuelle de 300 logements environ ; que la surface hors œuvre nette totale de l'ensemble des constructions prévues s'élève à 44 870 m^2 sur un terrain boisé de 25 hectares ; qu'une telle opération ne constitue pas une extension limitée de l'urbanisation, seule autorisée par les dispositions précitées de l'article L 146-4-II du Code de l'urbanisme ; que c'est dès lors, en méconnaissance de ces dispositions que le préfet, commissaire de la République du département du Var a, par une décision du 15 octobre 1987, donné son accord à la création de la zone d'aménagement concerté ; que l'illégalité de cette décision entraîne celle de la création de la zone d'aménagement concerté.

la toute première intervention de la haute juridiction en la matière et représente une rupture avec la tentative d'interprétation de la notion d'espaces proches du rivage donnée par les tribunaux administratifs. Après une courte période marquée par une certaine confusion, ces derniers avaient adopté une analyse multi-critères, dominée cependant par la notion de paysage marin. Le Conseil d'État donne un coup d'arrêt brutal à cette ébauche dans cette affaire dont il nous faut brièvement expliquer les circonstances.

L'aménagement d'un golf immobilier était prévu, sur le territoire de la commune de Gassin, dans une zone située entre 800 et 1 200 mètres du rivage, dont elle était séparée par une ligne de crête et l'étroite plaine côtière, extrêmement urbanisée, de Saint-Tropez. Il y avait donc dissociation physique et absence de proximité fonctionnelle, ce qui, outre l'insertion particulièrement soignée du golf dans l'environnement, aurait dû conduire le juge à écarter la qualification d'espace proche. Or, à l'inverse, le Conseil d'État se prononce ainsi :

> « Considérant que le terrain… sur lequel des constructions sont projetées, est situé pour l'essentiel à une distance de 500 à 1 000 mètres du rivage ; que ce terrain, bien qu'il soit séparé du rivage par une ligne de crête et par une zone urbanisée, constitue un espace proche du rivage, au sens des dispositions de l'article L 146-4-II du Code de l'urbanisme ».

La haute juridiction retient, en l'espèce, le seul critère qui, on l'a dit, est déduit de la loi interprétée littéralement, celui de la distance, sans considération pour les autres indices. Mais le paradoxe réside en ceci : la solution n'est pas vraiment critiquable, hormis peut-être le caractère trop elliptique de la motivation, rapportée aux faits de la cause ; elle l'est, en revanche, si on lui confère une portée de principe.

Le commissaire du gouvernement Le Chatelier, dans ses remarquables conclusions, recommande d'abord, fort justement, d'apprécier au cas par cas, l'étendue des espaces proches du rivage. En l'espèce, il fonde sa conviction sur un critère particulier, « tiré d'un lien de proportionnalité entre protection et atteinte déjà portée au site [8] ». Il considère comme proches du rivage des espaces, les premiers qui soient restés naturels en partant du rivage, qui ne recevraient pas cette qualification dans une zone moins touchée par l'urbanisation et où existeraient, plus près du rivage, des espaces naturels constituant un paysage marin. La solution retenue est donc acceptable, dans le contexte propre de l'affaire. Il est, en revanche, regrettable d'en avoir fait, depuis, la base de tout raisonnement en la matière.

Tous les jugements ou arrêts rendus en la matière depuis 1993 font, en effet, du critère de la distance, le critère principal permettant de définir les espaces proches du rivage. Ce critère, comme dans l'affaire commune de Gassin, est parfois seul employé pour qualifier les espaces en cause, situés à moins d'un kilomètre du rivage, d'espaces proches du rivage [9] (**voir encart**). Dans les deux arrêts précités de la Cour Administrative d'appel de Lyon, le critère de la distance est opposé au critère de visibilité, les terrains d'assiette de projets étant « séparés du rivage par une zone urbanisée » ou encore ne disposant « d'aucune vue directe sur le rivage du lac ». Parfois aussi, le juge administratif ajoute au critère de la distance celui de la configuration des lieux [10] mais la localisation du terrain est toujours privilégiée.

Plus critiquable encore est la pratique des directions départementales de l'équipement, qui consiste, sur la base de cette jurisprudence, à fixer la délimitation des espaces proches qu'elles tentent d'imposer aux communes qui révisent leurs plans d'occupation des sols au plus près de la limite extrême des 2 000 mètres, quelle que soit la nature des secteurs considérés. Cette pratique est génératrice de conflits qui n'ont pas été voulus par le législateur.

---

8. H. Coulombie, « Les règles d'aménagement et de protection du littoral », éd. Hôtel de ville, 1996, p. 143.
9. CE, 27 février 1995, Association de défense des quartiers de Fréjus et autres, AJDA, 1995, p. 468, Conclusions B. du Marais ; CE, 10 février 1997, commune de Labenne, n° 155396 ; CE 25 juin 1998, Association de défense de Juan-Les-Pins et de ses pinèdes, BJDU, 4/98, p. 303 ; CAA Lyon, 8 avril 1997, société au service du développement et commune de Roquebrune-Cap-Martin, n° 96 LY 00909 ; CAA Lyon, 8 avril 1997, commune de Margencel et M. et Mme Duchamp, nos 96 LY 2094 et 96 LY 02 185.
10. CE, 14 mars 1997, commune de Narbonne, n° 156211 ; CAA Bordeaux, 22 février 1996, Région Languedoc-Roussillon, n° 94 BX 01256.

CAA Lyon (1re chambre, commune de Margencel et M. et Mme Duchamp)

Sur la légalité de l'arrêté attaqué :

Considérant que le préfet de la Haute-Savoie demande l'annulation de l'arrêté, en date du 28 octobre 1995, par lequel le maire de Margencel a délivré à M. et Mme Duchamp une autorisation de lotir au lieu-dit « Peylevet », inclus au règlement du Plan d'occupation des sols alors applicable, en zone Nab ; que le préfet soutient que ladite zone méconnaît, notamment, les dispositions de l'article L 146-4-I et II du Code de l'urbanisme ; que contrairement à ce que soutiennent M. et Mme Duchamp, ce moyen tiré de l'exception d'illégalité du règlement du Plan d'occupation des sols applicable à la date de la décision attaquée, qui constitue un moyen de légalité interne, pouvait être invoqué, à l'occasion de la délivrance de l'arrêté contesté, dans une mémoire complémentaire, dès lors qu'avait été soulevé, dans les délais du recours contentieux, un autre moyen relevant de la même cause juridique ;

Considérant qu'aux termes de l'article L 146-4 du Code de l'urbanisme issu de la loi n° 86-2 du 3 janvier 1986 :

> « I – L'extension de l'urbanisation doit se réaliser soit en continuité avec les agglomérations et villages existants, soit en hameaux nouveaux intégrés à l'environnement. II – L'extension limitée de l'urbanisation des espaces proches du rivage ou des rives des plans d'eau intérieurs désignés à l'article 2 de la loi n° 86-2 du 3 janvier 1986 précitée, doit être justifiée et motivée, dans le Plan d'occupation des sols, selon des critères liés à la configuration des lieux ou à l'accueil d'activités économiques exigeant la proximité immédiate de l'eau… ».

Considérant, d'une part, que la zone Nab instituée par le Plan d'occupation des sols applicable à la date de l'autorisation de lotir critiquée, d'une surface de 7,5 hectares, et dans le périmètre de laquelle se trouve le projet de lotissement litigieux, recouvre un espace situé à moins de 1 000 mètres du rivage du lac Léman et inclus dans « une unité paysagère » qui s'étend depuis la route nationale 5 au sud jusqu'au lac au Nord, qui est limitée à l'Est par le chemin départemental n° 33, à l'Ouest, par la rivière le Redon, et dont le mode d'occupation est lié aux activités touristiques du lac ; que cet espace, bien qu'il ne dispose d'aucune vue directe sur le rivage du lac et en soit séparé par une zone urbanisée, constitue un espace proche du rivage au sens des dispositions précitées de l'article L 146-4-II du Code de l'urbanisme ; que le classement de cet espace en zone Nab, ouverte à l'urbanisation avec les règles de la zone UB une fois réalisés les équipements publics nécessaires, constituait une extension de l'urbanisation qui, eu égard à l'étendue de cette zone, ne pouvait être regardée comme limitée ; que, dès lors, le préfet de la Haute-Savoie est fondé à exciper de l'illégalité entachant ces dispositions du règlement du Plan d'occupation des sols de Margencel ;

Considérant, d'autre part, qu'il ne ressort pas des pièces du dossier que le projet de lotissement de 4 lots autorisé par l'arrêté contesté, puisse être regardé comme constituant une extension d'urbanisation en hameau nouveau intégré à l'environnement, et que le terrain d'assiette de ce projet n'est pas situé en continuité avec une agglomération ou un village existant ; qu'ainsi, le préfet est également fondé à soutenir que l'autorisation de lotir méconnaît les dispositions de l'article L 146-4-I précité ;

Considérant qu'il résulte de ce qui précède que le préfet de la Haute-Savoie est fondé à demander l'annulation de l'arrêté du maire de Margencel en date du 18 janvier 1995.

S'il est donc délicat de fixer avec exactitude, côté terre, les frontières entre espaces proches du rivage et espaces rétro-littoraux, il ne devrait, par contre, y avoir aucune difficulté pour délimiter, côté mer, les espaces proches. Et pourtant, il n'existe pas de certitude sur ce point non plus.

§ 2 – Les limites côté mer

Pendant les premières années d'application de la loi littoral, il était admis par tous que les espaces proches du rivage étaient les espaces contigus à la bande littorale des 100 mètres. Aucun problème concernant cette interprétation n'avait été posé devant le juge administratif. L'étanchéité entre les deux zones paraissait assurée.

C'est dans un jugement du tribunal administratif de Nice, rendu le 20 octobre 1994 [11] que l'on trouve, pour la première fois, à notre connaissance, appliqué à un espace situé dans la bande des cent mètres le régime propre aux espaces proches du rivage. Le tribunal, en effet, annule un permis de construire accordé **dans un espace urbanisé de la bande littorale** (voir ci-après, chap. V – La bande des cent mètres) pour violation du **principe d'extension limitée de l'urbanisation**. Lorsque jouerait cette exception à la règle de l'inconstructibilité posée pour la bande littorale, la notion d'espace proche s'appliquerait pour réduire la liberté retrouvée par le constructeur. Il faut pourtant reconnaître que cette solution, à nouveau appliquée par le tribunal administratif [12] n'a pas été confirmée expressément par le Conseil d'État, juge de cassation. Le doute peut donc demeurer.

AVIS

Il serait peut-être malsain de vouloir faire une règle absolue de la solution retenue par le tribunal administratif. Si elle correspond à l'esprit de la loi pour les secteurs, inclus dans la bande des cent mètres, dans lesquels existe une urbanisation diffuse mais suffisante pour que l'espace soit considéré comme urbanisé, il n'en va certainement pas de même en pleine ville, dans des secteurs où la densité d'urbanisation est forte. L'application de la règle de l'extension limitée de l'urbanisation risquerait d'empêcher l'émergence de la cité de demain.

Cependant, puisque le Conseil d'État, statuant en cassation dans une affaire très récente examinée plus loin (CE, 27 septembre 1999, Commune de Bidart, Société immobilière de la Banque de Bilbao et de Biscaye, n°s 178866 et 178869) a décidé que la règle de l'extension limitée s'applique en espace proche indépendamment du caractère urbanisé de l'espace, il serait pour le moins curieux qu'elle ne trouve pas application sur des espaces situés plus près du rivage.

11. TA Nice, 20 octobre 1994, Daniel et Fernand Truc, n°s 94-410 et 94-546.
12. TA Nice, 25 octobre 1996, Association Information et Défense de Cannes et TA Nice, 31 octobre 1996, Syndicat des propriétaires de la presqu'île de la Pointe Croisette, DMF, juin 1997, n° 572, note, J.-M. Bécet ; TA Nice, 12 juin 1997, Association Information et Défense de Cannes, n°s 96-4592 et 4595.

Le Conseil d'État, toutefois, a clairement manifesté sa position dans une autre hypothèse pour laquelle la règle de l'inconstructibilité ne joue pas dans un secteur pourtant directement contigu à la mer : une portion du littoral incluse dans l'emprise d'un port ou situé au droit du port artificiel [13]. Il n'existe pas alors de rivage de la mer et les conséquences juridiques qui s'y attachent ne se produisent pas, en particulier l'inconstructibilité des terrains, même à l'état naturel. S'est donc posée la question de savoir si l'urbanisation pouvait être limitée par l'application d'une règle quelconque sur de tels espaces. La haute juridiction y a répondu clairement.

Dans l'affaire, Société Port de Toga, il s'agissait de la création d'un port de plaisance avec ensemble immobilier dans un site pratiquement vierge. Le Conseil d'État [14] (**voir encart**) écarte implicitement l'application de l'article L 146-4-III et la règle de l'inconstructibilité mais, comme le lui suggérait son commissaire du gouvernement, dans l'esprit de la loi littoral, considère que tous les terrains compris dans l'emprise du port constituent des espaces proches du rivage, sur lesquels l'extension de l'urbanisation ne peut présenter qu'un caractère limité. Contrairement à ce que pensait la doctrine unanime, la notion d'espaces proches du rivage peut concerner des terrains situés à moins de cent mètres du rivage. Confirmation en est encore fournie plus récemment, dans une espèce similaire [15].

Cette solution est également indirectement consacrée par le législateur lui-même. La loi du 9 juillet 1999 d'orientation agricole a ajouté un alinéa à l'article L 146-4-I afin de permettre, par exception à la règle de la continuité de l'urbanisation (voir ci-avant, chap. III – Les règles et principes applicables sur l'ensemble du territoire de la commune littorale [1]), la construction, jusqu'alors interdite par le juge [16], d'installations agricoles ou forestières incompatibles avec le voisinage d'habitations. Cette disposition nouvelle limite, en particulier, cette possibilité aux espaces situés en dehors des espaces proches du rivage. Si l'on se prononce en faveur de l'étanchéité entre espaces situés dans la bande littorale et espaces proches du rivage, il serait possible d'édifier des porcheries ou des bâtiments consacrés à l'élevage de volailles dans les cent mètres, ce qui serait interdit dans les espaces suivants… position difficilement concevable, en toute logique. Mais rien n'impose cette interprétation.

---

13. A. Giraud, « La loi littoral et les ports maritimes », *in la loi littoral*, Economica, 1987, p. 295 ; Y. N. Genty, Actes de la 4e juris'cup, Marseille, 1994, p. 62.
14. CE, 10 mai 1996, Société du Port de Toga SA et autres ; AJDA, 1996, p. 934, Concl. Fratacci, BJDU, 5/96, p. 309 ; Concl. Frataci ; DMF, juin 1997, p. 658, note J.-M. Bécet.
15. CE, 25 mars 1998, commune de Saint-Quay-Portrieux, n° 159040.
16. CAA Nantes, 10 juin 1998, commune de Logonna-Daoulas et Tromeur, BJDU, 99/1, Concl. Christiane Jacquier.

Conseil d'État – 10 mai 1996

Société du port de Toga SA et autres

« Sur la légalité de l'arrêté attaqué :

Considérant qu'il ressort des termes mêmes du II de l'article L 146-4 du Code de l'urbanisme, dont les dispositions sont applicables sur le territoire des communes riveraines de la mer en vertu des prescriptions combinées de l'article L 146-1 de ce même Code et de l'article 2 de la loi du 3 janvier 1986 relative à l'aménagement, la protection et la mise en valeur du littoral, que l'extension de l'urbanisation des espaces proches du rivage ne peut présenter qu'un caractère limité ;

Considérant que si les terrains d'assiette des constructions autorisées par l'arrêté du 2 novembre 1988 sont compris dans l'emprise d'un port de plaisance dont la création a été autorisée par un arrêté du préfet, commissaire de la République de Haute Corse, en date du 4 décembre 1986 et dont l'aménagement et l'exploitation ont été concédés par la commune de Ville-di-Pietrabugno le 5 janvier 1987 à la Société du port de Toga SA, et si certains d'entre eux doivent faire l'objet de travaux de remblaiement en vue de leur exondement, tous ces terrains constituent des espaces proches du rivage de la mer au sens des dispositions du II de l'article L 146-4 du Code de l'urbanisme à l'application desquelles ne font pas obstacle celles de l'article 27 de la loi susvisée du 3 janvier 1986 ; qu'il ressort des pièces du dossier que l'arrêté attaqué autorise l'édification d'un ensemble immobilier destiné çà des activités d'hôtellerie, de commerce et bureau et comportant une superficie hors œuvre brute de 18006 m et une superficie hors œuvre nette de 10890 m^2 ; que si les dispositions de l'arrêté attaqué présentent un caractère divisible en ce qu'elles sont relatives, d'une part aux bâtiments E, F1, I et J et, d'autre part, aux bâtiments F2, G1, G2 et H, l'ensemble immobilier constitue, en raison de ses caractéristiques, une même opération dont la conformité avec les prescriptions du II de l'article L 146-4 du Code de l'urbanisme doit être appréciée globalement ; qu'en raison de son importance, l'opération envisagée par la Société du port de Toga SA ne peut être regardée comme une extension limitée de l'urbanisation au sens de ces prescriptions : qu'ainsi, en accordant le permis de construire sollicité, le maire de Ville-di-Pietrabugno a méconnu lesdites prescriptions ; que, dès lors, et sans qu'il soit besoin d'examiner les autres moyens de la requête du syndicat des copropriétaires de la résidence du Cap, celui-ci est fondé à soutenir que c'est à tort que le tribunal administratif de Bastia a rejeté les conclusions de sa demande dirigée contre les dispositions de l'arrêté du 2 novembre 1988 autres que celles qui ont pour objet d'autoriser l'édification des bâtiments F2, G1, G2 et H ».

AVIS

Les espaces proches du rivage commencent à la limite haute du rivage et s'étalent sur au moins 1 000 mètres, selon l'application jurisprudentielle du critère de la distance, 2 000 mètres selon la pratique des directions départementales de l'équipement. La notion recouvre deux catégories d'espaces qui pourront être juridiquement différenciées :

- La bande des cent mètres, soumise à un régime juridique spécifique mais où le régime général des espaces proches est applicable lorsque le régime spécifique ne l'est pas ;
- Les espaces proches proprement dits, dans lesquels s'applique la règle de l'extension limitée de l'urbanisation.

Section II – Le régime juridique des espaces proches du rivage

Dans les espaces proches du rivage s'applique outre les règles générales, urbanisation en continuité ménageant des coupures d'urbanisation, préservation des espaces remarquables ou caractéristiques, etc., une règle particulière, celle de l'extension limitée de l'urbanisation. En espaces proches, hormis lorsque s'applique, dans les cent mètres, le principe de l'inconstructibilité, il est possible de construire mais seulement dans le cadre d'une augmentation mesurée de l'urbanisation. De plus, pour mettre en œuvre cette urbanisation, il faut respecter un certain nombre de règles de formes ou de procédures.

§ 1 – La condition de fond : la notion d'extension limitée de l'urbanisation

Pour apprécier pleinement la notion d'extension limitée de l'urbanisation, il faut l'appréhender sous deux angles différents : d'abord, qu'est-ce qu'une extension de l'urbanisation ; ensuite, quand cette extension présente-t-elle un caractère limité ?

A. L'extension de l'urbanisation

Pour que s'applique le régime de protection des espaces proches du rivage, il faut, d'abord, que soit prévue une extension de l'urbanisation, ce qui aurait permis, par une interprétation restrictive, d'écarter dans certaines hypothèses l'application de la règle. D'abord on aurait pu penser que, pour qu'il y ait extension de l'urbanisation, il était nécessaire qu'il y ait proximité immédiate d'une urbanisation existante [17], ce qui aurait abouti à interdire toute urbani-

17. Concl. Laloum sous CE, 27 avril 1994, OPHLM de Vannes et commune de Larmor-Baden, BJDU, 2/95, p. 116.

sation totalement nouvelle, y compris sous forme de **hameaux nouveaux** (voir ci-avant, chap. III – les règles et principes applicables sur l'ensemble du territoire de la commune littorale [1]).

En sens inverse, on aurait pu estimer [18] que les dispositions dont il s'agit concernaient des opérations d'urbanisation groupées, auxquelles il semblait difficile d'assimiler la délivrance de quelques permis, voire d'un seul permis [19]. Mais le Conseil d'État estime qu'il y a extension de l'urbanisation dès lors qu'il y a modification dans l'occupation des sols. Dès lors, tout projet développé sur un secteur non urbanisé constitue une extension de l'urbanisation [20], à condition bien sûr qu'il se développe sous forme de hameau nouveau, de même que tout ajout en continuité avec l'urbanisation préexistante sur un site déjà plus ou moins mité.

Reste un problème : est-il possible de considérer qu'il y a extension de l'urbanisation si, dans un espace incontestablement urbanisé, un promoteur désire densifier l'urbanisation existante ? Il n'y a pas, en cette hypothèse, modification de l'occupation du sol et il n'est point besoin de dispositions particulières dans le règlement du Plan d'occupation des sols pour réaliser une telle opération. Sur ce point, un changement radical de jurisprudence vient de s'opérer.

Jusqu'à ce qu'intervienne l'arrêt « Commune de Bidart », précité, la doctrine soutenait nettement le point de vue selon lequel la notion d'espace urbanisé devait jouer en espace proche pour permettre sans restriction la densification de l'urbanisation de ces espaces [21]. Elle s'appuyait sur une jurisprudence elle-même parfaitement explicite. Cours administratives d'appel et Conseil d'État statuant en appel considéraient l'environnement urbanisé ou non du terrain d'assiette du projet avant de juger s'il y avait ou non extension de l'urbanisation. Une opération projetée sur des terrains non urbanisés doit respecter la règle de l'extension limitée de l'urbanisation [22]. À l'inverse, un projet situé dans un espace urbanisé, un projet de restructuration d'un tel espace, n'entraîne pas une extension de l'urbanisation [23]. La cour administrative d'appel de Bordeaux qualifie même de « moyen inopérant » l'invocation de la règle posée

18. Concl. Mornet sous TA Bastia, 28 septembre 1990, 10 affaires.
19. TA Rennes, 11 octobre 1990, Mme Dalidec et autres, RJE, 1991-3, p. 395, note J.-M. Bécet.
20. CE, 29 mars 1993, commune d'Argelès-sur-Mer, n° 128204.
21. Coulombié et Redon, *op. cit.*, n° 202, Y. Tanguy, « Littoral », JC Collectivités territoriales, fasc.1176, n° 20, S. Veslin, Concl., sous CAA Lyon, 28 avril 1998, Société Sudinvest et ville d'Antibes, BJDU, 6/98.
22. CAA Lyon, 17 mai 1995, Ministre de l'Équipement, c/M. Ettori, n° 93 LY 00751 ; CAA Bordeaux, 28 décembre 1995, M. Espilondo et autres, n° 94 BX 00019 ; CE, 14 mars 1997, Commune de Narbonne, n° 156211.
23. CE, 10 mai 1989, Association de défense du patrimoine sétois et autres, c/commune de Sète, n° 88904 ; CE, 3 février 1993, Association en avant Saint-Laurent, Rec. T., p. 943, Droit Administratif, 1993, n° 194 ; CE, 15 janvier 1997, SCI, Le Grand Large, n° 123953 ; CAA Lyon, 8 avril 1997, Société au service du développement et commune de Roquebrune Cap Martin, nos 96LY 00907 et 00909 ; CAA Bordeaux, 1er juillet 1997, Société Gippi, Commune de Fouras, nos 95 BX 00576 et 00647.

par l'article L 146-4-II à l'encontre d'un projet prévu en espace urbanisé [24]. Il y a alors interprétation littérale de l'expression « extension de l'urbanisation », correspondant à l'esprit de l'article L 146-4 en son entier.

C'est une toute autre solution que vient de fournir le Conseil d'État statuant en tant que juge de cassation. Dans l'arrêt commune de Bidart, commenté ci-après, la haute juridiction affirme avec clarté que le caractère urbanisé ou non de l'espace n'entre nullement en ligne de compte lorsque s'applique l'article L 146-4-II du Code de l'urbanisme. Il y aurait donc erreur de droit à ne pas appliquer la disposition relative à l'extension limitée de l'urbanisation dans des espaces urbanisés considérés comme proches du rivage, même si, comme en l'espèce, les immeubles projetés doivent être réalisés après démolition des constructions préexistantes. Ici, le Conseil d'État s'appuie sur une interprétation purement littérale de l'ensemble des dispositions de l'article L 146-4-II, lequel ne comporte, en effet, aucune référence relative à la nature des espaces considérés. Le juge administratif suprême, jouant tantôt sur la lettre, tantôt sur l'esprit du texte, donne aux dispositions protectrices prévues par le législateur son extension maximale.

Il résulte de cet arrêt définitif que, sans exception aucune, toute autorisation d'occupation du sol sollicitée en espace proche réalise une extension de l'urbanisation qui donc doit présenter un caractère limité [25].

B. L'extension limitée de l'urbanisation

L'appréciation du caractère limité de l'urbanisation est effectuée dans de nombreuses décisions jurisprudentielles. Malgré leur abondance et la multiplication de situations concrètes qu'elles représentent, ces décisions ne sont pas dépourvues d'ambiguïté, du fait, le plus souvent, du caractère fort laconique de la motivation retenue par le juge administratif. Cependant, sur ce point, l'arrêt commune de Bidart valide officiellement un certain nombre de critères sur lesquels il faut s'appuyer pour déterminer la notion d'extension limitée de l'urbanisation.

Le juge, sur ce point, a toujours considéré qu'en tout état de cause, il existait une limite physique, c'est-à-dire un nombre de mètres carrés de surface constructible, à ne pas dépasser. Les opérations d'aménagement importantes portant sur des dizaines de milliers de m^2 de logements, commerces ou équipements divers sont ainsi annulées comme ne constituant pas une extension limitée des espaces proches du rivage. Ces opérations sont généralement conçues sous forme de ZAC [26] et apparaissent véritablement comme surdi-

24. CAA Bordeaux, 13 juin 1996, Comité de liaison pour la vie des étangs montpelliérains, n° 95 BX 01147.
25. CE, 26 mars 2001, SCI L1 Antibes-les-Pins, BJDU, 3/2001, p. 155, conclusions Laurent Touvet.
26. CE, 29 mars 1993, commune d'Argelès-sur-Mer, n° 128204 ; CE, 18 mars 1994, commune de Roquebrune-Cap-Martin, n° 150218 ; CE, 1er juillet 1994, Ministre de l'Équipement et

mensionnées. Cette jurisprudence s'applique, alors même que le projet est prévu dans une commune fortement urbanisée [27]. Le juge administratif, qui exerce en ce domaine un contrôle normal, arriverait au même résultat s'il n'opérait qu'un contrôle de l'erreur manifeste d'appréciation, contrôle qu'il réserve aux litiges portant directement sur le zonage du Plan d'occupation des sols, lequel comporterait, en espaces proches, trop de zones NA, parfois, d'ailleurs, non justifiées par les critères posés par la loi [28].

AVIS

Il existe, cependant un risque, celui de procéder à des annulations systématiques dès lors qu'il s'agit d'une ZAC, sans même expliciter plus avant cette solution.

Ce risque, surtout présent au niveau des tribunaux de première instance (J.-M. Bécet, note sous TA Rennes, 16 novembre 1995, Association Les Amis de Carantec, DMF, mars 1996, n° 558, p. 335) devrait inciter les responsables communaux à la prudence dans le choix des outils à mettre en œuvre pour leurs opérations d'urbanisme.

Le problème est de déterminer où se situe le seuil admissible, indépendamment de la qualification juridique des opérations et compte tenu de la variété des situations rencontrées. À côté de décisions fort laconiques et quelquefois difficilement compréhensibles, d'autres émanant tant du Conseil d'État que des cours administratives d'appel, prennent en considération un certain nombre de critères. Si l'importance et la densité de l'opération envisagée sont presque toujours retenues, d'autres critères sont aussi employés, tels les caractéristiques des terrains d'assiette des constructions, l'urbanisation existante dans le secteur, les caractéristiques générales de la commune d'accueil ou encore l'étendue de la zone ouverte à l'urbanisation [29]. Le juge de cassation par l'arrêt commune de Bidart, précité (**voir encart**), justifie la plupart de ces critères et invite les juges du fond à les utiliser ce qui pourrait, dans l'avenir, favoriser l'apparition d'une jurisprudence moins rigoureuse, donc plus acceptable pour les constructeurs. Il faut, en effet, reconnaître que, jusqu'alors, le juge administratif, par son interprétation très restrictive de la notion d'exten-

---

commune du Lavandou, n°s 119879 et 126854; CE, 27 février 1995, Association de défense des quartiers de Fréjus, Fréjus Plage Villepery et Saint-Algulf et autres, n° 118644, AJDA, 1995, p. 468, Conclusions du Marais; CE, 14 mars 1997, commune de Narbonne, Req. N° 156211; CAA Lyon, 8 avril 1997, Société au service du développement et commune de Roquebrune-Cap-Martin, n°s 96 LY 00907 et 00909; CAA Bordeaux, 16 octobre 1997, commune de Labenne, n° 94 BX 00561.

27. CE, 5 février 2001, SNC d'aménagement d'Antibes, n° 211877.
28. CE, 6 avril 1992, Association des amis de Saint-Palais-sur-mer, Rec. Lebon, T., p. 9372; TA Montpellier, 30 mars 1994, Indivision Pagnon c/commune de Toreilles, Études foncières, 1994, n° 63, p. 44; CE, section, 19 juin 1996, commune de Cerbère, n° 157601.
29. CAA Lyon, 8 avril 1997, commune de Margencel et M. et Mme Duchamp, nos 96 LY 02094 et 96 LY 02185.

CE 27 septembre 1999
Commune de Bidart

Décision

Considérant qu'aux termes de l'article L 146-4 du Code de l'urbanisme : « I. L'extension de l'urbanisation doit se réaliser soit en continuité avec les agglomérations et villages existants, soit en hameaux nouveaux intégrés à l'environnement. II. L'extension limitée de l'urbanisation des espaces proches du rivage [...] doit être justifiée et motivée, dans le Plan d'occupation des sols, selon des critères liés à la configuration des lieux ou à l'accueil d'activités économiques exigeant la proximité immédiate de l'eau [...] III. En dehors des espaces urbanisés, les constructions ou installations sont interdites sur une bande littorale de cent mètres [...] » ; qu'il ressort des pièces du dossier soumis aux juges du fond que le terrain sur lequel doit être édifiée la construction litigieuse est situé à environ 300 mètres du rivage et qu'il est visible depuis celui-ci ; que, dès lors, en regardant cet espace comme un « espaces proches du rivage » au sens des dispositions du II de l'article L 146-4 précité du Code de l'urbanisme, la Cour s'est livrée à une appréciation des faits qui n'est pas entachée de dénaturation ; que si l'application des dispositions du III de l'article L 146-4 précité du Code de l'urbanisme est subordonnée à la situation du terrain d'assiette des constructions envisagées « en dehors des espaces urbanisés », les dispositions du II du même article sont applicables indépendamment du caractère urbanisé ou non de l'espace dans lequel se situent les constructions envisagées ; que, dès lors, la cour administrative d'appel de Bordeaux n'avait pas à se prononcer sur le caractère urbanisé de l'espace dans lequel s'insère le projet de construction litigieux pour faire application des dispositions du II de l'article L 146-4 du Code de l'urbanisme ; qu'il suit de là que le moyen tiré par la société requérante de la méconnaissance du champ d'application des dispositions précitées ainsi que les moyens dirigés contre l'appréciation portée par la cour administrative d'appel sur la dénaturation des faits et de l'erreur de droit qu'aurait commises la Cour en se livrant à cette appréciation, ne sont, en tout état de cause, pas de nature à entraîner l'annulation de l'arrêt attaqué ;

Considérant que, pour estimer que les constructions litigieuses ne pouvaient être regardées comme une extension limitée de l'urbanisation au sens des dispositions du II de l'article L 146-4 précité du Code de l'urbanisme, la cour administrative d'appel s'est fondée, en tenant compte du fait que les immeubles projetés devaient être réalisés après démolition de constructions préexistantes, sur l'implantation de l'opération litigieuse, sur l'importance et la densité de la construction envisagée ainsi que sur les caractéristiques topographiques de la partie concernée de la commune ; qu'en retenant de tels critères pour l'application des dispositions susmentionnées, la Cour n'a pas commis d'erreur de droit ; qu'en estimant, au regard de ces critères, que les opérations litigieuses ne pouvaient être regardées comme constituant une extension limitée de l'urbanisation, la Cour s'est livrée à une appréciation souveraine des faits, qui n'est pas, en l'absence de dénaturation, susceptible d'être discutée devant le juge de cassation ;

Considérant qu'il résulte de ce qui précède que la commune de Bidart et la Société Immobilière de la Banque de Bilbao et de Viscaye ne sont pas fondées à demander l'annulation de l'arrêt du 28 décembre 1995 de la cour administrative d'appel de Bordeaux, qui est suffisamment motivé ;

sion limitée de l'urbanisation, entretenait l'insécurité juridique et favorisait le mitage puisqu'aucun projet cohérent de regroupement de l'habitat ne trouvait, sauf exception, grâce à ses yeux.

Quels sont donc les critères retenus par le juge de cassation comme susceptibles de fonder légalement toute interprétation de la notion d'extension limitée de l'urbanisation ?

- Le critère de l'importance des constructions envisagées reste le critère prédominant. Il correspond au désir du législateur de préserver les espaces situés à proximité du rivage de toute opération d'envergure disproportionnée par rapport à l'intérêt des lieux ou à leur capacité d'accueil.
- Le critère de la densité de l'opération envisagé est également généralement utilisé. Mais il faudrait, précisément, le combiner avec les autres critères suivants et non l'envisager indépendamment comme cela a trop souvent été fait.
- Le critère de la localisation de l'opération et celui, qui lui est lié, de la configuration des lieux, c'est-à-dire des « caractéristiques topographiques de la partie concernée de la commune » devraient permettre d'opérer une différenciation dans la manière d'appréhender le caractère limité de l'extension de l'urbanisation. Une opération implantée sur des terrains peu visibles du rivage ou localisée dans un secteur déjà urbanisé pourrait présenter une densité plus forte qu'une autre opération prévue dans un paysage marin ou dans une zone apparaissant encore comme naturelle. Des regroupements de coefficients d'occupation des sols pourraient, dans le premier cas, être opérés, favorisant tout à la fois les fenêtres d'urbanisation et le maintien d'une densité faible avec la sauvegarde d'espaces libres au voisinage des constructions collectives. Les structures pavillonnaires, davantage dévoreuses d'espaces, continueraient à être préférées dans le second cas.

On notera que, dans l'affaire de l'extension du palais du festival de Cannes, la cour administrative d'appel de Marseille prend en considération le caractère totalement et fortement urbanisé du secteur, pour considérer que présente un caractère limité la réalisation de 11 460 m^2 de surface hors œuvre nette [30].

En revanche, d'autres critères qui peuvent intervenir dans une affaire ne sont pas directement liés à l'appréciation du caractère limité de l'urbanisation : la capacité d'accueil globale de la commune ou les qualités esthétiques du projet.

À cette condition de fond destinée à protéger l'environnement dans les espaces proches du rivage, l'article L 146-4-II ajoute des conditions de forme et de procédure.

30. CAA Marseille, 23 novembre 2000, Association Information et Défense de Cannes, n° 97 MA 1572.

§ 2 – Les conditions de forme et de procédure

Sur les espaces proches du rivage, il n'est possible de réaliser une extension de l'urbanisation, même limitée, que si sont respectées certaines règles de forme ou de procédure. À cet égard, trois hypothèses différentes sont distinguées par l'article L 146-4-II selon que l'extension de l'urbanisation est décidée par les seules autorités communales ou qu'elle ne dépend plus de leur seule volonté, étant prévue par un document d'urbanisme supra-communal ou, à défaut, étant autorisée par le préfet après avis de la commission départementale des sites et paysages. Toutefois, quelle que soit la procédure utilisée, il n'est jamais possible de justifier une extension de l'urbanisation qui ne soit pas limitée, ce qui n'était pourtant pas évident à la lecture du texte de l'article.

A. L'extension de l'urbanisation décidée par les seules autorités communales

Une commune littorale peut, bien sûr, décider elle-même d'étendre l'urbanisation de ses espaces proches du rivage. Mais, dans ce cas, sa liberté est étroitement encadrée. Il est d'abord nécessaire que cette commune soit dotée d'un Plan d'occupation des sols puisque l'extension de l'urbanisation doit être « justifiée et motivée » dans le rapport de présentation. D'autre part, elle ne peut se servir que de deux critères expressément indiqués par le législateur pour justifier cette extension : la configuration des lieux ou l'accueil d'activités économiques exigeant la proximité immédiate de l'eau. On fera, quant à cette procédure, les remarques suivantes :

- la motivation doit être explicite et propre à chaque projet ; le classement en zone constructible d'un terrain se trouvant dans un secteur déjà urbanisé ne constitue nullement la motivation et la justification nécessaires, par rapport aux critères législatifs [31] ;
- le juge administratif exerce un contrôle normal sur les justifications avancées par rapport aux deux critères légaux [32].

Le critère de **l'accueil d'activités économiques exigeant la proximité immédiate de l'eau** (voir. ci-après, chap. V – La bande des cent mètres, Section III) pourrait poser problème dans la mesure où il constitue également une exception à la règle de l'inconstructibilité dans la bande littorale. Or l'appréciation à porter ne peut être la même sur l'ensemble de ces espaces proches. Lorsque le juge refuse, sur la base de ce critère, l'implantation d'un

31. CAA Nantes, 8 novembre 2000, M. Quinquis, n° 99 NT 198.
32. CE, 31 juillet 1992, commune de la Trinité-sur-Mer et SNC Parc des Bruyères, nos 132713 et 132783 ; CE, 14 janvier 1994, commune du Rayol-Canadel, Rec. Lebon, p. 1229, DS 1994, Somm. 96, observations M. Charles ; CE, 25 mars 1998, commune de Saint-Quay-Portrieux, n° 159040.

projet de thalassothérapie en bordure de mer [33], ce projet peut être accueilli en espace proche, en dehors de la bande littorale et ceci sans qu'il y ait lieu à enquête publique rénovée [34].

Lorsque l'extension de l'urbanisation est justifiée et motivée selon les critères légaux dans le rapport de présentation du Plan d'occupation des sols, il n'est nul besoin de l'accord du préfet pour pouvoir réaliser cette urbanisation. Ce point, du fait de la rédaction peu explicite de l'article L 146-4-II, faisait problème : suivant que l'on rapportait l'expression « en l'absence de ces documents » aux alinéas 1 et 2 de l'article ou simplement à l'alinéa 2, le champ d'application de l'alinéa 3, c'est-à-dire de l'accord du préfet différait du tout au tout. Mais la section du contentieux, dans le célèbre arrêt commune de Gassin analysé ci-dessus, a tranché en faveur de la première interprétation, en conférant au préfet un rôle plus en accord avec la décentralisation. Certaines décisions sont encore difficiles à interpréter sur ce point [35] mais il faut considérer que la commune est en droit de déterminer seule les opérations qu'elle entend mener en espaces proches, à la condition qu'elles demeurent mesurées et soient justifiées par l'un des deux critères légaux.

B. L'extension de l'urbanisation en dehors de la seule volonté communale

Dans les communes dépourvues de Plan d'occupation des sols et aussi dans celles qui ne peuvent justifier, dans le rapport de présentation de leur POS, l'extension de l'urbanisation qu'elles désirent par l'un des deux motifs posés par le législateur, cette extension ne peut se faire qu'à l'une des deux conditions alternatives suivantes : être expressément prévue par un schéma pluricommunal ou, à défaut, être autorisée par le préfet après avis de la commission départementale des sites et paysages et, éventuellement des communes intéressées.

Selon la première de ces conditions alternatives, l'opération à réaliser doit figurer sur les documents soit d'un schéma directeur, soit d'un schéma de mise en valeur de la mer. Les schémas directeurs ont connu, ces dernières années, un assez fort regain d'actualité surtout sur le littoral où plusieurs ont été approuvés. La réforme réalisée par la loi SRU du 13 décembre 2000, tente de donner un caractère quasi-obligatoire au schéma de cohérence territoriale, lequel remplace le schéma directeur, en se servant de la notion d'urbanisation limitée pour inciter les communes à en prescrire l'élaboration.

---

33. TA Nice, 17 décembre 1987, Mouvement niçois pour la défense des sites et du patrimoine, RFDA 1990, p. 234, Conclusions Calderaro ; TA Pau, 22 octobre 1991, Association sauve plage Hossegor, n° 910025.
34. J.-M. Bécet et D. Le Morvan, « le droit du littoral et de la mer côtière », Economica, 1991, p. 134.
35. CE, 14 octobre 1998, Mme de Grancourt de la Taille, BJDU, 1/99.

Quant aux schémas de mise en valeur de la mer (voir ci-après, chap. VIII – Les schémas de mise en valeur de la mer), il n'en existe qu'un seul à l'heure actuelle, celui de l'étang de Thau, mais le récent premier bilan d'application de la loi littoral de mars 1999 prévoit la relance de cette politique. On notera aussi que le schéma d'aménagement de la Corse, comme celui des départements d'outre-mer, comporte un chapitre qui vaut schéma de mise en valeur de la mer.

Il convient de remarquer que le législateur exige un rapport de conformité ente l'opération envisagée et le schéma directeur, document d'urbanisme décentralisé, alors qu'il se contente d'un rapport de compatibilité entre l'opération et le schéma de mise en valeur de la mer, document étatique. On peut s'étonner de l'exigence de conformité relativement à un document qui ne fixe que des orientations, alors que le SMVM peut comporter des prescriptions et des sujétions particulières...

Le Conseil d'État a, toutefois, jugé que n'était pas illégale une extension de l'urbanisation justifiée dans le POS par un des critères légaux, mais non conforme aux orientations du schéma directeur. Le moyen tiré de l'absence de conformité est considéré comme inopérant [36].

La seconde condition doit jouer dans tous les autres cas, ce qui rend cette hypothèse fréquente : si la commune littorale n'a pas de Plan d'occupation des sols ou n'a pas mis son Plan d'occupation des sols en compatibilité avec la loi littoral et qu'elle n'est pas couverte par un schéma directeur ou un schéma de mise en valeur de la mer prévoyant l'extension de l'urbanisation, celle-ci ne peut être réalisée sans l'accord du préfet. La procédure à suivre est alors très stricte et pose encore quelques problèmes qui ne sont pas parfaitement résolus par la jurisprudence.

On ne sait pas encore avec précision quel est l'organe du pouvoir communal qui doit présenter la demande motivée. Dans un arrêt rendu le 29 juillet 1994 [37], le Conseil d'État désignait le maire. Très récemment encore, une cour administrative d'appel décidait que le conseil municipal était seul compétent pour adresser la demande au préfet [38]. Mais il s'agissait, dans le premier cas, d'un simple permis de construire et non dans le second. Nous pensons donc, à l'instar de M. Coulombié [39], que c'est en fonction de la nature de l'acte à autoriser que doit être déterminée l'autorité compétente pour saisir le préfet.

L'accord du préfet doit faire l'objet d'une décision spécifique. La délivrance d'un permis de construire par le représentant de l'État ne tient pas lieu de l'accord prévu, surtout si la commission départementale des sites et paysages

36. CE, 25 mai 1998, commune de Saint-Quay-Portrieux, n° 159040.
37. CE, 29 juillet 1994, commune de Frontignan c/SNC Nebot, rec. Lebon p. 409, AJDA, 1994, p. 920, Observ. Le Mire, RFDA, 1994, p. 1064.
38. CAA Bordeaux, 29 avril 1999, SA Sodifort, BJDU, 3/99, Conclusions Desrame.
39. M. Coulombié, « les règles d'aménagement et de protection du littoral », *op. cit.*, p. 164.

n'a pas été consultée [40]. La réponse du préfet, qui est considérée comme négative en cas de silence de plus de deux mois, doit être précédée, en effet, de l'avis de cette commission qui, s'il ne lie pas le préfet, constitue une formalité substantielle dont l'absence entache d'illégalité toute la procédure, ce qui ne nous semble pas le cas pour l'éventuel avis des « communes intéressées », c'est-à-dire des communes qui subiraient, du fait du projet autorisé, des répercussions économiques ou environnementales. Aucune décision, cependant, n'est venue étayer cette opinion. Il faut également souligner qu'en pratique, on ne connaît pas de décision préfectorale qui aille à l'encontre d'un avis de la commission départementale des sites et paysages.

En donnant son accord, le préfet ne peut déroger au caractère limité de l'extension de l'urbanisation, même si la commission départementale des sites et paysages a émis un avis favorable. Ce point n'était pourtant pas évident à la lecture du texte de l'article L 146-4-II. Dans l'affaire commune de Gassin, le commissaire du gouvernement Le Chatelier montre bien les deux lectures possibles de l'article. Il insiste sur le fait que seul l'alinéa premier, qui traite de l'urbanisation justifiée dans le Plan d'occupation des sols, comporte le terme « limitée » pour qualifier l'extension. Dans les deux autres alinéas, le terme urbanisation est employé sans aucun qualificatif. On pouvait penser que, lorsqu'elle faisait l'objet d'une procédure supracommunale, l'urbanisation pouvait dépasser le caractère limité, ce qui aurait permis d'écarter bien des conflits et aurait pu donner tout son sens au critère de la localisation de l'opération. Mais le Conseil d'État a explicitement choisi la première interprétation et le préfet ne peut en aucun cas autoriser la commune littorale à dépasser le seuil de l'extension limitée de l'urbanisation [41]. Rappelons à cet égard, que la compatibilité avec un schéma directeur d'une extension de l'urbanisation dans les espaces proches ne justifie pas que cette extension ne soit pas limitée [42].

En revanche, le préfet, lorsqu'il donne son accord, n'est pas tenu par les critères posés à l'alinéa premier de l'article L 146-4-II. Il semble même qu'il pourrait déroger à la règle générale de la construction en continuité [43]. Mais cette décision négative n'a jamais fait l'objet d'une confirmation positive et la prudence, sur ce point, est de rigueur.

Quant aux effets juridiques du refus d'accord, une décision d'assemblée récente fait progresser la jurisprudence en considérant qu'une autorité qui ne peut décider qu'avec l'accord d'une autre peut légalement ne pas tenir compte

40. TA Rennes, 11 octobre 1990, Dalidec, RJE, 1991, p. 395, note J.-M. Bécet.
41. CE, section, 12 février 1993, commune de Gassin, SA Sagic, Rec. Lebon, p. 26; AJDA, 1993, p. 391, chronique Maugüe et Touvet, JCP, 1993, II, 22163, Conclusions Le Chatelier; CE, 29 mars 1993, commune d'Argelès-sur-Mer, Droit Administratif, 1993, n° 253.
42. CE, 25 mai 1998, Association de défense de Juan-les-Pins et de ses pinèdes, BJDU, 4/98, p. 303.
43. CE, 29 juillet 1994, commune de Frontignan, c/SNC Nebot, Rec. Lebon, 9409, AJDA, 1994, p. 920, Observations Le Mire, RFDA, 1994, p. 1064.

du refus d'accord si celui-ci est illégal[44]. Ainsi, un maire peut passer outre au refus du préfet et accorder le permis de construire s'il estime que le représentant de l'État a eu tort de refuser son accord. Toutefois, ce faisant, le maire engage la responsabilité de la commune au cas où, comme on l'espère, le refus d'accord était légal. Cette solution nouvelle nous semble bonne dans la mesure où elle respecte davantage la décentralisation, puisque le refus d'accord ne conduit plus automatiquement au rejet de la demande.

Conclusion

Deux séries d'observations peuvent être formulées en conclusion. L'une porte sur l'avenir de la notion d'extension limitée de l'urbanisation ; l'autre sur les restrictions quant à son champ d'application sur le littoral.

Il faut d'abord souligner que l'article L 146-4-II du Code de l'urbanisme, bien que très sollicité, comme on l'a montré, n'a pas une application maximale sur le littoral. Trois types de dispositions s'y opposent.

- D'abord, bien entendu, celles du premier alinéa de l'article L 146-8 qui fixe les **exceptions générales** à l'application de l'ensemble des dispositions particulières à l'urbanisme littoral (voir ci-avant, chap. I – Le champ d'application des dispositions particulières au littoral).
- Ensuite, celles de l'article L 146-4-IV. Les notions d'espaces proches du rivage et d'extension limitée de l'urbanisation ne s'appliquent pas aux rives des estuaires, hormis les estuaires les plus importants, dont la liste est fixée par décret en Conseil d'État. Ce décret n'est pas encore publié mais les projets jusqu'alors ébauchés limitent fortement le nombre de ces grands estuaires, huit, semble-t-il, pour ne pas entraver l'urbanisation de la plupart des communes estuariennes (voir ci-avant, chap. I).
- Enfin, celles qui s'appliquent au littoral dans les départements d'outre-mer. Dans les départements d'outre-mer, la notion d'espaces proches du rivage est reprise, mais elle n'entraîne pas, aux termes de l'article L 156-2 du Code de l'urbanisme, l'application de la règle de l'extension limitée de l'urbanisation (voir ci-après, chap. VI – Les dispositions spécifiques aux départements d'outre-mer). Les restrictions envisagées à l'extension de l'urbanisation dans les espaces proches dépendent non point de l'importance des projets mais de l'état de l'urbanisation existante dans les secteurs où doivent être réalisés ces projets.

La notion d'extension limitée de l'urbanisation est pourtant en plein développement. La loi du 13 décembre 2000 l'utilise, en effet, pour contrôler l'ur-

44. CE, Assemblée, 26 octobre 2001, M. et Mme Ersenchteter, BJDU, 5/2001, p. 339, Conclusions Stéphane Austruy, observations, JCB.

banisation dans toutes les communes situées à moins de 15 kilomètres du rivage, en l'absence de schéma de cohérence territoriale.

Il conviendrait certainement, dans cette perspective, que soit modifiée l'approche trop restrictive qu'administrateurs et juges ont de cette notion appliquée sur le littoral, ceci pour éviter la prolifération des instances contentieuses. **Les directives territoriales d'aménagement** (voir ci-après, chap. VII) pourraient constituer le vecteur qui conduirait à une appréhension plus fine de l'extension limitée de l'urbanisation. Certes, l'outil est encore en gestation et il ne pourra, en toute hypothèse, être utilisé pour contrarier l'application de la loi littoral. Mais il comporte d'intéressantes virtualités dans la mesure où l'État lui-même serait amené à préciser, dans le cadre d'un projet global d'aménagement et en tenant compte des réalités locales, la manière dont il faudrait appliquer les dispositions quelque peu floues de la loi littoral.

Chapitre V

LA BANDE DES CENT MÈTRES (ART. L 146-4-III DU CODE DE L'URBANISME)

Une bande de 100 mètres au moins à compter de la limite haute du rivage bénéficie d'une protection très poussée puisqu'elle est inconstructible, hormis certaines exceptions limitativement énumérées. À cet égard, la lecture de l'article L 146-4-III du code de l'urbanisme ne semble pas poser de réels problèmes : la notion de bande des cent mètres inconstructibles est déjà connue, sa délimitation paraît relativement simple, sous réserve des questions relatives à l'érosion du littoral ; son régime juridique, tout à fait clair dans son principe, est bien assimilé. Les difficultés proviennent de l'absence de définition précise des deux exceptions qui viennent paralyser l'application de la règle : cette dernière ne s'applique qu'en dehors des espaces urbanisés et ne concerne pas les installations et constructions nécessaires à des services publics ou à des activités économiques exigeant la proximité immédiate de l'eau.

SOMMAIRE

Section III – Les exceptions à la règle de l'inconstructibilité

§ 1 – L'exception des espaces urbanisés

§ 2 – L'exception des services publics et des activités économiques exigeant la proximité immédiate de l'eau de mer

A. La nature et l'objet des activités susceptibles de s'implanter dans les cent mètres

B. L'exigence de la proximité immédiate de l'eau

Conclusion

Mots clés
- LOI
- LOI LITTORAL
- LITTORAL
- BANDE LITTORALE
- INCONSTRUCTIBILITÉ
- ESPACE
- ESPACE URBANISÉ
- ACTIVITÉS
- ACTIVITÉS EXIGEANT LA PROXIMITÉ IMMÉDIATE DE L'EAU DE MER
- CAMPING
- ROUTES

Le principe de la protection d'une bande continue de cent mètres, protection qui réside dans l'inconstructibilité de cet espace contigu à la mer, était déjà posé dans la directive d'aménagement nationale du 25 août 1979, et était, en général, assez bien accepté et par les élus du littoral et même par les promoteurs immobiliers, à la satisfaction, bien sûr, des associations de défense de l'environnement et des sites. La confirmation législative du principe par l'article L 146-4-III du code de l'urbanisme n'en est pas moins fondamentale : la prescription gagne en netteté et sa portée se trouve très singulièrement renforcée, sur le territoire métropolitain, par la suppression de plusieurs exceptions qui existaient sous le régime de la directive de 1979 et qui se trouvent reportées sur les espaces proches du rivage (voir ci avant, chap. IV – Les espaces proches du rivage). Cependant, certaines interrogations subsistent.

En premier lieu, l'étendue de la bande littorale est incontestablement moins approximative qu'elle ne l'était. Dans la directive, il était question seulement d'une bande littorale d'une profondeur de l'ordre de cent mètres. Avec la loi littoral d'importantes précisions sont apportées quant aux limites côté mer et côté terre de cette bande. Il reste, toutefois, une ambiguïté tenant à ce que les cent mètres constituent un minimum qui peut être étendu en certaines circonstances, l'érosion d'une partie importante de littoral français constituant la principale de ces circonstances.

En second lieu, la règle de l'inconstructibilité est plus clairement exposée et plus générale dans son application : elle s'étend, par exemple, au camping ou à la construction de nouvelles routes. Elle demeure, pourtant, assortie d'exceptions et les questions posées à la jurisprudence concernent le plus souvent les dérogations au principe. Si la référence à la notion d'espace et non plus à celle de zone implique une attention nouvelle aux situations de fait, il n'est guère facile de donner une définition claire et globale de l'espace urbanisé. Et si la seconde exception, celle relative aux services publics et activités économiques exigeant la proximité immédiate de l'eau, se présente sous un jour plus objectif, elle se heurte parfois, par exemple, au conflit existant entre progrès technique et rentabilité économique.

Section I – La consistance de la bande des cent mètres

La définition de la bande littorale fournie par l'article L 146-4-III du code de l'urbanisme : bande de cent mètres à compter de la limite haute du rivage ou des plus hautes eaux pour les plans d'eau intérieurs concernés, c'est-à-dire ceux de plus de mille hectares, fait qu'il ne devrait pas y avoir de gros problèmes de délimitation. Il peut, certes, y avoir quelques difficultés dans l'appréhension de la distance exacte séparant les constructions en cause de la limite haute du rivage [1] mais, le plus souvent, le recours aux règles habituelles en matière de topographie permet assez facilement de trouver la solution. Ainsi, lorsqu'il existe une falaise, il faut procéder à une mesure horizontale entre le point situé à la verticale de la limite haute du rivage et la façade de la construction contestée, en son point le plus proche de la mer. C'est la solution logique que vient de dégager le Conseil d'État statuant en cassation [2] (**voir encart**). Cependant, deux points prêtent à discussion. En premier lieu, la limite haute du rivage peut varier considérablement et rapidement, surtout du fait de l'érosion des côtes. Le droit doit-il en tenir compte et comment ? En second lieu, la bande littorale peut être portée à plus de cent mètres. Il demeure quelques ambiguïtés sur les conditions d'application d'une telle possibilité.

§ 1 – Le calcul de la bande des cent mètres « à compter de la limite haute du rivage »

Il convient immédiatement de noter que, dans l'emprise d'un port artificiel et au droit de ce port, il n'existe pas de bande des cent mètres puisqu'il n'y a pas de rivage de la mer. Les espaces contigus à l'eau du port sont classés dans les espaces proches du rivage (voir ci-avant, chap. IV – Les espaces proches du rivage I B).

La limite haute du rivage doit être fixée « au point jusqu'où les plus hautes mers se peuvent étendre en l'absence de perturbations météorologiques exceptionnelles [3] ». Cette décision ne fait plus référence à une quelconque période de l'année, équinoxe de mars ou de septembre, mais simplement à la marée d'amplitude maximale qui ne soit pas amplifiée par la tempête « exceptionnelle ». Cette dernière expression pose des problèmes puisque, d'une part, elle peut donner lieu à appréciation subjective alors que, d'autre part, il est possible qu'elle ne corresponde pas à la réalité des faits.

---

1. CAA Nantes, 11 avril 1996, Association les Amis du pays entre Mes et Vilaine, n° 94 NT 00 129.
2. CE, 22 octobre 1999, Commune de Pénestin-sur-mer, société Sofi-ouest, n°s 180422, 180447, AJDA, 2000, p. 366, note Erwan Le Cornec.
3. CE, section, 12 octobre 1973, Kreitmann, Rec Lebon, p. 563, RDP, 1974, p. 1150, conclusions Gentot.

Fiche de jurisprudence : *La délimitation de la bande des cent mètres*

Conseil d'État, 22 octobre 1999, Commune de Pénestin-sur-Mer, Société Sofi-Ouest Nos 180422, 180477.

Considérant qu'aux termes du III de l'article L 146-4 du Code de l'urbanisme, « en dehors des espaces urbanisés, les constructions ou installations sont interdites sur une bande littorale de 100 mètres à compter de la limite haute du rivage ou des plus hautes eaux pour les plans d'eau intérieurs ».

Considérant, d'une part qu'il ressort des pièces du dossier et notamment de deux plans établis en juin 1994 que les plus hautes eaux qui marquent la limite du rivage dans le secteur de la commune de Pénestin-sur-Mer, où se situent les constructions projetées, atteignent le pied de la falaise ; que les constructions autorisées par l'arrêté du 4 février 1988 sont situées à des distances qui, calculées horizontalement de tout point des façades des constructions litigieuses à l'élévation à la verticale du point jusqu'où les plus hautes mers peuvent s'étendre en l'absence de perturbations météorologiques exceptionnelles, sont inférieures à 100 mètres ; qu'il suit de là que, compte tenu de la configuration des lieux, les constructions litigieuses doivent être regardées comme situées dans la bande littorale de 100 mètres définie par les dispositions précitées ;

• Commentaire

Pour déterminer si, dans un cas précis, un projet de construction se situe ou non dans la bande des cent mètres, il faut considérer précisément point de départ et point d'arrivée et procéder au calcul de la distance horizontale qui sépare ces deux points.

- Le point de départ est « l'élévation à la verticale du point jusqu'où les plus hautes mers peuvent s'étendre en l'absence de perturbations météorologiques exceptionnelles ».
- Une telle fixation permet de résoudre facilement le problème qui se posait sur les côtes à falaises inclinées.
- Le point d'arrivée qu'il convient de considérer dépend du projet de construction lui même et non pas des limites de la parcelle sur lequel il s'implante. Il faut retenir le point de la façade le plus proche de la mer.
- Il suffit alors de calculer la distance horizontale entre ces deux points. Si elle est inférieure à cent mètres, le projet est situé dans la bande littorale et ne peut donc, sauf exceptions, être réalisé.

On aurait pu penser que la tempête exceptionnelle était assimilable à l'événement de force majeure, comme les ouragans ou les raz-de-marée mais les grandes houles tropicales, phénomène connu et attendu dans les départements d'outre-mer constituent, selon le juge administratif des tempêtes exceptionnelles [4] alors qu'elles ne peuvent être qualifiées d'événements de force majeure. L'incertitude est grande lorsque le juge distingue, sans en détermi-

4. TA Fort de France, 29 janvier 1980, Préfet de la Martinique, JCP, 1980, N° 19653 ; TA Saint Denis, 13 janvier 1982, Préfet de la Réunion, AJDA, 1982, p. 260.

ner les critères distinctifs, la tempête violente et la tempête exceptionnelle [5]. D'autre part, il est avéré que la succession dans un court laps de temps de plusieurs tempêtes violentes, donc non prises en considération par le droit, cause davantage de dégâts qu'une seule tempête exceptionnelle.

Quoiqu'il en soit, la délimitation juridique de la limite haute du rivage présente plusieurs caractères : elle est unilatérale, recognitive et contingente, ainsi qu'obligatoire [6]. Elle est unilatérale puisque l'administration seule peut y procéder [7] mais elle est obligatoire puisque l'administration ne peut refuser la délimitation lorsqu'elle est demandée par un riverain [8]. L'acte administratif de délimitation se borne à constater les limites du rivage de la mer, telles qu'elles résultent des phénomènes naturels observés : c'est un acte déclaratif et donc contingent ; l'administration peut toujours procéder à une nouvelle délimitation, sans que les particuliers puissent opposer un acte de délimitation antérieur qui leur serait plus favorable [9].

Les opérations de délimitation sont soumises à une procédure très ancienne, entièrement étatique et qui ne respecte pas automatiquement le caractère déclaratif qui devrait l'animer : rien ne prouve que le flot du jour choisi sera effectivement le plus haut et, de plus, les discussions sur place entre commission de délimitation et propriétaires riverains afin que ces derniers reconnaissent l'exactitude de la limite proposée font que la procédure traditionnelle comporte une part d'arbitraire. Or, la délimitation entraîne des conséquences juridiques notables. Ainsi, la constatation de la submersion de terres par la mer emporte l'intégration définitive de celles-ci dans le domaine public maritime, sans aucune indemnité, même en cas de retraits ultérieurs des eaux, puisque les terres soustraites à l'action des flots constitueraient des relais de la mer qui resteraient incorporés au domaine public. De même, outre la détermination de la bande littorale, la fixation de la limite haute du rivage permet de calculer, sur les propriétés privées en bordure du domaine public maritime, **la servitude de passage des piétons sur le littoral** (voir ci-avant, chap. II, Section IV), large de trois mètres à partir de cette limite. C'est d'ailleurs dans le cadre de la matérialisation de l'emprise de cette servitude que se font, à l'heure actuelle, la grande majorité des interventions de l'administration en la matière. Il est donc urgent de renouveler la procédure.

Sur ce point, l'article 26 de la loi littoral du 3 janvier 1986 apporte trois modifications essentielles. D'abord, les limites du rivage sont déterminées en

5. CE, 30 juin 1982, Société civile du Plateau de la jeune prise, N° 16177.
6. Conclusions Genevois sur CE, section, 18 juin 1976, Ménard et Pujol Rec. Lebon, p. 323.
7. CE, 27 mai 1988, consorts Busse, les petites affiches, 21 avril 1989.
8. CE, 6 février 1976, Secrétaire d'État aux transports c/SCI Ville Miramar, Rec Lebon p. 89, AJDA 1976, p. 201, chronique Boyon et Nauvelaers ; CE, 9 mars 1984, Compagnie des Salins du Midi, DS 1984, p. 480, note Rezenthel, RFDA 1984, p. 60, note AA ; CE, 26 juillet 1991, Consorts Lecuyer, Rec Lebon, p. 306.
9. CE, 10 mars 1980, MM. Delmas et Sunsille, RDP, 1981, p. 240.

fonction soit des observations opérées sur les lieux à délimiter, c'est la procédure ancienne, soit des informations fournies par les procédés scientifiques modernes que sont les photos aériennes, les données enregistrées par les satellites, etc. Cette seconde méthode fournirait une base plus certaine aux actes de délimitation. Malheureusement, le décret en Conseil d'État prévu par la loi n'a pas encore été pris et seules les limites fixées selon la procédure traditionnelle ont valeur probante en droit. Ensuite, le projet de délimitation établi doit être soumis à une véritable enquête publique alors qu'auparavant, l'enquête effectuée s'adressait aux seuls propriétaires. On comprend immédiatement les avantages que présente cette modification : en particulier, les associations de défense de l'environnement peuvent s'opposer aux tractations entre administration et propriétaires. Enfin, l'acte administratif portant délimitation du rivage est publié et notifié aux riverains. Si des terrains sont incorporés à tort dans le domaine public maritime, le propriétaire peut intenter une action en revendication de propriété qui se prescrit par dix ans.

La détermination de la limite haute du rivage ne va donc pas de soi. Mais la difficulté la plus sérieuse consiste en ce que l'acte déclaratif de délimitation n'est jamais définitif. Ses énonciations ne font pas obstacle à ce que soit apportée la preuve que la limite haute du rivage n'est plus située où elle est indiquée. Ceci est particulièrement vrai aujourd'hui où les deux tiers du littoral français sont soumis à érosion plus ou moins prononcée.

Tenir compte du recul des côtes dans l'application de l'article L 146-4-III n'est pas chose simple. Certaines communes littorales commencent à s'en apercevoir. Lors de la révision de leur document d'urbanisme, en effet, elles ont calculé la bande des cent mètres et l'ont reportée sur les documents graphiques avec un zonage ND. Les autorisations d'occupation du sol sont ensuite accordées, ou au contraire refusées, sur la base du zonage et des limites fixées dans le document. En cas d'érosion des côtes, le document fait-il foi ou convient-il, en toutes hypothèses, de se fonder sur la réalité telle qu'elle résulte des phénomènes naturels observés ?

La question est récente mais il découle déjà de plusieurs décisions des cours administratives d'appel [10] que les cent mètres sont à calculer au jour de la délivrance du permis litigieux en tenant compte de la réalité géographique à cette date : lorsqu'une modification de l'emplacement de la laisse de haute mer a pour effet d'inclure les terrains d'assiette des constructions envisagées dans la bande de cent mètres, ceux-ci deviennent inconstructibles alors même que les documents graphiques du plan d'occupation des sols ne les incluraient pas dans la bande littorale.

10. CAA Nancy, 21 mars 1996, Association Hardelot Opale Environnement, Fédération Nord-Nature, nos 93 NC 00831 et 00855 ; CAA Bordeaux, 19 juin 1997, Commune de Bois-Plage en Ré, n° 94 Bx 01325.

Dès lors, certaines interrogations surgissent. D'abord, est-il nécessaire de demander une nouvelle délimitation du rivage à l'administration de l'État avant d'intenter un recours devant le juge administratif ? Il le semblerait à la lecture des deux décisions précitées : dans la première, la cour administrative d'appel constate « qu'il ne ressort pas des pièces du dossier qu'une modification de l'emplacement de la laisse de haute mer… » tandis que dans la seconde, le juge fonde sa conviction sur un relevé des plus hautes eaux réalisé… quelques mois après la délivrance des permis litigieux. Mais qui demanderait cette nouvelle délimitation, étant donné que les propriétaires riverains n'y ont aucun intérêt, bien au contraire. Les associations requérantes en ont-elles le pouvoir, alors même qu'aucun texte de droit positif ne peut être allégué ? Faut-il, ensuite, constamment modifier le document d'urbanisme communal pour tenir compte des réalités ?

Enfin, sur les côtes soumises à érosion, n'y a-t-il pas là incitation à construire rapidement sur les espaces proches du rivage contigus à la bande des cent mètres ? De cette façon le risque de l'inconstructibilité par insertion des terrains dans la bande des cent mètres serait conjuré, y compris pour les parcelles environnantes qui seraient alors incluses en espaces urbanisés. Mais la bande littorale disparaîtrait bientôt…

C'est surtout pour pallier cet inconvénient qu'il est possible de porter la bande littorale à plus de cent mètres.

§ 2 – L'extension de la bande littorale au-delà des cent mètres

Une telle extension est expressément prévue à l'alinéa trois de l'article L 146-4-III qui en détermine les critères justificatifs : « lorsque des motifs liés à la sensibilité des milieux ou à l'érosion des côtes le justifient ». Deux questions peuvent alors être soulevées : est-il possible d'imposer à certaines communes une telle modulation de la bande des cent mètres ? Les deux motifs énumérés par la loi sont-ils ou non limitatifs ?

La première question n'est qu'éventuelle mais il est possible devant l'actuelle reprise en mains par l'État de tous les sujets relatifs à l'aménagement et, plus particulièrement, de celui du littoral, de se demander si la décision d'extension de la bande littorale est toujours une prérogative absolument libre du pouvoir communal ou si elle peut lui être imposée de l'extérieur. On pense ici aux futures directives territoriales d'aménagement (voir ci-après, chap. VII, Section I) dans lesquelles le pouvoir étatique pourrait considérer que, sur telle partie du littoral, les impératifs de protection qu'il a en charge de défendre impliquent la détermination d'un ruban littoral de plus de cent mètres. Or, tous les documents d'urbanisme locaux doivent être compatibles avec les dispositions des directives territoriales d'aménagement.

La seconde question, à l'inverse, est bien réelle et il n'est pas actuellement possible d'y répondre avec certitude. On peut, en effet, faire état de deux décisions récentes du Conseil d'État qu'il paraît difficile de concilier. Dans la première [11], la haute juridiction administrative estime que les dispositions par lesquelles le législateur fixe les motifs expliquant l'extension de la bande littorale au-delà des cent mètres présentent un caractère indicatif et n'ont donc pas pour effet d'interdire aux auteurs des documents d'urbanisme locaux de prévoir, pour la bande littorale, une largeur de plus de cent mètres, alors même qu'aucun des motifs prévus par la loi n'est avancé. Dans la seconde [12], le Conseil d'État, à l'inverse, exerce un contrôle normal de l'utilisation de cette faculté par rapport aux critères législatifs.

AVIS

Nous pensons que les termes mêmes de l'article L. 146-4-III ne sont pas susceptibles de plusieurs interprétations. Les dispositions sont précises, ce qui est rare dans la loi littoral et doivent donc être appliquées, ceci d'autant plus qu'elles couvrent les hypothèses les plus intéressantes.

On sait ce qu'il en est de l'érosion du littoral et des problèmes qu'elle pose. Porter, dans ce cas malheureusement fréquent, la largeur du la bande littorale à plus de cent mètres permet d'éviter la survenance de situations difficilement gérables. La référence à la « sensibilité des milieux », notion qui peut être comprise très extensivement, paraît à même de couvrir la plupart des hypothèses dans lesquelles une protection accrue quant à son étendue pourrait être souhaitable.

Il faut d'autre part, considérer que les cas dans lesquels les communes veulent utiliser cette possibilité sont rares, peut-être à tort. Le régime juridique applicable dans la bande littorale est fort contraignant, ce qui n'incite guère les communes à exercer cette faculté.

Section II – Le régime juridique : la règle de l'inconstructibilité

Sur la bande littorale s'applique une norme juridique stricte et rigide, celle de l'inconstructibilité. Les termes employés à l'article L 146-4-III sont très fermes et ne nécessitent aucune interprétation : « les constructions ou installations sont interdites ». Dans ce cadre, le pouvoir discrétionnaire des autorités communales, fréquent en matière d'urbanisme local, disparaît complètement pour faire place à une compétence liée. L'autorité compétente doit refuser

11. CE, 21 avril 1997, M. Conan BJDU, 13/97, p. 220.
12. CE, 17 juin 1998, Association de défense des propriétaires longevillais, DMF, Septembre 1999, n° 596, p. 784, note Roche-Duval.

permis de construire ou toute autre autorisation d'occupation du sol lorsque sont réunies les conditions d'application de l'article L 146-4-III. Il nous semble même que l'on soit en présence d'une compétence liée lorsqu'il s'agit du zonage qui, en règle générale, n'est contrôlé que par la voie de l'erreur manifeste d'appréciation. La motivation employée par la haute juridiction ne laisse pas de doute [13].

L'interdiction s'applique tant aux constructions qu'aux installations diverses prises en compte par la loi littoral.

§ 1 – L'interdiction des constructions

Le Conseil d'État l'exprime clairement : dans la bande littorale de cent mètres, il y a interdiction générale de construire. Le champ d'application de la règle est le plus large possible, sans qu'il y ait place pour une quelconque liberté de choix des autorités responsables : toutes les modalités, tant matérielles que juridiques sont concernées.

A. Modalités matérielles

- Toute construction, si petite soit-elle, qu'elle soit ou non dispensée de permis de construire, est interdite dans la bande littorale. Il en va ainsi, par exemple, pour un simple abri de jardin [14].
- Tous travaux effectués sur un bâtiment existant, qui auraient pour effet d'en changer la destination ou d'en modifier l'aspect extérieur, sont interdits dans la bande littorale en dehors des espaces urbanisés [15].
- Tous travaux de reconstruction, même après sinistre, d'un immeuble situé dans les cent mètres sont interdits [16].
- Tous travaux d'extension, même mesurés, de constructions existantes sont à fortiori illégaux [17].

B. Modalités juridiques

Lorsque le travail en cause doit être réalisé sur un terrain d'assiette situé en deçà de la limite des cent mètres, aucun argument de nature juridique, de même qu'aucun outil juridique ne peut lui conférer une quelconque légalité.

---

13. CE, Section 4 janvier 1995, Commune de Narbonne c/Mme ARDITI, n° 153.533, CE, 25 sept. 1996, Commune de Sangatte, n° 138.197.
14. CAA Lyon, 21 février 1995, M. Heinz Weick, n° 93 LY 01979.
15. CAA Nantes, 30 mars 1994, MM. Jean Michel et Richard de Poulpiquet de Roscanvel, n° 92 NT 00913.
16. CAA Nantes, 11 juin 1997, M. et Mme Riou, n° 95 NT 00 526.
17. CAA Lyon, 12 novembre 1996, Société de la rade de Villefranche, n° 96 LY00421.

- L'interdiction s'applique quel que soit le zonage du plan d'urbanisme local, quelles que soient les explications fournies dans le rapport de présentation ou les dérogations admises par le règlement de la zone [18].
- Les dispositions de l'article L 146-4-III sont opposables aux délibérations créant une zone d'aménagement concertée ou approuvant le plan d'aménagement de zone [19], tout comme aux arrêtés délivrant permis de lotir ou permis de construire. À cet égard, une autorisation de lotir délivrée légalement préalablement ne fait nullement obstacle à l'application de ces dispositions : il n'existe aucun droit acquis à une utilisation à des fins de construction de la parcelle en cause si celle-ci, bien que comprise dans un lotissement autorisé, est situé dans la bande littorale [20].
- La règle fait également échec à un arrêté préfectoral portant déclaration d'utilité publique de travaux de construction d'une station d'épuration et autorisant le rejet en mer des effluents [21]. Cette décision est, d'ailleurs, à l'origine de l'alinéa ajouté par la loi n° 94-112 du 9 février 1994, à l'article L 146-8 du code de l'urbanisme : « à titre exceptionnel, les stations d'épuration nouvelle peuvent être autorisées conjointement par les ministres chargés de l'urbanisme et de l'environnement, par dérogation aux dispositions du présent chapitre ».

§ 2 – L'interdiction des « installations »

À ce titre sont concernées toute une série d'opérations qui soit ressortent directement des dispositions de l'article L 146-4-III, soit sont visées par des dispositions spéciales, celles de l'article L 146-5 concernant les activités de camping, ou celles de l'article L 146-7 relatives à la construction de voies routières.

- Les dispositions de l'article L 146-4-III sont applicables à l'institution d'emplacements réservés. Doivent donc être annulées les délibérations instituant des emplacements réservés dans la bande littorale pour la création de parkings [22] ou encore d'une station d'épuration n'exigeant par la proximité immédiate de l'eau [23].

18. CE, 14 janvier 1994, commune du Rayol Canadel, n° 127025 ; CE 12 avril 1995, M. Kirche, n° 146508 ; CE, 19 juin 1996, Commune de Cerbère, n° 157601.
19. CE, 4 juillet 1997, Commune de Cabourg, n° 152629.
20. CE, 12 mai 1997, Société Civile Immobilière Ifana, n° 163352 ; CE, 13 mars 1998, M. et Mme Bellay, n° 178041.
21. CE, 19 mai 1993, Association Les Verts Var, n° 124983, AJDA, 1993, p. 749 et p. 690.
22. CE, 10 mai 1996, commune de Saint-Jorioz c/société civile immobilière « La Tuilerie », n° 155169.
23. CE, 20 octobre 1995, Commune de Saint Jean Cap Ferrat et autres, nos 151282, 151816 et 151859.

- L'article L 146-4-III vise les « installations », terme qui recouvre notamment les aménagements concernant le camping et le stationnement de caravanes. En ce domaine, il faut concilier plusieurs dispositions : celles de l'article L 146-4-III d'abord puisque l'on est dans la bande littorale ; celles, spécifiques de l'article L 146-5 relatives au régime juridique du camping sur le littoral, celles, enfin, des articles R 443.1 et suivants du code de l'urbanisme qui réglementent d'une manière générale le camping et le stationnement des caravanes. Il en résulte les règles suivantes :

L'aménagement des terrains de camping et de caravanage est interdit dans la bande littorale, sous réserve des exceptions générales relatives aux espaces urbanisés et aux installations nécessitant la proximité immédiate de l'eau prévues à l'article L 146-4-III. Les autorités compétentes ne peuvent donc autoriser l'implantation de nouveaux terrains en dehors des espaces urbanisés, ni même délimiter préalablement, dans le document d'urbanisme local, les secteurs d'implantation de ces terrains [24], ce qui doit être fait pour tous les autres espaces de la commune littorale. Il s'agit d'une compétence liée, ces autorités ne peuvent « que rejeter la demande » d'implantation nouvelle ou même d'extension d'installations existantes [25]. Le fait que les installations puissent être dépourvues de caractère permanent est sans influence. L'interdiction vise aussi bien les emplacements de tentes et de caravanes que les bâtiments collectifs édifiés sur les terrains consacrés à ce genre d'activité.

En ce qui concerne les formes de camping et de caravanage autres que les terrains aménagés, la loi littoral ne comporte pas de règles spéciales. Il ressort, cependant, de l'esprit de la loi que si les structures organisées sont interdites dans la bande des cent mètres, les installations de camping ou de caravanage habituelles et quasi-permanentes doivent être évitées. Ne peuvent donc être pratiquées sur la bande littorale, hormis sur le rivage, d'après les dispositions de l'article R 443-9 du code de l'urbanisme, que des activités de camping pratiquées isolément et le stationnement de caravanes sur parcelles, limitées à trois mois dans l'année.

- L'article L 146-7 du code de l'urbanisme qui s'applique à la création de routes nouvelles comporte aussi des dispositions spécifiques à la bande des cent mètres : dispositions générales qui retiennent le principe d'interdiction, assorties d'exceptions soit propres à l'objet en cause soit identiques à celles prévues à l'article L 146-4-III.

Ces dispositions s'appliquent à la réalisation de nouvelles routes. Cette dernière notion recouvre, bien entendu, tous les projets nouveaux. Mais aussi

24. CE, 25 septembre 1996, Commune de Sangatte, n° 138197.
25. CAA Bordeaux, 2 juin 1994, M. René Larréguy, n° 93 BX 00370.

tous les travaux effectués sur une voie existante qui ont pour effet d'en modifier les caractéristiques ou la catégorie [26], à condition qu'il y ait modification de l'emprise de la voie existante [27]. En revanche, les travaux de conservation et d'entretien, comme le goudronnage d'un chemin, même s'ils facilitent la circulation sur la voie, ne peuvent être assimilés à la création d'une route nouvelle [28].

De même, il importe de distinguer les nouvelles routes de transit et les nouvelles routes de désserte locale. Les premières, qui sont susceptibles d'accueillir un trafic important et à parcours moyen élevé [29], ne peuvent normalement pas être créées dans la bande des cent mètres, puisque, d'après l'alinéa deux de l'article L 146-7, elles doivent être rejetées à une distance minimale de deux milles mètres du rivage. En revanche, pour les secondes, qui ne servent qu'à l'écoulement du trafic local, sur un parcours restreint, le principe d'interdiction est limité et ne semble pas couvrir l'intégralité de la bande des cent mètres, s'il peut, à l'inverse, la déborder. Si, en effet, le législateur avait considéré qu'une route de desserte nouvelle constituait une « installation » au sens des dispositions de l'article L 146-4-III, il n'aurait pas été dans la nécessité de prévoir expressément les interdictions posées par les alinéas trois et quatre de l'article L 146-7, puisque les hypothèses visées rentraient à l'évidence dans le principe général d'interdiction. Ne sont donc interdites que les routes de desserte qui seraient créées « sur les plages, cordons lagunaires, dunes ou corniches », même si de tels espaces s'avancent dans les terres au-delà des cent mètres, ou encore qui seraient établies sur le rivage ou le longerait [30].

Et ces principes sont-ils encore assortis d'exceptions. Le dernier alinéa de l'article L 146-7 rappelle, d'abord, les exceptions générales instituées par l'article L 146-4-III. Il faut bien que les espaces urbanisés ou les sièges des installations situées dans la bande littorale soient desservis. En outre, une exception particulière est prévue par l'alinéa 5 de l'article L 146-7, exception qui permet de faire échec à toutes les règles posées précédemment, qu'elles concernent les routes de desserte ou les routes de transit : les dispositions restrictives ne s'appliquent pas en cas de contraintes liées à la configuration des lieux ou, le cas échéant, à l'insularité. Cependant, précaution procédurale, la commission départementale des sites et paysages doit obligatoirement être consultée sur l'impact de l'implantation de la route nouvelle sur la nature [31].

---

26. CE, 14 octobre 1991, Association interdépartementale et intercommunale pour la protection du lac de Sainte Croix, n° 104755, droit administratif, 1991, n° 504 ; CE, 15 juin 1992, Société du Canal de Provence, n° 132416, Rec Lebon, p. 235.
27. CE, 10 déc. 2001, commune de Queven, BJDU, 6/2001, p. 418, conclusions Isabelle Da Silva.
28. CE, 21 août 1996, Association des riverains des bois de Rys et de la Maladière, n° 144082.
29. CE, 10 mars 1995, Union départementale pour la sauvegarde de la vie, de la nature et de l'environnement dans le Var, n° 128290.
30. CE, 29 novembre 1996, société de développement Dramont-Agay et société Dramont-Aménagement, n° 129241.
31. TA Montpellier, 13 mai 1988, société de protection de la nature de Sete-Frontignan-Balarue, RJE 4-1988, note J. P. Colson ; CE, 15 juin 1992, société du Canal de Provence, n° 132416, Rec

La notion de « contraintes liées à la configuration des lieux » recoupe en partie celle d'espace urbanisé, dans la mesure où l'urbanisation existante peut plus ou moins imposer un tracé. Mais s'y ajoutent les contraintes d'ordre topographique, souvent très présentes et aussi les impératifs de protection de l'environnement : il convient que l'atteinte aux espaces et milieux sensibles, en particulier ceux énumérés à l'alinéa trois, soit la moins conséquente possible.

Section III – Les exceptions à la règle de l'inconstructibilité

Il résulte de l'alinéa premier de l'article L 146-4-III du code de l'urbanisme que l'interdiction de construire ne s'applique « qu'en dehors des espaces urbanisés ». D'autre part, l'alinéa deux instaure l'exception des services publics et activités économiques exigeant la proximité immédiate de l'eau.

§ 1 – L'exception des espaces urbanisés

On rappellera, d'abord, qu'il est fait référence aux espaces et non aux zonages juridiques des documents d'urbanisme locaux. Le législateur veut, en effet, empêcher le retour de certaines pratiques nées avec la directive du 25 août 1979 qui limitait la portée de l'inconstructibilité dans la bande des cent mètres aux seules zones non classées en U. Il était donc possible de tourner la règle en conférant ce classement à de vastes étendues, sous prétexte de l'existence d'une urbanisation diffuse. Cependant, déjà, le Conseil d'État ne se considérait pas lié dans ses appréciations par le classement opéré par le POS [32].

Aucun texte législatif ou réglementaire ne définit « l'espace urbanisé ». Il faut donc se référer à la jurisprudence et la plupart des décisions rendues sur la base des dispositions de l'article L 146-4-III abordent la question. Cependant, malgré l'abondance des jugements et arrêts, il est encore difficile de cerner avec précision les contours de la notion d'espace urbanisé. Tout est cas d'espèce et, dans chacun d'entre eux, le juge administratif est conduit à utiliser la méthode du faisceau d'indices pour se déterminer. On en trouve l'expression la plus élaborée dans les conclusions rendues par le Commissaire du gouvernement Chiaverini dans une affaire jugée par le tribunal administratif de Bastia [33]. Selon l'auteur, le critère du nombre de constructions avoisinant le terrain d'assiette du projet doit être privilégié mais couplé avec celui du type d'habitat dans le secteur considéré ; interviennent aussi, mais plutôt à titre confortatif, les critères de la proximité immédiate de l'agglomération, de la

Lebon, p. 235. CE, 30 décembre 1996, société de protection de la nature de Sete, Frontignan, Balarue, n° 102023, DMF, 1997, note J.-M. Bécet.

32. CE, 7 juin 1985, Ministère de l'urbanisme et du logement c/Gautier, Rec Lebon p. 806.

33. TA Bastia, 3 avril 1992, M. Cyprien Laurelli c/Préfet de la Corse du Sud, n° 95-205, RJE 4-92, p. 493. Conclusions Chiaverini.

desserte par des équipements collectifs et de l'insertion dans l'environnement. Mais les appréciations portées à partir de ces différents indices peuvent varier et la jurisprudence récente se montre particulièrement rigide.

Le critère quantitatif, tempéré par celui du type d'habitat, est toujours prédominant mais si son absence est déterminante, sa présence ne l'est pas. Le Conseil d'État avait, sous le régime de la directive de 1979, tracé la voie en considérant que huit constructions édifiées de part et d'autre d'une voie, dans un rayon de 100 mètres autour du terrain d'assiette du projet litigieux, formaient une zone urbanisée [34]. À partir de là, dans un premier temps, les tribunaux administratifs ont eu tendance à élargir le champ de l'exception, tout en adoptant une motivation similaire et en gardant des proportions analogues, ceci en retenant un rayon plus grand, ce qui pouvait accroître les risques de mitage [35].

Mais très vite, une interprétation beaucoup plus stricte allait prévaloir, qui, en tenant compte d'éléments nouveaux qui auraient pu être considérés comme accessoires, interdit de continuer à urbaniser des tissus déjà quelque peu mités. Les commissaires du Gouvernement soulignent très clairement que l'esprit comme la lettre de la loi littoral imposent une telle solution [36].

Sont ainsi pris en considération pour relativiser le critère quantitatif, lui même apprécié strictement [37], divers éléments se rattachant tous à la configuration des lieux. Le plus souvent invoqué est la présence d'une route entre les constructions existantes et la parcelle sur laquelle est envisagée une construction nouvelle : la route constitue une « rupture d'urbanisation », rattache ce terrain à un autre ensemble, malgré les équipements publics qu'elle induit [38].

En second lieu, le juge administratif exige aujourd'hui, si le nombre de constructions requis est présent, qu'apparaissent les éléments d'organisation de l'espace et d'équipement permettant de parler d'espace urbanisé, une telle classification pouvant même être écartée pour des parcelles classées en zone U du plan d'occupation des sols [39].

34. CE, 16 janvier 1985, Paul Baron, droit administratif, 1985, n° 112.
35. TA Rennes, 25 octobre 1990, époux Jooris, n° 86-2866, RJE, 3-1991, p. 396, note J.-M. Bécet, TA Bastia, 3 avril 1992, Cyprien Laurelli, RJE 4-92, p. 493, Conclusions Chiaverini, Quotidien juridique, 16 juin 1992, note J. Morand-Deviller.
36. Conclusions Pochard sous CE, 23 juillet 1993, commune de Plouguerneau, BJDU, Janvier 1994, p. 3 ; conclusions Fratacci sous CE, 29 décembre 1993, M. François Le Gall, BJDU, mai 1994, p. 16 ; conclusions Mandras sous CAA Paris, 5 avril 1994, commune du Robert, AJDA, 20 juin 1994.
37. CE, 9 octobre 1996, Union Départementale Vie et Nature 83, n° 161555 ; CE, 15 janvier 1997, M. Malfaite, n° 125937.
38. CE, 5 juillet 1995, Ministre de l'Équipement, du Logement et des Transports, c/Laurelli, n° 138-326 ; CAA Nantes, 9 novembre 1995, SCI de Larden, n° 93 NT 01025 ; CAA Nantes, 9 novembre 1995, M. et Mme Bellay, n° 93 NT 01024 ; CAA Bordeaux, 13 juin 1996, Comité de liaison pour la vie des étangs montpellierains, nos BX 01147 et 01435 ; CAA Lyon, 12 novembre 1996, Société La Rade de Villefranche, n° 96 LY 00421 ; CAA Bordeaux, 19 juin 1997, Commune de Bois-Plage-en-Ré, n° 94 BX 01325 ; CE, 13 mars 1998, M. et Mme Bellay, n° 178041.
39. CAA Lyon, 24 octobre 1995, Commune de Nermier, Droit de l'Environnement, février 1996, p. 11.

De même, en troisième lieu, le juge administratif peut prendre en considération l'impression générale, subjective, qu'un espace produit : si les constructions existantes se fondent dans la nature, s'intègrent par exemple à une zone boisée sans lui faire perdre son caractère, il n'y a pas d'espace urbanisé : « malgré la présence de constructions édifiées sur de grandes parcelles, le secteur conserve un caractère naturel [40] ».

Enfin, il est certain qu'une partie significative des constructions prises en considération doivent se situer elles-mêmes dans la bande littorale et non être concentrées en espaces proches et qu'il ne faut tenir compte, pour former un espace urbanisé, que des constructions légalement autorisées, avant l'entrée en vigueur de la loi littoral [41].

Il faut noter, au plan contentieux, que les juges du fond se livrent aujourd'hui à une appréciation souveraine qui, en l'absence de dénaturation, n'est pas susceptible d'être discutée devant le Conseil d'État, juge de cassation.

Lorsque l'exception de l'espace urbanisé est reconnue, les constructions nouvelles qui peuvent alors être autorisées doivent impérativement se situer à l'intérieur du secteur en cause, considéré comme un espace fini. En d'autres termes, il est seulement possible de remplir « les dents creuses », c'est-à-dire les parcelles encore vides de construction mais entourées de parcelles déjà construites. Serait, à l'inverse, illégale, la construction nouvelle qui serait située en bordure d'une agglomération existante, mais du côté extérieur [42]. Sur ces mêmes espaces peuvent être implantés de nouveaux terrains de camping. Mais il semble que la règle de l'extension limitée de l'urbanisation doit être respectée (ci-avant chap. IV, § 2).

§ 2 – L'exception des services publics et des activités économiques exigeant la proximité immédiate de l'eau de mer

Il faut prendre garde d'oublier que la loi littoral est aussi une loi de développement. Son article premier encourage « le maintien ou le développement des activités économiques liées à la proximité de l'eau, telles la pêche, les cultures marines, les activités portuaires, la construction et la réparation navales et les transports maritimes ». Il en va de même dans la zone littorale pour « les activités agricoles ou sylvicoles, de l'industrie, de l'artisanat et du tourisme ». Certaines de ces activités, celles qui exigent la proximité immédiate de l'eau, doivent rester implantées dans la bande des cent mètres, malgré la règle de l'inconstructibilité. La même dérogation est prévue en faveur des services publics, sous la même condition, à savoir l'exigence de la proximité immédiate

40. CE, 12 mai 1997, Société Civile Immobilière Ifanor, n° 163352 ; CAA, 12 novembre 1996, Société La Rade de Villefranche, n° 96 LY00421.
41. CE, 19 juin 1996, Commune de Cerbère, n° 157601.
42. CAA Nantes, 11 avril 1996, Association Les Amis du Pays Mes et Vilaine, n° 94 NT 00129.

de l'eau. Il faut, d'ailleurs, noter que la notion de service public est mentionnée en premier lieu, avant les activités économiques, ce qui peut signifier « que le législateur accorde, dans ce contexte dérogatoire, davantage d'importance et de crédit à une installation ou construction répondant à une mission de service public [43] ».

Une bonne compréhension de l'exception implique une analyse en deux temps : il faut d'abord s'interroger sur la nature et l'objet des activités susceptibles de s'implanter dans la bande des cent mètres, puis sur la portée de l'exigence de proximité de l'eau.

A. La nature et l'objet des activités susceptibles de s'implanter dans les cent mètres

Les activités concernées doivent être liées à un service public ou avoir un caractère économique.

Au titre des services publics, il est d'abord essentiel de souligner les exceptions générales prévues à l'article L 146-8 du code de l'urbanisme, exceptions dont la portée est absolument générale puisqu'elle s'applique à l'ensemble des dispositions particulières à l'urbanisme littoral. Sont concernés « les installations, constructions, aménagements de nouvelles routes et ouvrages nécessaires à la sécurité maritime et aérienne, à la défense nationale, à la sécurité civile et ceux nécessaires au fonctionnement des aérodromes et des services publics portuaires autres que les ports de plaisance » à condition que leur localisation réponde à une nécessité technique impérative. La plupart de ces constructions ou travaux sont d'ailleurs exemptés de permis de construire mais cela ne dispense pas de respecter les règles de fond posées par la loi littoral [44]. Quant à la condition relative à la nécessité technique impérative, elle peut être appréciée en tenant compte des contraintes résultant de l'urbanisation : l'existence de zones urbanisées constitue à elle seule « la nécessité technique impérative » permettant, par exemple, la construction, en espaces naturels situés sur la bande littorale, d'une nouvelle route de desserte du port de commerce de Cherbourg [45].

Il faut reconnaître qu'en ce qui concerne les services publics, l'exception particulière prévue à l'article L 146-4-III recoupe en grande partie l'exception générale de l'article L 146-8. Ainsi, par exemple, la réalisation de centres de surveillance et de secours pour les baignades entre dans le champ aussi bien

43. A. Grabay-Grobesco, « les équipements autorisés sur le littoral, la notion de proximité immédiate de l'eau dans la bande des cent mètres », Études foncières, hiver 1999-2000, n° 85, p. 16 *sq*.
44. TA Marseille, 7 août 1991, Fondation du parc régional de Camargue, c/Ministère de la défense, n° 913089, cité par A. H. Mesnard, *in* « Droits Maritimes », Tome II, p. 55.
45. CE, 29 décembre 1999, M. et Mme Mautalent, Association de défense des riverains du boulevard Est, n° 19770, Droit de l'Environnement, avril 2000, n° 77, p. 9, note GF.

de l'exception particulière que de l'exception générale [46]. Ceci est d'autant plus vrai que le législateur, par la loi n° 94-112 du 9 février 1994, a ajouté un deuxième alinéa à l'article L 146-8, qui concerne le cas particulier des stations d'épuration d'eaux usées. L'activité d'une station d'épuration des eaux usées est indiscutablement liée au service public de salubrité et d'hygiène publique, mais la condition relative à la proximité immédiate de l'eau, posée à l'article L 146-4-III, peut donner lieu à interprétation [47]. Le nouvel alinéa 2 de l'article L 146-8 permet de solutionner des problèmes délicats en décidant qu'« à titre exceptionnel, les stations d'épuration d'eaux usées avec rejet en mer, non liées à une opération d'urbanisation nouvelle, peuvent être autorisées conjointement par les ministres chargés de l'urbanisme et de l'environnement, par dérogation aux dispositions du présent chapitre ». Dans ce contexte, l'exception prévue à l'article L 146-4-III joue surtout, relativement aux services publics, d'une manière négative : ainsi, ni un restaurant [48] ni un parking [49] ne sont considérés comme constituant des activités de service public, alors que le motif était invoqué.

La qualité d'activité économique ne présente pas de grosses difficultés si l'on admet que la fonction d'hébergement puisse être distincte d'une activité économique telle qu'envisagée par le texte [50]. En revanche, en considération de l'objet de l'activité, la jurisprudence écarte du champ d'application de l'exception, en arguant de l'esprit du texte, certaines activités économiques, telles les activités touristiques.

Le juge administratif a, en effet, considéré que ne pouvaient profiter de l'exception les activités récréatives ou thérapeutiques liées à la mer, qui sont souvent « prétexte pour créer de vastes ensembles hôteliers ou para hôteliers dans des zones naturelles [51] ». Ainsi, ne constituent pas des activités économiques pouvant s'implanter sur la bande littorale : un centre de thalassothérapie [52], un centre d'isothérapie [53], ou toute autre installation liée au tourisme [54], équipements commerciaux, hôteliers ou para hôteliers.

46. TA Caen, 27 décembre 1990, M. Schuguede et autres, n° 88506.
47. CE, 19 mai 1993, Association les verts Var, n° 124983, AJDA, 1993, p. 749 ; CE, 20 octobre 1995, commune de Saint-Jean-Cap-Ferrat et autres, n°s 151282, 151816, 151859.
48. CE, 9 octobre 1996, Union Départementale Vie et Nature, 83, n° 161555.
49. CE, 10 mai 1996, Commune de Saint-Jouoz, c/Société Civile Immobilière « La Tuilerie », n° 155169.
50. Y Tanguy, « Inconstructibilité dans la bande littorale des cent mètres : la jurisprudence du tribunal administratif de Rennes », annuaire de droit maritime et aérospatial, tome 10, 1989, p. 225.
51. N. Calderaro, « droit du littoral », éditions du Moniteur, 1993, p. 64.
52. TA Nice, 17 décembre 1987, Mouvement niçois pour la défense des sites et du patrimoine, RFDA, 1990, p. 234, Conclusions N. Calderaro ; TA Pau, 22 octobre 1991, Association Sauve Plage Hossegor, n° 91-0025.
53. TA Lille, 24 octobre 1988, Société Nord Nature, n° 17628.
54. TA Nantes, 21 avril 1987, époux Angibeaud n° 1062-87 ; TA Montpellier, 28 juin 1989, Association Bien Vivre à Saint Cyprien, n° 88-1637 ; TA Besançon, 6 décembre 1990, Fédération de défense du Jura, n° 16844 ; CE, 9 octobre 1996, Union Départementale Vie et Nature 83, n° 161555.

À l'inverse, les activités traditionnelles liées à la mer sont favorisées, comme l'article 1er de la loi littoral pouvait le laisser présager. Il en va ainsi pour la construction de ports de plaisance [55] et pour les activités liées aux cultures marines [56] (**voir Fiche technique**).

B. L'exigence de la proximité immédiate de l'eau

Les activités économiques et les services publics qui peuvent s'implanter dans la bande littorale doivent être reconnus, à la suite d'une enquête publique rénovée, qui, cependant, ne concerne pas les activités visées à l'article L 146-8 du code de l'urbanisme, comme nécessairement localisés à proximité immédiate du rivage. Un important problème surgit alors : grâce aux techniques scientifiques les plus modernes, il est devenu possible de reculer vers l'intérieur des terres la plupart des installations qui utilisent l'eau de mer. La loi littoral exige-t-elle la mise en œuvre de ces techniques, ce qui exclurait, par exemple, toute construction nouvelle liée à l'industrie sur le littoral, exception faite des zones industrielles portuaires, puisqu'il n'y a pas de bande des cent mètres au droit des ports ?

Sur ce point, la réponse fournie par la jurisprudence semble positive, comme on l'a vu, pour ce qui concerne les structures touristiques utilisant le liquide marin. En revanche, les activités traditionnelles liées à la mer bénéficient, sur ce point, d'une réponse négative. Cela prouve que le critère technique n'est pas déterminant : on voit mal pourquoi, si l'on se fonde uniquement sur la possibilité ou l'impossibilité d'apporter l'eau vers l'intérieur des terres, soumettre à un régime différent un atelier de mareyage, admis dans la bande des cent mètres, et un centre de thalassothérapie, exclu de cette même bande, les besoins en quantité d'eau des deux installations n'étant pas nécessairement très éloignés. Finalement, le juge recourt, outre l'objet de l'activité, à une argumentation de nature économique.

Dans l'affaire relative à la construction d'un atelier de mareyage sur la bande littorale de la commune de Plouguerneau, le commissaire du gouvernement Pochard soulignait combien il lui paraissait difficile de promouvoir le développement des activités économiques du littoral en écartant tout éclairage économique de la réglementation au moment de l'appliquer, surtout si cette réglementation se propose à la fois protection et développement. Dès

55. TA Nice, 7 avril 1988, Association de défense de l'environnement et de la qualité de la vie du Golfe Juan-Vallauris, RJE, n° 4-1988, p. 485, conclusions Calderaro et CE, 10 décembre 1990, GADSECA, n° 97119 ; CE, 25 mars 1998, Commune de Saint-Quay-Portrieux, n° 159040.
56. TA Rennes, 11 octobre 1989, SEPNB, n° 881383 et CE, 10 juin 1992, SEPNB, req. n° 112-389, droit administratif, décembre 1992, n° 99 ; CE, 23 juillet 1993, commune de Plouguerneau, BJDU, janvier 1994, p. 3, conclusions Pochard ; TA Rennes, 24 mars 1994, Mme Le Corre, Quotidien Juridique du 8 décembre 1994, n° 98.

lors, les activités économiques exigeant la proximité immédiate de l'eau seront celles dont « l'implantation naturelle », compte tenu de leur nature et de leur besoin en eau, est la bande des cent mètres elle-même. On pourrait alors distinguer, même parmi les activités aquacoles, celles qui utilisent les méthodes traditionnelles et celles qui, actuellement au stade expérimental, utilisent des installations fonctionnant en circuit fermé avec recyclage de l'eau.

Fiche technique : *cultures marines et bande des cent mètres*

Les activités de cultures marines sont des activités économiques qui, par leur objet, sont susceptibles de s'implanter dans la bande des cent mètres :

- Elles sont mentionnées à l'article 1er de la loi littoral
- Les aménagements nécessaires à ces activités sont soumis à enquête publique rénovée lorsque les travaux sont supérieurs à un million de francs et qu'ils sont situés en tout ou partie dans la bande littorale ou sur des espaces remarquables ou caractéristiques (décret du 20 septembre 1989).
- L'article 27 de la loi littoral admet que des installations nécessaires aux cultures marines portent atteinte à l'état naturel du rivage.
- Enfin, l'article 30 de la même loi indique que l'affectation des plages aux activités de cultures marines constitue une destination fondamentale, ce qui revient, d'ailleurs, sur un des principes essentiel du droit de la domanialité publique concernant la distinction entre occupations collectives et occupations privatives.

Cependant, des difficultés peuvent se poser relativement aux bâtiments annexes aux activités aquacoles. Il s'agit des bâtiments d'habitation ou des bâtiments commerciaux.

Les aquaculteurs revendiquent la possibilité de construire une habitation à proximité immédiate du chantier, en particulier pour surveiller ceux-ci. De telles implantations ne sont toutefois pas possibles dans la bande des cent mètres puisqu'on ne peut considérer l'habitation comme un accessoire de l'exploitation. Des condamnations pénales ont ainsi été prononcées en cette hypothèse sur la base de la violation de la loi littoral (R. Leroy, *in* « ostréiculteur français », juin 1993, p. 4, mars 1994, p. 6 et février 1995, p. 7).

Les bâtiments à vocation commerciale et administrative peuvent au contraire, à notre sens, trouver leur place dans la bande des cent mètres, au titre de l'unité d'exploitation. Le demandeur doit alors soigneusement justifier qu'il s'agit bien d'un complément de l'exploitation aquacole.

En revanche, le sort des restaurants ou des espaces de dégustation apparaît compromis dans la bande littorale, la jurisprudence interdisant ce type d'activités sur de tels espaces (TA Montpellier, 28 juin 1989, Association Bien Vivre à Saint-Cyprien, n° 88-1637 ; CE, 9 octobre 1996, Union Départementale Vie et Nature 83, n° 161555).

AVIS

Il est possible de proposer la grille de lecture suivante pour les activités économiques, les services publics bénéficiant d'un régime plus favorable.

L'activité en cause est-elle de celles que la loi littoral entend promouvoir ? (critère principal)

Oui Non ⇨ Installation au-delà de cent mètres

⇩

Peut-elle, dans des conditions économiques viables, s'installer à plus de cent mètres ? (critère réducteur)

Non Oui ⇨ Installation au-delà des cent mètres

⇩

Il s'agit d'une activité économique exigeant la proximité immédiate de l'eau.

Conclusion

Deux courtes remarques peuvent être faites en conclusion

• La première porte sur le champ d'application de l'article L 146-4-III. Outre les exceptions générales prévues par le premier alinéa de l'article L 146-8 évoqué ci-dessus, les dispositions de l'article L 146-4-III ne s'appliquent pas aux rives des estuaires, hormis les estuaires les plus importants dont la liste est fixée par décret en Conseil d'État. Ce décret n'est pas encore pris mais les projets jusqu'alors ébauchés limitent fortement à huit, semble-t-il, le nombre de ces grands estuaires (voir ci-avant, chap. I, Section II). D'autre part, les dispositions de l'article L 146-4-III ne s'appliquent pas aux départements d'outre-mer puisqu'un régime particulier, celui de la réserve domaniale dite des cinquante pas géométriques, s'y substitue, aux termes de l'article L 156.2 du code de l'urbanisme (voir ci-après, chap. VI).

• La seconde porte sur la politique jurisprudentielle. Dans les premières années d'application de la loi littorale, il apparaissait certain que le niveau de protection voulu par le législateur était plus important dans les espaces remarquables ou caractéristiques (voir ci-avant, chap. III), où un zonage spécial NDS devait être utilisé, que sur la bande des cent mètres dans laquelle la zone ND suffisait. Depuis 1996, l'optique s'est renversée : le juge administratif, qui a découvert les potentialités du terme « préserver », se montre moins strict dans la protection des espaces visés à l'article L 146-6 du code de l'urbanisme et réintroduit, par le biais d'un contrôle de l'erreur manifeste d'appréciation, un certain pouvoir discrétionnaire des autorités locales compétentes. À l'inverse, lorsque s'applique l'article L 146-4-III, toute compétence discrétionnaire reste bannie… La protection est alors maximale, sans qu'il y ait pour autant stérilisation, par le jeu des exceptions à la règle de l'inconstructibilité, elles aussi soumises au contrôle normal du juge.

Chapitre VI

LES DISPOSITIONS SPÉCIFIQUES AUX DÉPARTEMENTS D'OUTRE-MER

Les règles d'urbanisme posées par la loi « littoral » ont vocation à s'appliquer aux communes littorales des départements d'outre-mer. Cependant le législateur tient compte des spécificités physiques, économiques et juridiques de ces départements pour définir certaines réserves, relatives au régime juridique de la bande littorale et des espaces proches du rivage. C'est un autre équilibre entre protection du littoral et développement économique qui est alors affirmé.

SOMMAIRE

Mots clés

- CINQUANTE PAS GÉOMETRIQUES
- CONSERVATOIRE DU LITTORAL
- COUPURE D'URBANISATION
- DOMAINE PUBLIC MARITIME
- ÉQUIPEMENTS LIÉS À L'USAGE DE LA MER
- ESPACES PROCHES
- CONTINUITÉ
- SCHÉMA D'AMÉNAGEMENT RÉGIONAL
- URBANISATION DIFFUSE
- GESTION INTÉGRÉE

Les articles L 156-1 à L 156-4 du Code de l'urbanisme définissent les dispositions d'urbanisme particulières au littoral des départements d'outre-mer, lequel s'étend sur près de 1 800 km linéaires. Le principe de l'application des règles contenues dans la loi littoral est posé, sous réserve de dispositions dont la mise en œuvre est écartée pour laisser place à d'autres dispositions adaptées à la situation spécifique de ces départements. Il en est ainsi des dispositions des paragraphes II et III de l'article L 146-4 dont le dispositif ne correspond pas à la réalité géographique et juridique des DOM.

Des quatre départements d'outre-mer, en effet, un seul a des frontières terrestres : la Guyane ; mais la population de ce département est toute entière concentrée sur une bande côtière de 10 à 40 km de large. Les trois autres sont des îles. Dès lors, 93 des 112 communes que comportent ces départements sont littorales de plein droit ; elles comportent 95 % de la population et la quasi totalité des activités économiques [1]. Le développement de ces territoires dépend donc presque exclusivement de l'exploitation de leur littoral et le législateur de 1986 a alors consenti des assouplissements à la réglementation applicable en métropole sur la bande côtière ou en espaces proches, les possibilités supplémentaires d'urbanisation étant, d'ailleurs, accrues sensiblement par la loi n° 96-1241 du 30 décembre 1996 relative à l'aménagement, la protection et la mise en valeur de la zone dite des cinquante pas géométriques dans les départements d'outre-mer.

C'est que, par ailleurs, ces départements se distinguent de la Métropole par une double spécificité juridique. D'abord, il existe traditionnellement dans les DOM une zone domaniale particulière, dite des cinquante pas géométriques, instituée tout au long du rivage pour faciliter la défense du territoire. Cette zone de domanialité publique avait, en vertu du décret du 30 juin 1955, été déclassée et incorporée au domaine privé de l'État afin, déjà, de permettre une gestion économique plus avantageuse. Réintégrée dans le Domaine public maritime par la loi « littoral », le régime juridique de cette réserve domaniale

1. Voir J. C. Douence, « la loi littoral et les départements d'outre-mer », *in* La Mer outre-mer, l'Harmattan, 2001, p. 139 *sq*.

doit donc être harmonisé avec celui de la bande littorale, au profit de l'aménagement rationnel du littoral domien (**voir encart**). Ensuite, le législateur devait tenir compte des compétences originales accordées aux régions d'outre-mer qui, depuis la loi n° 84-747 du 2 août 1984, élaborent et adoptent un schéma d'aménagement régional, lequel fixe les orientations fondamentales en matière de développement, de mise en valeur du territoire et de protection de l'environnement : un chapitre particulier de ce document, valant schéma de mise en valeur de la mer, pose ainsi les grands principes d'aménagement applicables au littoral, dans le respect de la loi du 3 janvier 1986.

Compte tenu de toutes ces particularités, le régime particulier au littoral des départements d'outre-mer fait prévaloir, à l'inverse de ce qui se passe en métropole, la volonté d'exploitation économique sur le souci de protection. Son étude est importante : certaines règles propres à ces espaces pourraient peut-être être analysées dans l'optique d'une nouvelle application en métropole pour faire taire un certain nombre de critiques, parfois fondées, sur la faiblesse du volet développement de la loi « littoral ».

Section I – La bande littorale dans les départements d'outre-mer

C'est sur cette bande que les différences avec le régime métropolitain sont les plus importantes. Son assiette est différente, puisque le législateur a voulu juxtaposer zone domaniale des cinquante pas et bande littorale. Les règles d'urbanisme qui y sont applicables, distinctes selon le degré d'urbanisation des espaces considérés, apparaissent plus souples que celles qui concernent la bande des cent mètres, afin de favoriser le développement économique. L'aspect protection n'est toutefois pas négligé et l'on voit apparaître en tant qu'élément du régime juridique de la réserve domaniale, un opérateur important : le Conservatoire de l'espace littoral et des rivages lacustres.

§ 1 – La consistance de la bande littorale

Sur le littoral domien, il existe potentiellement deux bandes de terrain différentes adossées au rivage : une réserve domaniale, d'abord, dont l'existence en tant qu'institution s'est maintenue depuis le XVIIIe siècle malgré l'évolution profonde de la situation économique et sociale des DOM ; elle est nommée « zone des cinquante pas géométriques » ; la bande littorale, ensuite, qui, pour la métropole, est fixée à cent mètres par l'article L 146-4-III (voir ci-avant, chap. V, Section I) et qui est l'espace d'application de dispositions d'urbanisme particulière. La volonté d'établir un lien entre ces deux zones, zone domaniale et zone d'urbanisme, conduit à aligner la largeur des deux bandes de terrain.

Source : F. Jeanne-Rose, « Implantation d'équipements touristiques sur le littoral des DOM », Mémoire DEA « Sciences Juridiques de la mer » UBO, 1999.

Évolution de « la zone des cinquante pas géométriques » : Statut et conditions d'accès et d'usage

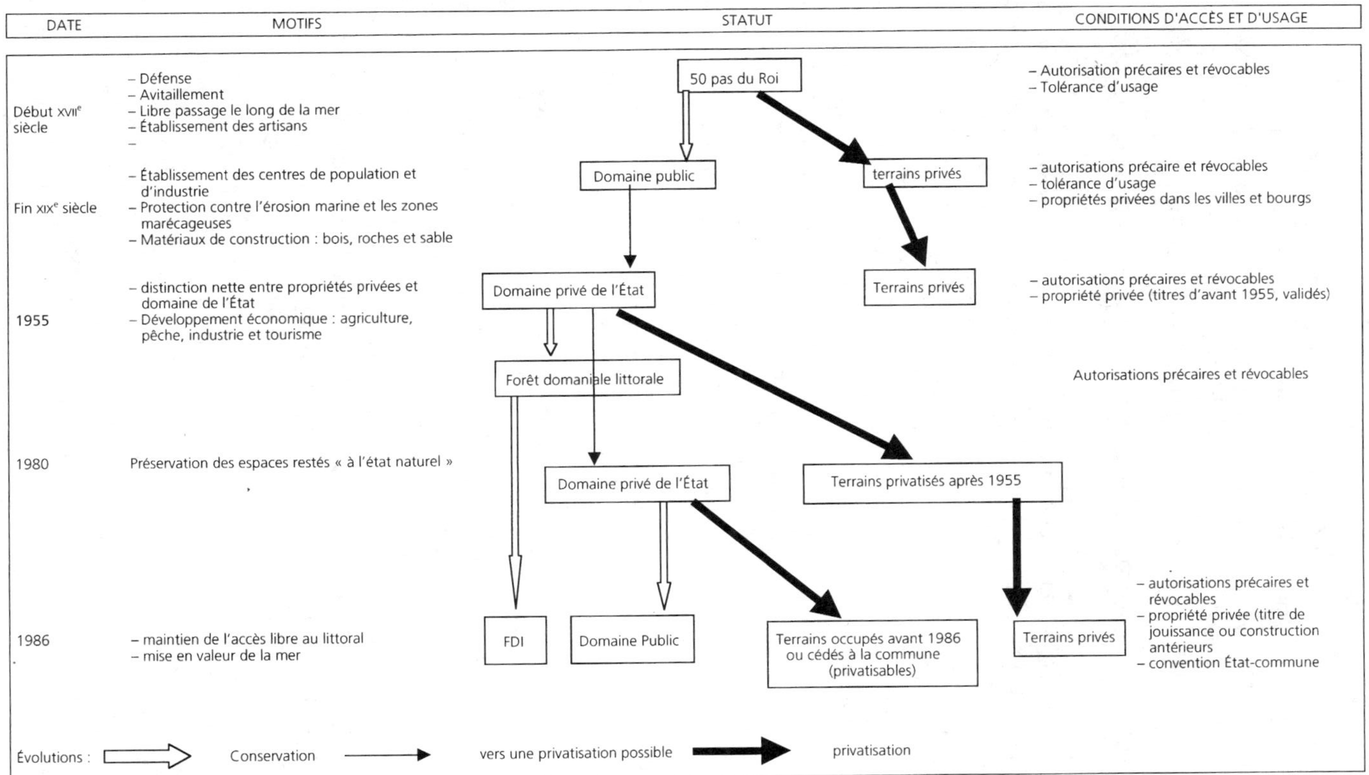

D'origine purement coutumière, la réserve domaniale dénommée d'abord : « zone des cinquante pas du Roi » est née aux Antilles avant d'être introduite autoritairement aux Mascareignes, pour installer des ouvrages de défense contre les attaques des armées anglaises et, accessoirement, préserver la libre circulation le long du bord de mer, constituer des réserves de bois pour l'entretien et la réparation des navires et donner aux pêcheurs et charpentiers, la possibilité d'édifier, à titre précaire, des habitations provisoires [2]. Cette zone domaniale était calculée à partir du plus haut flot de mars aux Antilles et en Guyane, sur une largeur invariable de 81,20 mètres constamment parallèle aux rivages. À la Réunion, une procédure de délimitation administrative est utilisée, concrétisée par l'implantation de bornes, entre 1876 et 1879, sur la totalité du littoral réunionnais (à l'exception des laves du Grand Brûlé entre la Possession et Saint-Denis).

La bande littorale des cent mètres, créée par la directive d'aménagement national du 25 août 1979 et confirmée par la loi « littoral », aurait donc, si elle avait été instituée telle quelle sur le littoral domien, obligatoirement englobé la réserve domaniale, ce qui aurait eu l'inconvénient de réserver certaines procédures à une partie seulement de cette bande des cent mètres.

Le législateur de 1986 préfère donc aligner la largeur de la bande littorale sur celle, traditionnelle, et le plus souvent déjà délimitée, de la zone des cinquante pas géométriques. Cette bande est donc comprise « entre le rivage de la mer et la limite supérieure de la réserve domaniale dite des cinquante pas géométriques définie à l'article L 86 du code du domaine de l'État » (article L 156-2, alinéa 5, CU). Elle a la même assiette foncière, les délimitations existantes étant gardées. Si la réserve domaniale n'est pas délimitée ou si elle n'a pas été instituée « cette bande présente une largeur de 81,20 mètres à compter de la limite haute du rivage », donc la largeur habituelle des cinquante pas.

La bande littorale est donc dans tous les cas amputée de 18,80 m par rapport à la métropole et les textes ne prévoient pas de possibilités d'étendre au-delà de 81,20 m la consistance de celle-ci.

Même si l'assiette foncière est identique pour les deux concepts, leurs régimes juridiques ne se confondent pas, malgré leur complémentarité recherchée.

§ 2 – Le régime juridique applicable à la bande littorale

Les dispositions particulières d'urbanisme applicables à la bande littorale dans les DOM sont considérablement assouplies par rapport à celles qui s'appliquent en Métropole. Elles varient selon que les secteurs en cause sont déjà ou non atteints par l'urbanisation. Elles subissent aussi l'influence des règles domaniales propres à la zone des cinquante pas géométriques.

2. Mémoire du Gouverneur de Baas à Colbert, 8 février 1674 *in* Baude, 1918, p. 6.

La norme juridique stricte et rigide qui s'applique sur la bande des cent mètres, celle de l'inconstructibilité, n'est pas reprise ici. **Il n'y a pas d'interdiction générale de construire sur la bande littorale outre-mer**. La proposition est renversée : à part quelques exceptions, seule une catégorie d'espaces est constructible sur la bande des cent mètres, les espaces urbanisés. Outre-mer, sur la bande littorale, seule une catégorie d'espaces est normalement soustraite à l'urbanisation, sous réserve d'exceptions, les espaces restés naturels, toujours incorporés dans le domaine public maritime (article L 156-2). Les autres espaces, actuellement urbanisés ou occupés par une urbanisation diffuse, restent constructibles, selon le régime fixé par les articles L 156-3 et L 156-4 du Code de l'urbanisme, dans leur rédaction issue de la loi du 30 décembre 1996.

Pour concevoir exactement les possibilités d'urbanisation actuellement existantes sur la bande littorale de 81,20 m de largeur, il faut donc distinguer successivement les trois types d'espaces prévus par le législateur de 1996 : les espaces situés en dehors des espaces urbanisés, les terrains situés dans les parties actuellement urbanisées de la bande littorale, les secteurs occupés par une urbanisation diffuse. La loi littoral ne distinguait que deux catégories : les espaces urbanisés et les autres ; le juge se montrait alors tout aussi rigoureux qu'en métropole pour définir l'espace urbanisé qui n'était pas un espace seulement mité [3]. La loi du 30 décembre 1996, en organisant un régime spécial pour ces espaces mités, modifie le sens jusque-là donné à la notion d'espaces situés en dehors des espaces urbanisés, puisque cette catégorie n'inclut plus les secteurs occupés par une urbanisation diffuse. Il est préférable, malgré les termes de l'article L 156-2, d'utiliser la notion d'espaces naturels, ces derniers étant, d'ailleurs, protégés, y compris lorsqu'ils sont situés dans les parties actuellement urbanisées de la bande littorale.

Il faut également ajouter que les espaces protégés le sont d'autant mieux qu'ils restent soumis aux règles de la domanialité publique, alors que les autres espaces font, le plus souvent, l'objet de procédures de déclassement, soit selon la procédure de droit commun organisée à l'article L 87 de code du domaine de l'État, soit selon la procédure spécifique prévue par l'article L 89 en vue de la réalisation d'opérations d'aménagement par la collectivité.

A. Les espaces naturels

Depuis la loi du 30 décembre 1996, on entend par espaces naturels ceux qui, situés dans la bande littorale, ne sont pas atteints par l'urbanisation, même diffuse.

---

3. CAA Paris, 5 avril 1994, Commune du Robert c/Association pour la sauvegarde du patrimoine martiniquais, n° 93 PA 00006, AJDA, 1994, p. 478, Conclusions Mendras.

Il est à noter que, où qu'ils soient situés, y compris dans les parties actuellement urbanisées, tous les terrains qui sont à l'usage de plages, d'espaces boisés, de parcs ou de jardins publics doivent être préservés. Les autres terrains naturels, inclus dans ces secteurs urbanisés, ont également vocation à être préservés mais tout « intérêt public », exposé dans le document local d'urbanisme, est susceptible de faire disparaître cette protection. Comme le développement économique, y compris touristique, constitue un intérêt public, autant dire que ces espaces ne bénéficient d'aucune protection spécifique, ce qui n'est pas déraisonnable, puisque situés dans un secteur urbanisé, ils seraient soumis au même régime sur le territoire métropolitain (voir ci-avant, chap. V, Section III).

Les espaces naturels situés en dehors des parties actuellement urbanisées de la commune sont régis par un grand principe : ils ont vocation à rester naturels. Ce principe, toutefois, est assorti d'exceptions conçues plus largement qu'en métropole.

Le principe – Les espaces naturels sont la raison même de l'essor touristique des départements d'outre-mer. Ils doivent donc être soustraits à l'appropriation privée. Deux situations sont alors à distinguer :

- Première possibilité : l'espace naturel peut être qualifié d'espace remarquable au sens de l'article L 146-6 du Code de l'urbanisme. Cet article (ci-avant, chap. III) s'applique exactement comme en métropole.
  Sur ce point, le schéma d'aménagement régional de la Martinique approuvé par le décret du 23 décembre 1998, comme celui de la Réunion, approuvé par le décret du 6 novembre 1999, ou celui de la Guadeloupe approuvé par le décret du 5 janvier 2001, identifie des espaces « naturels et remarquables » ayant une vocation régionale, en prenant en compte leur valeur symbolique. Mais, alors que le schéma martiniquais retient le terme espaces « à protéger », celui de la Réunion emploie le terme espaces « à préserver ». La nuance n'est, on l'a vu, pas à négliger.
- Deuxième possibilité : l'espace naturel n'est pas régi par l'article L 146-6. L'article L 156-2 s'applique alors et, comme dans le cas précédent, il a vocation à rester naturel. La protection dont il bénéficie alors peut être renforcée du fait du statut de ces terrains.
  Ces derniers, en effet, inclus dans la zone des cinquante pas géométriques, font partie du domaine public de l'État et sont donc inaliénables et imprescriptibles. De plus, l'article L 89-7 du Code du domaine de l'État, inséré par la loi du 30 décembre 1996, décide que « les espaces naturels délimités selon les modalités de l'article L 89-1 sont remis en gestion au Conservatoire de l'espace littoral et des rivages lacustres ». Dès lors, le préfet, par arrêté, délimite, à l'intérieur de la zone des cinquante pas, les espaces urbains et les secteurs occupés par une urbanisation diffuse d'une

part, et les espaces naturels, d'autre part, lesquels, s'ils sont « remis en gestion » au Conservatoire, sont pratiquement définitivement protégés.

À cet égard, la situation en 2001 est la suivante : le principe posé par la loi de 1996 n'est pas traduit dans les faits. La faiblesse récurrente des moyens du Conservatoire, jointe à la complexité du contexte sociologique et politique local empêche sa réalisation, malgré l'amélioration récente des conditions d'action du Conservatoire outre-mer[4]. En application du principe, plus de 150 km de rivages devraient être transférés pour les départements des Antilles (130 en Guadeloupe) et de la Guyane et une cinquantaine de kilomètres à la Réunion. Cela signifierait un triplement du linéaire côtier du Conservatoire outre-mer (actuellement 84 km), localisé dans les zones les plus sensibles. Le Conseil d'administration de l'établissement a défini les critères que doivent satisfaire les terrains « remis en gestion » : « un intérêt naturel ou paysager fort ; des espaces constitutifs d'ensembles fonciers de protection et de gestion cohérents, en adjonction avec d'autres espaces naturels proches ; des espaces ayant vocation à rester naturels ; l'absence de constructions illicites ». Ce sont donc surtout les espaces soumis à l'article L 146-6 qui sont visés. D'autre part, le Conservatoire ne gère pas directement ; il lui faut donc essayer de mettre en place un dispositif de gestion adapté, ce qui est difficile, en raison, surtout, de « la réticence des collectivités locales à prendre en charge la gestion de ces zones à des fins de protection, même si elles sont soucieuses d'y être associées ».

Quoiqu'il en soit, les espaces naturels non pris en charge par le Conservatoire peuvent être remis en gestion aux collectivités locales, en vertu... d'une convention passée après accord du Conservatoire. Il n'est pas prévu, actuellement, la remise en gestion aux établissements publics de coopération intercommunale, ce qui apparaît souhaitable.

Il est enfin à noter que les forêts et terrains boisés, soustraits au domaine public maritime, sont désormais proclamés imprescriptibles par l'article L 171-2 du Code forestier, alors qu'auparavant, les terrains gérés par l'Office National des forêts, inclus dans le domaine privé de l'État, étaient susceptibles de prescription.

Il existe donc des moyens juridiques importants pour assurer la protection des espaces naturels. Mais les difficultés pratiques sont nombreuses et les exceptions prévues conséquentes.

Les exceptions – Elles s'appliquent pour les espaces naturels non soumis à l'article L 146-6 du Code de l'urbanisme. Dans ce cadre, la formule utilisée par l'article L 156-2 est beaucoup plus libérale que celle qui organise les excep-

4. Voir « vers de nouveaux rivages », rapport de M. Louis Le Pensec au Premier Ministre sur la refondation du Conservatoire du littoral, 20 juillet 2001, p. 62 *sq*.

tions à l'interdiction de l'urbanisation dans la bande des cent mètres. Le qualificatif « exigeant la proximité immédiate de l'eau » est, en effet, remplacé par celui de « lié à l'usage de la mer », à l'évidence plus souple. D'autre part, il s'applique non seulement aux services publics et aux activités économiques, mais aussi aux « équipements collectifs ».

Dès lors, des équipements, comme les centres de thalassothérapie qui ne peuvent s'implanter sur la bande des cent mètres en métropole, et toutes les activités liées à l'exploitation de la mer, en tous leurs éléments (logements de gardiens) peuvent s'établir sur la zone des cinquante pas. En revanche « la seule circonstance que les produits traités par une usine arrivent par voie de mer ne saurait la faire entrer dans le champ des activités liées à l'usage de la mer. Une minoterie a pour objet de produire de la farine et non d'exploiter ou d'utiliser les fonds marins... [5] ».

Dans la pratique, les chapitres des schémas d'aménagement régional valant schéma de mise en valeur de la mer comportent un ensemble de prescriptions ou d'orientations concernant les espaces naturels, dans le respect des dispositions de l'article L 156-2 du Code de l'urbanisme. On retrouve, dans chacun d'entre eux, une protection forte des espaces remarquables identifiés, ainsi que des espaces agricoles littoraux. Sur ces derniers sont prohibées toutes les constructions destinées à l'habitation ou à l'hébergement touristique. Enfin, sont définies les coupures d'urbanisation qu'il convient de ménager entre les zones déjà urbanisées et celles qui doivent l'être à terme. Les schémas existants distinguent aussi des espaces naturels destinés à faire l'objet de travaux et d'aménagements nécessaires à la valorisation du site : installations sanitaires, aires de jeux, abris et autres constructions ne comportant pas de fondations lourdes, constructions destinées au gardiennage des installations, aires de stationnement et installations pour la pratique des sports en mer. D'autres espaces, actuellement naturels, sont englobés dans les périmètres d'opérations d'aménagement... Il faut pourtant reconnaître que ces projets sont regroupés, pour éviter le mitage, le plus souvent en continuité avec l'urbanisation littorale existante, et relativement peu nombreux. Le schéma de mise en valeur de la mer martiniquais prévoit, par exemple, quatre « espaces d'aménagement touristique liés à la mer », correspondant au concept de station touristique.

Il est important de noter qu'il résulte d'une décision récente du Conseil d'État que les prescriptions des schémas d'aménagement valant schéma de mise en valeur de la mer sont directement opposables aux autorisations d'occupation du sol [6] (voir ci-après, chap. VIII).

5. Conclusions Mendras, sous CAA Paris, 5 avril 1994, commune du Robert, précité.
6. CE, 29 juin 2001, SCI, Vetricella, BJDU, 5/2001, p. 317, conclusions Stéphane Austry.

B. Les secteurs occupés par une urbanisation diffuse

Il s'agit d'une catégorie d'espaces instaurés par le législateur de 1996, afin de permettre, sur ces espaces situés dans la zone des cinquante pas, l'accueil d'activités qui n'étaient pas permises sur les espaces naturels, catégorie dans laquelle ils étaient antérieurement classés. Jusqu'alors, en effet, il n'était distingué, dans la bande littorale, que deux types d'espaces – comme en métropole –: les espaces urbanisés, et les autres, dont les secteurs à urbanisation diffuse faisaient partie. Le nouvel article L 156-4 du Code de l'urbanisme en fixe le régime juridique.

Définition – Dans les débats relatifs à la loi littoral, l'assemblée nationale avait voulu définir la notion d'urbanisation diffuse, retenue en ce qui concerne les espaces proches du rivage outre-mer [7]. Étaient ainsi qualifiés, les secteurs « caractérisés par la discontinuité des emprises au sol, l'émergence de groupes d'habitations plus ou moins compacts et la présence de nombreux terrains inoccupés ». Cette définition ayant été supprimée à la demande du Sénat, il revient donc au juge administratif de déterminer le sens de la notion. Le Tribunal administratif de Fort de France a ainsi jugé que des terrains, situés à 50 et 100 mètres de maisons d'habitations et déjà occupés par des constructions légères, s'inséraient dans un secteur d'urbanisation diffuse [8]. L'expression, finalement, traduit un phénomène bien connu, quoique souvent désastreux en matière d'urbanisme : le mitage.

Il faut, cependant, que sur le terrain, l'urbanisation atteigne une certaine importance quantitative. Quelques constructions éparses, relativement éloignées de la parcelle sur laquelle un propriétaire veut construire, ne suffisent pas à caractériser l'urbanisation diffuse [9].

Régime : Les possibilités d'urbanisation prévues pour les espaces naturels s'appliquent évidemment aux secteurs occupés par une urbanisation diffuse. Mais elles peuvent être dépassées dans ceux d'entre eux qui remplissent deux conditions :

- La première est spatiale : le secteur doit être situé à proximité de parties actuellement urbanisées de la commune, ceci pour satisfaire à la règle de l'urbanisation en continuité.
- La seconde est formelle : le secteur est identifié dans le chapitre particulier du schéma régional valant schéma de mise en valeur de la mer. Alors, les secteurs occupés par une urbanisation diffuse peuvent « être affectés

7. JO Déb. AN, 23 novembre 1985, p. 4724.
8. TA de Fort de France, 22 mars 1990, Association de sauvegarde du patrimoine antillais, Req. n° 216/88.
9. CAA Bordeaux, 15 mars 2001, Brin et autres, Req n° 97 BX 02362 ; AJDA, 2002, p. 605.

à des services publics, des équipements collectifs, des commerces, des structures artisanales, des équipements touristiques et hôteliers ».

La différence majeure du régime juridique de ces espaces avec celui des espaces naturels réside en ce qu'aucun qualificatif ne vient atténuer la portée des équipements énumérés. Ils n'ont aucunement à être « liés à l'usage de la mer » pour être implantés sur la bande littorale. D'autre part, l'énumération comporte des différences notoires : il n'est plus question d'activités économiques en général, mais d'activités, à la fois plus précises et plus nombreuses : la référence aux commerces et structures artisanales signifie que les activités en question, si elles ne sont pas liées à l'usage de la mer, doivent être relativement de faible importance. On rappellera, d'autre part, qu'en métropole, les équipements touristiques et hôteliers ne sont pas considérés comme relatifs à des activités économiques exigeant la proximité immédiate de l'eau.

Enfin, dans ces secteurs, l'adaptation, la réfection et l'extension limitée des constructions existantes sont autorisées.

Quelques réserves sont toutefois posées à l'implantation d'équipements dans les secteurs considérés. D'abord, « des mesures compensatoires devront être mises en œuvre permettant le maintien de l'équilibre du milieu marin et terrestre ». On peut s'interroger sur ces mesures : elles s'inscrivent dans le cadre d'une gestion économe de l'espace et correspondent au concept nouveau de développement durable. Ensuite, les installations autorisées « organisent ou préservent l'accès et la libre circulation le long du rivage ». Ceci est d'autant plus intéressant que la servitude de passage des piétons sur le littoral n'a jamais été appliquée à l'outre-mer en raison de la non-parution du décret d'adaptation prévu à l'article L 150-1 du Code de l'urbanisme, ce qui est dû, peut-être, à l'importance du domaine public dans les cinquante pas géométriques. Mais la privatisation croissante de cet espace justifierait probablement aujourd'hui que cette servitude soit étendue à l'outre-mer, extension qui, d'ailleurs, est demandée explicitement par l'association des maires de l'outremer en 1999. Prévoir à l'avance l'accès au rivage dans les endroits nouvellement soumis à urbanisation est donc parfaitement justifié.

C. Les secteurs situés dans les parties actuellement urbanisées de la bande littorale

Il peut paraître curieux de constater que l'article L 156-3 du Code de l'urbanisme détermine les éléments d'urbanisation qui peuvent figurer dans les parties actuellement urbanisées de la zone des cinquante pas géométriques alors qu'en métropole, pour les espaces urbanisés de la bande des cent mètres, l'article L 146-4-III ne fixe aucune limite à l'urbanisation, les restrictions émanant du seul juge administratif (voir ci-avant, chap. V, Section III).

Cette éventuelle interrogation proviendrait, cependant, d'une lecture trop peu attentive du texte primitif de la loi du 3 janvier 1986 : l'article L 156-3, alinéa 2, énumérait, en effet, les équipements et aménagements qui pouvaient figurer dans « les secteurs de la zone des cinquante pas géométriques **situés au droit des parties** actuellement urbanisées, dès lors qu'ils sont déjà équipés ou occupés à la date de la promulgation de la loi... ». Il s'agissait donc d'avoir la possibilité d'étendre l'urbanisation au-delà des espaces urbanisés, à condition que les espaces en question soient équipés, ce qui reste interdit en métropole. C'est la loi du 30 décembre 1996, qui, compte tenu probablement de la jurisprudence restrictive, assimile les secteurs « situés dans les parties actuellement urbanisées ou au droit de ces parties » (article L 156-3 modifié du Code de l'urbanisme).

Ceci dit, le régime prévu pour l'accueil des activités dans les secteurs urbanisés ou au droit de ces secteurs est très libéral. Le plan local d'urbanisme peut, en effet, délimiter des zones susceptibles d'être affectées à des activités dont la liste est longue, ce qui laisse entrevoir une possibilité de « bétonnage », dans la mesure où la compensation, là aussi théoriquement exigée, peut être relative et finalement sans grande conséquence, de même que la préservation des espaces encore restés naturels, lorsqu'ils ne constituent pas actuellement des plages, espaces boisés, parcs et jardins publics.

Sont effectivement autorisés sur ces espaces :

- les activités de service public et les équipements collectifs ;
- les opérations de réaménagement de quartiers, de logement à caractère social et de résorption de l'habitat insalubre ;
- les commerces et structures artisanales ;
- les équipements touristiques et hôteliers, sans aucune limite quant à l'importance des projets ;
- et surtout, différence majeure avec le régime des espaces occupés par une urbanisation diffuse, toutes activités économiques dont la localisation à proximité de la mer est justifiée par un usage ou par une nécessité économique de desserte par voie maritime : la minoterie qui ne pouvait s'installer en espaces naturels, faute de lien suffisant avec l'usage de la mer, peut s'établir au droit des espaces urbanisés, si le terrain est équipé.

Il est donc manifeste que la volonté de développer les départements d'outre-mer, qui passe nécessairement par l'exploitation économique du littoral et plus particulièrement par celle de la bande des cinquante pas géométriques, l'emporte largement sur le souci de protection. Les orientations retenues par les schémas régionaux le confirment.

Section II – Les espaces proches du rivage dans les départements d'outre-mer

Si le régime de la bande littorale est beaucoup plus libéral dans les départements d'outre-mer qu'en métropole, a fortiori celui des espaces proches du rivage l'est-il également. L'article L 146-4-II n'est pas applicable, ses dispositions étant considérées comme trop contraignantes par rapport au contexte économique et social des DOM et des règles spéciales, beaucoup plus tolérantes à l'égard de l'urbanisation nouvelle, sont alors établies par l'article L 156-2 du Code de l'urbanisme.

La détermination des espaces proches du rivage pourrait être naturellement un peu plus simple dans les DOM. Il n'y a pas, d'une part, de problème d'application du régime des espaces proches sur la bande littorale. Outre-mer, les espaces proches commencent dans tous les cas à la frontière haute de la zone des cinquante pas, c'est-à-dire à 81,20 m de la limite haute du rivage. Quant à la limite supérieure de ces espaces proches, elle pose théoriquement le même type de questions qu'en métropole (voir ci-avant, chap. IV, Section I). Cependant, outre-mer, la proposition selon laquelle les espaces proches pourraient s'étendre jusqu'au premier accident de relief permettant d'opérer une dissociation physique avec les espaces suivants, pourrait être prise en considération plus facilement, compte tenu du relief escarpé du littoral dans ces départements. Les espaces proches seraient alors compris entre la limite supérieure de la zone des cinquante pas et le début des pentes proches du littoral, lorsqu'elles se trouvent à moins de 2 000 m du rivage.

Sur ces espaces, l'extension de l'urbanisation présente trois caractères spécifiques par rapport au régime métropolitain.

En premier lieu, le qualificatif « limité », appliqué en métropole à l'extension de l'urbanisation et pièce maîtresse du régime des espaces proches, n'est pas repris. Cela signifie que tout projet, s'il remplit les conditions examinées ci-après, peut s'implanter sur ces espaces, quelle que soit son importance.

Mais en second lieu, l'extension de l'urbanisation n'est possible que dans les secteurs déjà occupés par une urbanisation diffuse. Il est possible de restructurer les éléments qui existent, il est possible de densifier, de faire toutes sortes d'opérations à condition de ne pas empiéter sur les secteurs totalement vierges. La règle de la continuité s'applique de cette manière. Des problèmes de frontières entre zones ne sont pas exclus.

En troisième lieu, une condition de forme est exigée, au moins lorsqu'il s'agit de réaliser des opérations d'aménagement en espaces proches : il faut que ces opérations aient été préalablement prévues par le chapitre particulier du schéma d'aménagement régional valant schéma de mise en valeur de la mer. À défaut de SAR approuvé, ce qui est actuellement le cas pour la Guyane, la loi du 9 février 1994 a ajouté deux alinéas à l'article L 156-2 pour permettre « l'urbanisation » des espaces proches du rivage, à titre exceptionnel, à l'issue d'une procédure complexe qui réclame l'accord des ministres chargés de l'urbanisme, de l'environnement et des DOM, sur demande motivée de la commune, elle-même formulée après avis de la commission départementale des sites et de la région, laquelle apprécie la compatibilité de l'urbanisation envisagée avec les orientations futures du SAR. On notera, à cet égard, un problème terminologique : « urbanisation » n'est pas synonyme « d'opération d'aménagement », notion exactement précisée par l'article R 300-1 du Code de l'urbanisme, qui ne retient, sous le vocable « opérations » que des projets relativement importants et non point n'importe quel type d'urbanisation. Cette apparente contradiction ne fait que prouver l'importance du SAR : si ce document n'existe pas, toute extension de l'urbanisation est impossible à moins qu'elle ne soit autorisée, nonobstant la décentralisation, par de hautes autorités d'État... ce qui est plus difficile encore qu'en métropole pour l'urbanisation d'espaces analogues.

Le SAR prévoit également, à partir des espaces naturels ouverts sur le rivage, des coupures d'urbanisation aménagées entre les zones urbanisables. Il n'y a, sur ce point, guère de différence avec le régime applicable en métropole. À titre d'exemple, le SMVM de la Martinique prévoit que sont admis dans les coupures identifiées par lui : « les extensions limitées des constructions existantes, la réalisation des aménagements légers prévus à l'article R 146-2 du Code de l'urbanisme, la réalisation de parcs et jardins publics, la mise en culture des terrains concernés, l'aquaculture ou l'exploitation forestière, ainsi que les aménagements sportifs » (p. 191). Il n'est pas sans intérêt de remarquer l'allusion faite aux « extensions limitées » des constructions existantes : lorsque le mitage est important, en espaces proches, la coupure d'urbanisation partant du rivage fait ainsi échec à la possibilité d'urbaniser sans restriction des espaces déjà soumis à urbanisation diffuse...

C'est donc le parti du développement durable que le législateur prend pour les départements d'outre-mer. Développement d'abord, dans la mesure où les préoccupations économiques prennent le pas sur toute autre considération dans ces entités qui, souvent, ne peuvent guère compter que sur leur potentiel touristique. Mais développement durable qui ne peut négliger son environnement. Les « dispositions particulières au littoral dans les départements d'outremer » sont peut-être celles qui sont le plus proche de la notion, tant vantée, de gestion intégrée du littoral, fondée sur un développement économe de la ressource. Les textes relatifs à l'outre-mer mettent également l'accent sur la planification à long terme, à un échelon pertinent : la région. Les outils de planification spécifiques au littoral restent, en métropole, étatiques. C'est peut-être en partie pour cette raison qu'ils ont beaucoup de mal à s'imposer.

Partie 3

LA PLANIFICATION STRATÉGIQUE LITTORALE

L'application, par l'intermédiaire des plans locaux d'urbanisme communaux, des règles spécifiques à l'urbanisme littoral contenues dans la loi du 3 janvier 1986, permet de renforcer le droit commun de l'urbanisme dans les communes concernées. Ce n'est cependant pas suffisant pour permettre de mettre en place une gestion globale et intégrée des zones côtières.

Seuls des **instruments de planification stratégique**, ayant pour objet de définir les grandes orientations à long terme de l'aménagement du littoral, dans le respect des normes posées par la loi littoral, sont susceptibles de conduire à un tel résultat.

Ces instruments sont de deux sortes :

- d'une part, des instruments généraux, document de planification à vocation prospective applicables sur l'ensemble du territoire national mais comportant des spécificités notables lorsqu'ils se rapportent au littoral qui est alors surtout envisagé dans sa partie terrestre ;
- d'autre part, un instrument spécifique au littoral, envisagé alors surtout en sa partie maritime : le schéma de mise en valeur de la mer.

Chapitre VII

LES INSTRUMENTS GÉNÉRAUX DE PLANIFICATION STRATÉGIQUE

Le dispositif de planification spatiale applicable au littoral est aujourd'hui très substantiel puisqu'il va être considérablement enrichi par la création de documents nouveaux, tous en cours d'élaboration. Certains éléments du futur dispositif relèvent des textes propres à l'urbanisme : il s'agit **des directives territoriales d'aménagement**, d'origine étatique et **des schémas de cohérence territoriale**, documents d'urbanisme décentralisés d'origine intercommunale.

D'autres se développent dans le cadre de législations particulières ayant aussi pour objet l'organisation de l'espace : il s'agit essentiellement des instruments relevant de la législation sur l'aménagement du territoire, **schéma de services** collectifs, élaborés par l'État, **schémas régionaux ou interrégionaux d'aménagement et de développement du territoire** établis par le Conseil Régional. Tous ces documents peuvent présenter un volet littoral susceptible de se révéler fort utile pour l'aménagement intégré de la zone côtière.

SOMMAIRE

*§ 2 – **Les schémas de cohérence territoriale***

A. La forte incitation à élaborer un schéma de cohérence territoriale sur le littoral

B. Le contenu des SCOT

C. La procédure d'établissement ou de révision des SCOT

D. La portée juridique des SCOT

Section II – Les dispositifs relevant de la législation sur l'aménagement du territoire

*§ 1 – **Les schémas de services collectifs***

A. Généralités

B. Le volet « littoral » du schéma de services collectifs des espaces naturels et ruraux

*§ 2 – **Les schémas régionaux d'aménagement et de développement du territoire***

A. Généralités sur le schéma régional d'aménagement et de développement du territoire

B. Le schéma interrégional du littoral

Conclusion – Les autres outils de droit commun d'aménagement du territoire

Mots clés

- PLANIFICATION
- DIRECTIVE TERRITORIALE D'AMÉNAGEMENT
- SCHÉMA
- SCHÉMA DE COHÉRENCE TERRITORIALE
- SCHÉMA DE SERVICES COLLECTIFS
- SCHÉMA RÉGIONAL D'AMÉNAGEMENT ET DE DÉVELOPPEMENT DU TERRITOIRE
- SCHÉMA INTERRÉGIONAL DU LITTORAL
- OUTILS DE DROIT COMMUN
- GESTION INTÉGRÉE

Les différents principes et règles étudiés ci-avant indiquent, d'une manière générale, selon les espaces, s'il est possible de procéder à une urbanisation nouvelle et selon quelles modalités. Le plan d'occupation des sols communal, rendu obligatoire dans les communes littorales par la directive du 25 août 1979, doit mettre ces normes en œuvre. Mais la loi « littoral » ne décide pas du point de savoir s'il faut urbaniser, ou encore, par exemple, de quels éléments cette urbanisation nouvelle sera constituée, où elle sera localisée etc.

Une gestion intégrée du littoral doit comprendre ces divers éléments, se prononcer sur les projets d'aménagement, en prévoir les principaux paramètres. C'est en cela que les différents schémas de planification stratégique jouent un rôle absolument fondamental. Les plans locaux d'urbanisme doivent respecter les orientations et éventuelles prescriptions de ces schémas lorsqu'ils fixent les dispositions directement opposables aux demandes d'autorisation d'occupation des sols de la commune.

Il est essentiel de remarquer que tous les instruments généraux de planification stratégique, tous les articles opérationnels applicables sur le littoral comme en toute autre partie du pays, présentent soit un volet spécifique, soit une particularité marquée lorsqu'ils concernent la frange côtière. C'est aussi pour cela qu'il faut les étudier avec attention, alors même qu'ils en sont seulement tous au stade de l'élaboration.

Section I – Les procédures de planification spatiale relevant de la législation sur l'urbanisme

Deux instruments de planification stratégique importants sont susceptibles de concerner le littoral. L'un émane de l'État et peut directement concerner les modalités d'application des dispositions d'urbanisme particulières au littoral étudiées ci-avant en détail : il s'agit des directives territoriales d'aménagement. L'autre, créé par la loi SRU du 13 décembre 2000, est le nouveau document de planification stratégique chargé de définir les grandes orientations d'aménagement au niveau intercommunal : les schémas de cohérence territoriale sont pratiquement obligatoires en zone côtière, alors qu'ils ne le sont pas, hors agglomérations, sur le reste du territoire.

Il n'est pas mal fondé de prétendre que ces deux documents d'urbanisme ont quelques liens communs au niveau de leur origine. Le rapport du Conseil d'État intitulé « l'urbanisme : pour un droit plus efficace [1] », avait principalement critiqué les schémas directeurs, instruments dépassés qui n'avaient pas rempli correctement leurs objectifs. Trop peu nombreux, conçus lorsqu'ils existaient comme des super POS, souvent inadaptés, ces schémas intercommunaux avaient vocation à disparaître à moyen terme, étant progressivement remplacés par des directives territoriales d'aménagement, initiées par l'État mais définissant la stratégie d'aménagement que les schémas n'avaient su déterminer. Toutefois, si l'instrument nouveau est créé, celui auquel il devait se substituer ne disparaît pas : l'outil prospectif décentralisé est maintenu, mais modifié dans le sens des critiques formulées dans le rapport par le Conseil d'État. Il n'en demeure pas moins que deux niveaux existent à la place d'un seul, ce qui pourrait sembler superflu à celui qui n'aurait pas suffisamment analysé le contenu de chacun de ces instruments.

§ 1 – Les directives territoriales d'aménagement

Les directives territoriales d'aménagement (DTA) prévues à l'article L 111-1-1 du Code de l'urbanisme dans sa rédaction émanant de l'article 4 de la loi n° 95-115 du 4 février 1995 d'orientation pour l'aménagement et le développement du territoire, dite loi Pasqua, pourraient, c'est leur intérêt principal ici, constituer l'outil permettant d'acclimater les dispositions de la loi littoral aux spécificités locales. On pourrait le supposer, bien que les dispositions en cause soient encore au stade des études et que l'instrument ne soit pas décentralisé.

En suivant la structure interne de l'article L 111-1-1, on étudiera le contenu des directives territoriales d'aménagement, puis les modalités de leur établissement, et enfin leurs effets juridiques.

A. Le contenu des directives territoriales d'aménagement

Il convient d'abord de remarquer que l'article L 111-1-1 réécrit par le législateur de 1995 dénoue le lien indissociable qui existait dans l'ancien article L 111-1-1 entre loi d'aménagement et d'urbanisme, catégorie de loi d'ailleurs supprimée par la loi SRU et les « prescriptions particulières » prévues depuis 1983. On sait (voir ci-avant, introduction) que les régions, compétentes, dans le cadre de la décentralisation, pour proposer à l'État l'adoption de telles prescriptions, n'ont jamais usé de leur compétence. Le rapport précité du Conseil

1. La Documentation Française, Paris, 1992.

d'État prévoyait donc leur disparition, et, parallèlement, la création d'un nouvel instrument qui serait purement étatique : la directive territoriale d'aménagement. Mais, alors que les prescriptions ne concernaient que l'application des lois « littoral » et « montagne », les directives ont un champ d'application beaucoup plus vaste : la DTA est affirmée d'une manière autonome et ne constitue plus, à titre principal, un instrument de mise en œuvre des dispositions particulières au littoral ou à la montagne. L'État peut procéder de cette manière partout où il existe « des enjeux particulièrement importants en matière d'aménagement, de développement, de protection et de mise en valeur [2] ». Il n'y a plus exclusivité même si les milieux littoraux – ou montagnards – se prêtent peut-être davantage que d'autres à cette condition.

C'est ainsi que dans les cinq sites choisis, le 25 février 1996, en conseil des ministres, pour expérimenter le nouvel instrument en raison des enjeux d'intérêt national qu'ils présentent, la loi littoral est plus ou moins concernée. L'aire métropolitaine marseillaise, les Alpes-Maritimes, l'estuaire de la Seine, l'estuaire de la Loire, ont une façade maritime ; les Alpes du Nord englobent les principaux lacs sur les rives desquels s'appliquent ses dispositions. Ce n'est pas le cas pour les deux sites rajoutés depuis : l'aire urbaine de Lyon et le bassin minier de Lorraine.

La DTA doit permettre à l'État, à son initiative et sous sa responsabilité, de donner sa propre définition de la notion de développement durable sur l'aire géographique concernée. Mais, dans ce cadre et dans le respect des dispositions de l'article L 111-1-1, l'État choisit le contenu de la future DTA, avec une marge de manœuvre certaine. Le texte prévoit un contenu minimum mais aussi des dispositions facultatives, fort importantes pour l'aménagement du littoral.

La DTA doit nécessairement fixer « les principaux objectifs de l'État en matière de localisation des grandes infrastructures de transport et des grands équipements ainsi qu'en matière de préservation des espaces naturels, des sites et des paysages ». Elle joue donc un rôle essentiel pour tout ce qui concerne les équipements d'infrastructure qui relèvent de la compétence de l'État, autoroutes, routes nationales, voies ferrées, installations portuaires, aéroports, installations de production et de transport d'énergie, celles des services publics... La DTA déterminera aussi de nouvelles contraintes de protection concernant des espaces non couverts par les grands outils de protection existants, sites classés, réserves, etc.

Deux types de dispositions facultatives peuvent aussi apparaître dans une directive territoriale d'aménagement. D'abord, une DTA peut « fixer sur certaines parties du territoire, les orientations fondamentales de l'État en matière

2. Note du 9 mai 1995 – Intérieur, Équipement, Environnement – « Le Moniteur », 9 juin 1995, textes officiels, p. 4774.

d'aménagement et d'équipement entre les perspectives de développement, de protection et de mise en valeur des territoires ». Cela veut dire que l'État peut déterminer le contenu qu'il entend conférer au grand principe d'équilibre sous-jacent aux principales règles d'urbanisme (voir ci-avant, chap. II, § I). Ces dispositions sont susceptibles déjà de se révéler intéressantes pour le littoral dans la mesure où l'État définit, dans ce cadre global et cohérent, les orientations qui assureront cet équilibre. Mais c'est la seconde catégorie de dispositions facultatives qui apparaît la plus importante pour l'espace côtier : une DTA peut également préciser « les modalités d'application des dispositions particulières à la montagne et au littoral, **adaptées aux particularités géographiques locales** ». C'est alors que se pose avec acuité le problème de savoir de quelle latitude peuvent bénéficier les directives par rapport aux dispositions d'urbanisme particulières au littoral.

La rédaction retenue est le résultat d'un débat passionné au Parlement. « Certains parlementaires souhaitaient, avec les directives territoriales d'aménagement, disposer d'un instrument permettant d'assouplir les interprétations jurisprudentielles de la loi littoral. D'autres parlementaires, par principe, refusaient toute possibilité d'inflexion des dispositions d'une loi par un acte réglementaire [3] ».

Les deux propositions ne sont pas contradictoires puisque la jurisprudence n'est pas la loi mais l'on aura compris que la discussion tourne autour du lien qui unit DTA et articles L 146-1 et suivants du Code de l'urbanisme.

Le Conseil Constitutionnel, dans sa décision n° 94-358 DC du 26 janvier 1995 [4], s'est prononcé sur ce point. Il considère que les adaptations aux particularités géographiques locales que la DTA pourrait contenir ne peuvent déterminer des orientations et des objectifs qui conduiraient à méconnaître les dispositions législatives. Cela signifie que la DTA ne peut affecter ni la lettre, ni l'esprit de la loi littoral.

Ceci dit, dans leur effort d'adaptation des dispositions de la loi littoral aux particularités géographiques locales, les auteurs des DTA sont-ils tenus par les précisions apportées par le juge administratif, précisions que nous avons étudiées en détail dans les chapitres précédents ? Deux thèses semblent alors s'affronter. Les agents de l'État pensent avoir une certaine latitude pour interpréter les concepts : selon le préfet des Alpes-Maritimes : « Pour l'instant, c'est la jurisprudence qui a permis d'interpréter les textes, mais certains estiment excessive la place laissée au juge par le législateur. La DTA pourra prendre la suite de la jurisprudence avec une assise juridique solide, puisqu'elle prendra la forme d'un décret en Conseil d'État [5] ». Une partie de la doctrine est plus

3. L. Prieur, « Droit et littoral : recherches sur un système juridique », Thèse pour le doctorat en droit public, Université de Bretagne Occidentale, décembre 2001, p. 291.
4. JORF, 1 février 1995, p. 1706.
5. Le Moniteur des travaux publics, 13 septembre 1996, p. 51.

réticente, qui exige un rapport de conformité entre dispositions des DTA et règles édictées par la loi littoral [6].

L'opinion de L. Prieur nous paraît la meilleure. Il distingue, en effet, deux niveaux. Le premier consiste à définir les concepts, le second à les identifier sur le terrain. Il ne semble pas que les auteurs de la DTA puissent apporter beaucoup quant à la définition des notions : le juge administratif, ces dernières années, a réussi à affiner les concepts d'espaces urbanisés, d'espaces proches du rivage, etc. ; il annulerait probablement comme illégales les dispositions d'une DTA qui s'affranchiraient de telles définitions. En revanche, une DTA pourrait apporter beaucoup au second stade, celui de l'identification précise des espaces, en retenant « une cartographie précise », appelée « à être confrontée directement aux autorisations individuelles ». La décentralisation n'y trouve évidemment pas son compte mais nous avons déjà remarqué que la pratique était fixée en ce sens (voir particulièrement ci-avant, chap. III, § 1, § 2). De plus, si, dans une DTA, l'État affiche clairement sa position quant à l'application de la loi littoral, il pourra devenir responsable de ses choix, alors qu'aujourd'hui, la commune, en cas d'annulation d'un permis de construire, est seule déclarée responsable des conséquences dommageables de ce qui est considérée comme son erreur, alors même qu'elle aurait suivi ce que l'État lui demandait [7].

S'il en allait ainsi, la partie de la DTA qui concernerait les modalités d'application de la loi littoral pourrait diverger, dans sa présentation, des autres dispositions de la DTA. Il s'agirait, en effet, de procéder à un zonage précis des espaces à protéger, de ceux considérés comme actuellement urbanisés, ou encore regardés comme proches du rivage, alors que les autres éléments de la DTA ne requièrent pas un tel degré de précision.

En pratique, les positions ne sont pas encore clairement affirmées, mais il est certain que l'outil DTA sera fondamental pour l'application de la loi littoral. La DTA « Alpes-Maritimes » est, aujourd'hui, la plus avancée. Elle comporte des indications très intéressantes dans le « rapport des études préalables », mais ne retient, actuellement, qu'une cartographie au 1/60 000e qui ne permet pas l'identification précise des espaces concernés. L'avant-projet de DTA de l'estuaire de la Loire, présenté par le préfet de Loire-Atlantique aux élus, le 13 mars 2002, comporte, en revanche, une telle identification sur les dix-huit communes côtières rentrant dans son périmètre et les six communes riveraines du lac de Grandlieu, identification traduite sur des cartes au 1/25 000e ; elle

6. J.-P. Lebreton, « L'encadrement des DTA par le droit de l'urbanisme », Droit et Ville, 2000, n° 50, p. 36 *sq.* ; G. Houist, « Les directives territoriales d'aménagement et la loi littoral », RJE, 1997, n° spécial, les dix ans de la loi littoral, p. 19 précité.

7. J.-M. Bécet, « La saga du Rayol-Canadel », DMF ; Voir aussi, CE, 21 juin 2000, Ministre de l'Équipement, des Transports et du Logement, c/commune de Roquebrune-Cap-Martin, Req. N° 202058, BJDU, 3/2000, p. 191, Conclusions Laurent Touvet.

ne dit rien, pourtant, des communes de l'estuaire, sinon que les décrets attendus ne sont toujours pas parus… (voir ci-avant, chap. I, Section II).

Même si la DTA qui entend préciser les modalités d'application de la loi littoral ne jouait que ce rôle d'identification des espaces dans le cadre de la jurisprudence actuelle, non seulement elle pourrait conjurer l'incertitude qui règne encore quelquefois dans le droit de l'urbanisme littoral, mais encore elle pourrait ouvrir des perspectives totalement inédites. Par exemple, dans le « rapport des études préalables » à la DTA Alpes-Maritimes, on trouve, concernant les espaces proches du rivage, une manière très nouvelle de les appréhender en ville, en prenant en compte la « distance-temps » ainsi que la démarche, novatrice, proposée pour appliquer la notion d'urbanisation limitée sur les espaces urbanisés (**voir encart**). Les DTA apparaissent donc comme des outils capables de résoudre beaucoup de difficultés actuelles d'application de la loi littoral.

Il ne faudrait pourtant pas que, ce faisant, l'État donne l'impression de vouloir dessaisir les élus locaux de leurs compétences. Les modalités de l'élaboration de la DTA présentent donc un intérêt évident (comparer avec la méthode d'élaboration des SMVM, où se pose le même problème – ci-après, chap. VIII).

B. Les modalités d'élaboration de la DTA

La DTA est un outil d'État, fait par l'État et pour l'État. L'article L 111-1-1 du Code de l'urbanisme ne laisse aucun doute sur ce point. La procédure d'élaboration des DTA n'est nullement une procédure de co-décision, pour une compétence partagée [8]. Elle fait, cependant, intervenir un principe d'association qui institue, dans la durée, une collaboration étroite entre autorités d'État et élus locaux. Enfin, le public intervient par la voie d'une enquête publique.

Le début de la procédure est purement étatique. L'initiative, d'abord, appartient à l'État : c'est, en pratique, le comité interministériel d'aménagement et de développement du territoire qui choisit les secteurs sur lesquels est lancée l'élaboration d'une DTA. Les régions, cependant, peuvent demander à l'État d'utiliser cette procédure sur un site particulier : cette possibilité qui n'existait plus, dans le cadre de la loi du 4 février 1995, que pour les DTA concernant l'application de la loi littoral, est d'ailleurs étendue à toutes les DTA par la loi « Voynet » du 25 juin 1999. Les travaux préparatoires, destinés à définir les enjeux, ensuite, dépendent également uniquement de l'État, du moins sur les sites expérimentaux actuellement retenus. Il s'agit surtout, lors de cette phase,

8. F. Buors, « La protection des estuaires par le droit du littoral », Mémoire DEA, Université de Bretagne Occidentale, 1998, p. 163.

DTA « ALPES-MARITIMES »

RAPPORT DES ÉTUDES PRÉALABLES

4.1.6. Les espaces proches du rivage

L'importance accordée à la perception visuelle vers la mer, et réciproquement, conduit à proposer une limite de ces espaces essentiellement fondée sur des critères topographiques :

- les lignes des premières crêtes représentent des repères décisifs notamment dans l'Estérel ou dans la Riviera.
- les grandes infrastructures de transport, sensiblement parallèles au rivage, seront prises en compte lorsque le relief n'a pas une importance majeure.

On peut observer que l'application de ces critères conduit à situer la limite des espaces proches à une distance du rivage qui est rarement supérieure à 2 000 m, seuil, défini par l'article L 146-7, à partir duquel sont admises les voies de transit.

Dans les principales agglomérations disposant d'un front de mer urbanisé et continu, les critères précédents ne peuvent être appliqués : on leur substituera la notion de distance-temps qui conduit à situer à un maximum de 1 000 m, la limite des espaces proches, cette distance, ajustée sur les grandes infrastructures, représentant un temps de parcours pour un citadin de l'ordre d'un quart d'heure pour se rendre au bord de mer.

4.2 L'extension limitée de l'urbanisation dans les espaces proches du rivage

La rédaction de l'article L 146-4 (l'extension de l'urbanisation doit se réaliser, soit en continuité avec les agglomérations et villages existants, soit en hameaux nouveaux intégrés à l'environnement) paraissait signifier que l'urbanisation ne pouvait « s'étendre » que sur des espaces qui n'étaient pas déjà urbanisés.
Il s'avère cependant que la jurisprudence a sanctionné des extensions d'urbanisation concernant des terrains déjà urbanisés.

Ainsi, la limitation de l'extension de l'urbanisation s'appliquerait non seulement aux espaces naturels (non protégés au titre des autres articles de la loi) mais aussi aux espaces urbanisés.

Dans ces conditions, il apparaît nécessaire d'adapter aux espaces urbanisés de l'agglomération littorale des modalités d'application de la notion « d'extension limitée ».

Dans ces espaces, la prise en compte des particularités géographiques locales a conduit à privilégier deux orientations, établies à l'échelle de l'ensemble de l'agglomération :

- protéger les espaces urbanisés remarquables ou caractéristiques ;
- restructurer les quartiers « non remarquables », voire les densifier dans le cadre du renforcement de l'armature urbaine de l'agglomération.

La démarche proposée, (illustrée dans l'annexe 3 pour les communes d'Antibes et de Vallauris), consiste à recenser, en premier lieu, les quartiers où le type d'occupation des sols et les formes urbaines existantes doivent être maintenues en raison de leur intérêt architectural ou paysager. À ce titre sont identifiés les vieilles villes, villages anciens, fronts de mer et anciens lotissements caractéristiques de l'image Côte d'Azur ainsi que les principales lignes de force du paysage : caps, versants et crêtes où la densité modérée de l'urbanisation permet de conserver une dominante végétale.

Dans ces quartiers, le maintien des formes urbaines existantes se traduira par le maintien des indices d'occupation des sols constatés.

À l'opposé, les espaces urbanisés qui ne sont ni remarquables ni caractéristiques sur les plans du patrimoine ou du paysage, pourront être restructurés ou densifiés dans le cadre de projets de développements communaux.

Les plans d'occupation des sols devront comporter, dans le rapport de présentation, les analyses objectives permettant de :

- préciser les caractéristiques des formes urbaines dominantes à préserver dans les espaces sensibles,
- apprécier la limitation de l'urbanisation dans les espaces non urbanisés (superficie, densité, hauteur, emprise au sol) en référence aux quartiers environnants,
- justifier les densités des espaces urbanisés « ordinaires ».

Ainsi cadrée, l'extension de l'urbanisation dans les espaces proches du rivage sera effectivement limitée : elle ne pourra concerner qu'une faible superficie de ces espaces.

de dégager une vision synthétique des études et réflexions déjà engagées sur ces territoires avec le concours des seuls services déconcentrés de l'État agissant sous l'autorité d'un préfet coordonnateur. Les services déconcentrés paraissent, en effet, mieux à même de définir correctement les enjeux locaux, étant donné, toutefois, qu'un comité interministériel de pilotage est institué par la circulaire du 23 juillet 1996 relative au lancement des travaux préparatoires des DTA [9]. Ce comité a pour objet « d'examiner les projets de DTA aux différents stades de leur avancement, de préparer les arbitrages éventuels, d'élaborer des éléments de doctrine sur le rôle de l'outil et de tirer les enseignements de l'expérimentation ».

Le préfet coordonnateur, à l'issue de cette séquence, établit un rapport, le rapport des études préalables, qui peut déjà contenir un certain nombre de propositions. Au vu de ce rapport, le comité interministériel décide de la poursuite de la démarche. En cas de décision positive, le préfet coordonnateur reçoit mandat d'établir le projet de DTA ; alors commence l'élaboration proprement dite de la directive en association avec les collectivités locales.

Rien n'interdit, évidemment, que le préfet coordonnateur prenne contact avec les élus locaux dès le début des études préalables, soit pour les informer, comme il a été fait dans le cas de la DTA Alpes-Maritimes, soit même pour

9. Moniteur TP, 13 septembre 1996.

recueillir leurs avis, comme il a été fait pour la DTA estuaire de la Loire ou aire métropolitaine marseillaise. Mais l'association n'est obligatoire qu'une fois le diagnostic réalisé, lorsque le mandat d'élaboration est délivré. Sont obligatoirement associés, selon les termes de l'article L 111-1-1, les régions, les départements, les communes chefs-lieux d'arrondissement ainsi que les communes de plus de 20000 habitants et les groupements de communes compétents en matière d'aménagement de l'espace ou d'urbanisme compris dans le périmètre de la DTA. Les autres communes intéressées sont seulement consultées sur le projet de DTA élaboré par le groupe de travail, si ce projet comporte des dispositions relatives à l'application de la loi littoral, pour respecter les dispositions de l'article L 146-1 du Code de l'urbanisme. Les collectivités et groupements associés doivent aussi donner officiellement leur avis avant que le projet ne soit adressé par le préfet coordonnateur à l'échelon central pour approbation par décret en Conseil d'État, cet avis étant « réputé favorable s'il n'est intervenu dans un délai de trois mois à compter de leur saisine ». Mais cette consultation est purement formelle, surtout qu'aucun moyen juridique n'est prévu pour prolonger une éventuelle contestation. L'avis ne saurait tenir lieu d'association.

L'organisation formelle de l'association ne fait pourtant l'objet d'aucune précision apportée par le législateur ou le pouvoir réglementaire. Le préfet coordonnateur jouit donc d'une grande liberté en la matière. Il semble que l'on s'écarte peu de formules d'association bien connue dans le cadre de la planification urbaine : constitution de groupes de travail, réunions géographiques et thématiques... L'enjeu est important puisqu'il s'agit de la bonne acceptation et application de la DTA par les élus locaux. L'expérience des schémas de mise en valeur de la mer (voir ci-après, chap. VIII) devrait ici être précieuse.

Dans sa rédaction de la loi n° 95-115 du 4 février 1995, l'article L 111-1-1 du Code de l'urbanisme ne prévoyait aucune procédure de consultation du public. Cela posait problème, s'agissant surtout des DTA comportant des dispositions précisant les modalités d'application des lois montagne et littoral, puisque le dernier alinéa de l'article L 111-1-1 prévoit leur opposabilité directe aux autorisations d'utilisation et d'occupation des sols. La loi n° 99-533 du 25 juin 1999 d'orientation pour l'aménagement et le développement durable du territoire prévoit, en ce sens, une mise à disposition du public des projets de directives avant leur approbation par décret en Conseil d'État. La loi SRU du 13 décembre 2000 parachève l'évolution en décidant, par son article 11, que les projets de directives sont soumis à enquête publique, laquelle doit intervenir dans les formes prévues par la loi du 12 juillet 1983 relative à la démocratisation des enquêtes publiques et à la protection de l'environnement (article R 111-27 du Code de l'urbanisme dans sa rédaction du décret du 27 mars 2001). Une telle participation du public apparaît capitale pour la vulgarisation du nouvel outil DTA.

Enfin, après les consultations et la mise à l'enquête, l'élaboration déconcentrée se termine par la transmission du dossier complet par le préfet coordonnateur à l'administration centrale. Après consultation du conseil national de l'aménagement et du développement du territoire, le projet est examiné de nouveau par le CIADT, avant d'être approuvé en Conseil des ministres, le Conseil d'État entendu. On sait qu'aujourd'hui, il n'existe pas encore de DTA approuvée, mais le projet concernant les Alpes-Maritimes devrait être soumis très prochainement à enquête publique.

C. La portée juridique de la DTA

Ce point est extrêmement important, étant donné le contenu des DTA. Il convient alors de distinguer entre les effets des DTA à l'égard des documents d'urbanisme locaux et leurs effets à l'égard des autorisations d'occupation des sols. C'est là, en effet, que les DTA comportant des dispositions qui précisent les modalités d'application de la loi littoral se trouvent dans une situation particulière.

Toutes les DTA, quel que soit leur contenu, sont opposables aux documents d'urbanisme selon le principe de la compatibilité limitée introduit en droit de l'urbanisme par les alinéas 5 et 6 de l'article L 111-1-1 dans sa version de la loi du 4 février 1995. Il s'agit, selon le souhait du Conseil d'État dans son rapport de 1992 précité, de limiter l'exigence de compatibilité de la norme inférieure à la norme immédiatement supérieure. Ainsi, les schémas de cohérence territoriale doivent être compatibles avec les dispositions des DTA mais, en présence d'un tel schéma, le plan local d'urbanisme n'a pas à être confronté à la DTA ; le rapport de compatibilité PLU-DTA n'opère qu'en l'absence de schéma de cohérence teritoriale, alors que le rapport PLU – dispositions particulières au littoral ne joue qu'en l'absence et de SCOT et de DTA.

Il en va de même à l'égard des schémas d'aménagement des régions d'outre-mer ou du schéma de la Corse, dont les dispositions, qui, par ailleurs, ont les mêmes effets sur les documents d'urbanisme locaux que les DTA, doivent être compatibles avec ces dernières lorsqu'elles s'appliquent sur tout ou partie de ces territoires.

À l'entrée en vigueur d'une DTA, la mise en compatibilité de la norme immédiatement supérieure peut être immédiate, le préfet ayant la possibilité de l'imposer aussitôt. Pourtant, le dernier alinéa de l'article L 123-1 du Code de l'urbanisme, dans sa rédaction de la loi du 13 décembre 2000, introduit le principe de « l'opposabilité différée », dans la mesure où il dispose que lorsqu'un SCOT, un SMVM, une charte de parc naturel régional, un plan de développement urbain ou un programme local de l'habitat est approuvé, les PLU demeurent applicables jusqu'à leur révision qui doit intervenir dans un délai de 3 ans. Dans ce cas, donc, l'entrée en vigueur d'une norme supérieure n'entraîne pas automatiquement l'illégalité de l'acte inférieur. Ce nouveau principe de bonne administration ne concerne pas les DTA, ce qui, indirectement, montre l'importance de cette dernière.

Logiquement, selon le principe de la compatibilité limitée, les DTA ne sont pas directement opposables aux demandes d'autorisation d'occupation du sol. Cependant, lorsque l'application de la loi littoral – ou de la loi montagne – est en cause, le principe nouveau ne s'applique pas : l'alinéa 7 de l'article L 111-1-1 décide, en effet, que **les dispositions des DTA qui précisent les modalités d'application de ces lois s'appliquent directement**, nonobstant SCOT ou PLU, aux **autorisations individuelles**, puisque les dispositions particulières au littoral ou à la montagne, que les DTA précisent, organisent elles-mêmes leur opposabilité directe « aux personnes et opérations » mentionnées aux articles L 145-1 ou L 146-1. De même, en l'absence de DTA, les dispositions de la loi littoral continueront, comme aujourd'hui, à s'appliquer directement aux diverses autorisations d'occupation du sol.

Il faut remarquer que, dans ce cas, c'est un rapport de conformité qui lie dispositions des DTA précisant celles des lois montagne et littoral et autorisation d'occupation et d'utilisation des sols. Dès lors, les craintes de M. Coulombié, brillant spécialiste du droit du littoral, n'apparaissent nullement fondées. Il écrit :

> « La souplesse du lien de compatibilité, appliqué en cascade de haut en bas de l'échelle peut être de nature à altérer sensiblement les rigueurs de la loi. À l'opposé des intentions du législateur, le nouveau système fait craindre un affaiblissement considérable des protections instituées par la loi du 3 janvier 1986 dans leur interprétation jurisprudentielle antérieure à la loi du 4 février 1995 [10] ».

Cette assertion n'est pas fondée dans la mesure où l'effet de cascade dénoncé par l'auteur ne joue pas vis-à-vis des autorisations individuelles, du fait de l'alinéa 7 de l'article L 111-1-1. Le danger ne peut être qu'indirect et éventuel. Il serait celui-ci : s'il y a, sur un territoire littoral, DTA, SCOT et PLU (ce qui, on le verra, pourrait être fréquemment le cas dans quelques années), les dispositions de ce dernier document risqueraient d'apparaître décalées par rapport à celles de la DTA, l'effet de cascade jouant jusque-là. Il y aurait donc des hypothèses dans lesquelles une autorisation d'occupation du sol pourrait être conforme aux dispositions du PLU, sans l'être à celles de la DTA précisant les modalités d'application de la loi littoral. Si ces cas se multiplient, le juge administratif pourrait être enclin à tempérer la rigueur de sa jurisprudence actuelle.

L'alinéa 7 de l'article L 111-1-1 apparaît également clair sur un dernier point. Les précisions apportées par les DTA se substituent aux dispositions plus générales de la loi littoral. La solution de la double opposabilité, qui consisterait à appliquer, selon leur degré de sévérité, dispositions des DTA ou

10. H. Coulombié, « les règles d'aménagement et de protection du littoral », éd. Hôtel de Ville, 1996, p. 35.

dispositions législatives, apparaît en effet, incorrecte, puisque la DTA n'est pas susceptible, on l'a dit, d'adoucir la loi. Il ne peut y avoir double opposabilité que si la DTA laisse en dehors de son champ une partie des matières traitées par les articles L 146-1 et suivants du Code de l'urbanisme. Dans ce cas, la loi restera directement opposable pour les dispositions non précisées [11].

En cas de difficulté à faire coïncider rapport et cartographie au sein d'une même DTA, ce sont les dispositions du texte du rapport qui, selon toute vraisemblance, l'emporteront. La solution qui a été appliquée récemment à propos du schéma de la Corse, ayant lui-même valeur de DTA, devrait, en effet, être reprise [12].

La DTA affirme donc, sur des territoires pertinents, une expression claire des orientations et objectifs retenus par l'État quant à l'aménagement du littoral. Mais les collectivités locales sont également invités à exprimer leurs intentions en la matière, dans le respect des dispositions des DTA s'il y en a, dans les documents d'urbanisme intercommunaux que sont les schémas de cohérence territoriale.

§ 2 – Les schémas de cohérence territoriale

La loi littoral est souvent imprécise, ce qui résulte d'une volonté politique, celle de ne pas porter atteinte à la décentralisation. Dans l'esprit du législateur de 1986, il appartenait aux collectivités locales d'achever de déterminer les termes de la loi en les adaptant au contexte local. Les concepts plus ou moins indéterminés de la loi littoral devaient être explicités par la voie de prescriptions particulières proposées à l'État par la collectivité régionale, avant d'être précisés au niveau intercommunal par des schémas directeurs et identifiés, commune par commune, par les plans d'occupation des sols. Les prescriptions particulières, on l'a vu, sont remplacées par les DTA, lesquelles sont susceptibles, en développant les choix de l'État, d'atteindre un degré de précision relativement élevé. Y a-t-il encore place, dans ces circonstances, pour un document intercommunal qui interpréterait, à une échelle locale pertinente, les concepts législatifs ?

Il est évident qu'un schéma de cohérence territoriale, nouvelle appellation du schéma directeur depuis la loi SRU du 13 décembre 2000, garde son entière utilité en l'absence de DTA. Mais, même sur les territoires où une telle directive existe, il peut être intéressant pour les communes concernées d'élaborer un schéma directeur si elles veulent peser de quelque poids dans la détermination des règles qui vont régir leur littoral. Le territoire communal

11. C. Bersani, « Le rôle majeur des directives territoriales d'aménagement », RFDA, novembre 1995, p. 132.
12. CAA Marseille, 18 mars 1999, Ministre de l'Équipement, des Transports et du Logement, c/SCI Vétricella, n° 98 MA 0085 et n° 98 MA 00625.

n'est pas la bonne échelle pour donner un contenu précis aux concepts législatifs : l'intercommunalité s'impose en ce domaine, les groupements de communes actuels l'ont d'ailleurs fort bien compris. Lors de la phase d'élaboration des DTA, la nécessaire association ne donnera des résultats que si les communes, secteur par secteur, ont réfléchi ensemble sur la mise en œuvre locale des concepts de la loi littoral et peuvent donc défendre des positions alternatives à celles de l'État, seule manière d'infléchir les conceptions de ce dernier. La réflexion commune conduit tout naturellement à l'élaboration d'un schéma directeur. La démarche engagée n'aboutissait, il faut le reconnaître, que rarement jusqu'à ces dernières années, les schémas directeurs, quoique proportionnellement plus nombreux sur les espaces littoraux, n'étant pas très abondants. Mais le contexte s'est modifié et, de toute manière, le législateur, par la loi du 13 décembre 2000, a choisi, en rendant l'élaboration d'un schéma de cohérence territoriale pratiquement obligatoire sur les espaces littoraux. C'est ce qui constitue la singularité littorale du nouvel instrument, dont le contenu revêt un intérêt indiscutable.

A. La forte incitation à élaborer un schéma de cohérence territoriale sur le littoral

S'il fallait fournir la preuve que le littoral constitue un espace particulier en matière d'urbanisme, l'article L 122-2 du Code de l'urbanisme issu de l'article 3 de la loi SRU du 13 décembre 2000, l'apporterait indubitablement. Le nouveau schéma de cohérence territoriale (SCOT), appelé à remplacer le schéma directeur de la loi d'orientation foncière du 30 décembre 1967 modifiée en 1983, schéma qui n'était plus adapté à la solution des problèmes d'aménagement actuels, devient un véritable document de planification stratégique qui a pour objet de permettre, au niveau de l'agglomération, la mise en cohérence de toutes les politiques sectorielles en matière d'urbanisme, d'habitat, de déplacement et d'équipement commercial. Devant l'importance de ce document, l'objectif du législateur est d'inciter fortement les communes à élaborer de tels schémas, du moins dans les secteurs dans lesquels il considère comme essentielle leur élaboration, c'est-à-dire ceux où se rencontrent d'importants problèmes d'utilisation de l'espace qui ne peuvent être réglés que dans **l'intercommunalité**. Deux catégories d'espaces de ce type sont donc soumis par le législateur à des restrictions spécifiques dans leur urbanisation s'ils ne sont pas couverts par un SCOT.

La première catégorie est constituée par les agglomérations et leur périphérie, ce qui relève de l'évidence. Ainsi, toutes les communes situées à moins de quinze kilomètres de la périphérie d'une agglomération de plus de 15 000 habitants, sont, selon les vœux du législateur, directement concernées par l'élaboration d'un SCOT. Les 15 kilomètres sont calculés à partir de la limite extérieure de la partie agglomérée de l'unité urbaine et la zone couverte englobe la totalité du territoire des communes dont une partie se trouve située dans cette bande.

La seconde catégorie comporte le territoire des communes se trouvant en tout ou en partie dans **une bande de quinze kilomètres calculés à partir du rivage de la mer**. C'est reconnaître l'importance du littoral et l'acuité des problèmes qui s'y posent. Déjà (voir ci-avant, chap. IV, Section II), l'élaboration d'un schéma directeur donnait lieu à incitation positive, dans le cadre de la loi littoral : un tel schéma peut prévoir des secteurs d'urbanisation nouvelle sur les espaces proches du rivage sans que cette urbanisation soit justifiée par l'un des deux critères déterminés par la loi. En matière de SCOT, l'intérêt paraît si fort que le législateur, tout en s'inspirant toujours du régime juridique des espaces proches du rivage, recourt, cette fois, à une incitation négative : l'article L 122-2 du Code de l'urbanisme précise qu'en l'absence d'un SCOT applicable sur les espaces susvisés, les zones naturelles et les zones d'urbanisation future délimitées par les plans locaux d'urbanisme **ne peuvent pas être ouvertes à l'urbanisation, sauf accord préfectoral**, après avis de la commission départementale des sites et de la chambre d'agriculture, **permettant une extension limitée de l'urbanisation**.

La règle ainsi posée n'est assouplie que dans deux hypothèses : d'abord, pendant la phase d'élaboration du SCOT ; lorsqu'en effet, le périmètre du schéma est arrêté par le préfet, il peut être dérogé à la règle de l'extension limitée de l'urbanisation avec l'accord de l'établissement public chargé de l'élaboration du document ; ce dernier paraît effectivement le mieux qualifié pour savoir si les constructions envisagées sont ou non compatibles avec les orientations futures du SCOT. Ensuite, la loi prévoit que le préfet peut, par arrêté motivé, pris après avis de la commission départementale de conciliation instituée par l'article L 121-6 du Code de l'urbanisme pour rechercher des solutions aux conflits qui peuvent survenir entre personnes publiques associées à l'élaboration des documents d'urbanisme, exclure une ou plusieurs communes situées dans la bande des quinze kilomètres, du champ d'application de la règle en cas de rupture géographique due à des circonstances naturelles et notamment au relief.

L'entrée en vigueur de cette disposition est fixée au 1er janvier 2002. La règle de l'urbanisation limitée est effectivement rentrée en vigueur à cette date, compte tenu de la dérogation ci-dessus énoncée, aucun SCOT n'étant évidemment encore en application, puisque un an est un délai trop court pour conduire l'ensemble de la procédure lancée par la grande majorité des établissements publics de coopération intercommunale compétents dans les secteurs visés. Cependant cette date du 1er janvier 2002 est contestée pour la raison sus-indiquée, c'est-à-dire le délai insuffisant laissé aux communes compte tenu surtout des élections municipales de mars 2001. C'est pourquoi la loi n° 2002-276 du 27 février 2002 relative à la démocratie de proximité a, en son article 153, repoussé la date d'entrée en vigueur de la règle de l'extension limitée de l'urbanisation au 1er juillet 2002... Modification singulière : la règle, effectivement entrée en vigueur au 1er janvier, n'est plus applicable pendant 4 mois, délai encore trop court pour achever d'élaborer les SCOT. Au 1er juillet, la situation sera la même [13]... Il aurait été plus simple de laisser jouer le mécanisme prévu à l'article L 122-2 du Code de l'urbanisme : la plupart des périmètres des futurs SCOT sont aujourd'hui déterminés et l'établissement public chargé de l'élaboration du schéma peut donc être compétent pour autoriser l'urbanisation.

Dans la pratique, en effet, la procédure est en route. En règle générale, ce sont les établissements publics de coopération intercommunale, communautés de communes, communautés d'agglomération ou communautés urbaines, qui la conduisent, les trois types de communautés se retrouvant sur le littoral. Cela n'est guère étonnant dans la mesure où le législateur cherche à établir une véritable cohérence entre nouveaux groupements et nouveaux schémas, cohérence qui, d'ailleurs, fait l'objet d'ajustements récents dans les lois n° 2002-1 du 2 janvier 2002 tendant à moderniser le statut des sociétés d'économie mixte locales et du 27 février 2002 relative à la démocratie de proximité. Selon les articles L 5214-1, L 5215-1 et L 5216-1 du code général des collectivités territoriales, issus de la loi n° 99-586 du 12 juillet 1999 relative au renforcement et à la simplification de la coopération intercommunale, les trois communautés forment des ensembles d'un seul tenant et sans enclave, associant des communes au sein d'un espace de solidarité en vue d'élaborer et conduire ensemble un projet commun de développement urbain et d'aménagement de leur territoire (« un projet commun de développement et d'aménagement de l'espace » pour les communautés de communes). Or, le SCOT porte sur un périmètre d'un seul tenant et sans enclave et fixe, sur la base d'un « projet d'aménagement et de développement durable » qui détermine les objectifs de toutes les politiques publiques d'urbanisme, les orientations générales de l'organisation de l'espace et de la restructuration des espaces urbanisés, et les grands équilibres entre espaces urbanisés ou à urbaniser et espaces naturels. L'initiative de l'élaboration de ce document émane donc naturellement de ces communautés, même si la communauté de communes n'exerce optionnellement cette compétence que si elle souhaite bénéficier d'une dotation globale de fonctionnement bonifiée.

Cette solution de bon sens n'est pourtant pas obligatoire. Le périmètre de l'établissement public chargé d'élaborer le SCOT peut être plus large que celui d'une communauté incluse, si la totalité du périmètre de cette communauté compétente en matière de SCOT est couverte. Une seule exception est prévue,

13. Voir J.-H. Driard, « La loi SRU est remise en chantier », AJDA, n° 3/2002, p. 224 *sq*.

par l'article 154 de la loi relative à la démocratie de proximité : si un établissement public de coopération créé avant la promulgation de la loi du 12 juillet 1999 et comportant des discontinuités est concerné, le périmètre du SCOT peut ne pas inclure la totalité des communes membres de cet établissement à condition de comprendre la totalité de la partie ou des parties d'un seul tenant qui le concerne. De toute manière, si l'on conçoit aisément que le périmètre d'un SCOT puisse recouvrir celui de plusieurs communautés, voire le territoire de communes isolées, on imagine mal la situation inverse, selon laquelle des communes relevant de schémas de cohérence distincts créent postérieurement une seule et même communauté, obligeant donc certaines d'entre elles à quitter le périmètre du schéma auquel n'adhérerait pas la nouvelle communauté (article L 122-3 du Code de l'urbanisme, issu de la loi du 2 janvier 2002).

Les différentes communautés concernées ont compris l'importance des enjeux. Les SCOT ne connaîtront pas le sort des schémas directeurs de la loi de 1967. Leur contenu le justifie à l'évidence.

B. Le contenu des SCOT

Si, comme on vient de le voir, l'élaboration d'un SCOT par un établissement public de coopération intercommunale est quasiment obligatoire sur le littoral, c'est que, pour le législateur, son contenu présente un intérêt majeur sur cette partie du territoire national, qu'il y ait ou non DTA.

Il permet de replacer dans un contexte global et pertinent quant à son échelle l'application concrète des concepts généraux employés par la loi littoral.

Il existe une parenté certaine, au plan du contenu, entre directive territoriale d'aménagement et schéma de cohérence territoriale. Les termes utilisés par le législateur dans les grandes lois d'aménagement du territoire, pour la DTA, dans la loi solidarité et renouvellement urbain, pour le SCOT, sont d'ailleurs, en grande partie, les mêmes : il est question pour ces documents d'urbanisme, de détermination des « orientations » fondamentales – ou générales – de « l'organisation de l'espace », de fixation des « grands équilibres », de définition des « objectifs » de certaines politiques publiques en matière de transport, de grands projets d'équipements et de protection des espaces. Il n'y a cependant pas double emploi.

D'abord, différence essentielle, ce sont les choix locaux qui sont traduits dans le SCOT. Ils doivent bien entendu, respecter, dans le cadre d'une obligation de compatibilité, les choix de l'État exprimés dans la DTA, de même que les grands objectifs nationaux fixés par les articles L 110 et L 121-1 du Code de l'urbanisme (voir ci-avant, chap. II, Section I). Mais il s'agit de documents décentralisés.

Ensuite, le degré de précision n'est pas obligatoirement identique. D'une part, le SCOT est exclusivement un document d'orientation. Il ne doit plus être, comme les schémas directeurs actuels, des « super-POS », entrant dans les détails de l'affectation des sols et précisant le tracé des grands équipements. Les SCOT ne déterminent plus la destination générale des sols mais les orientations générales, les grands équilibres à respecter entre développement et protection des espaces naturels et de l'environnement en général. Il n'a donc pas, directement, vocation à préciser les modalités d'application de la loi littoral. Pourtant, en matière de SCOT, le législateur ne prévoit la possibilité d'une localisation précise que pour les espaces et sites à protéger... ce qui peut concerner bande des cent mètres et espaces remarquables. De plus, l'article L 146-4-II dispose que, dans les espaces proches du rivage, l'extension de l'urbanisation peut être prévue et localisée par un SCOT (voir ci-avant, chap. IV, Section II).

En revanche, la DTA peut localiser précisément les équipements et, comme on l'a vu, tous les espaces concernés par la loi littoral... ce que ne pourraient que constater les auteurs du SCOT. D'autre part, à l'inverse, le territoire couvert par la DTA sera, en règle générale, plus vaste que celui concerné par le SCOT : Alpes-Maritimes, Alpes du Nord, estuaires de la Loire et de la Seine constituent des territoires trop vastes pour être couverts par le périmètre d'un seul schéma directeur. Ce dernier outil précisera donc les options retenues dans la DTA, s'il en existe une.

Enfin et surtout, le SCOT est plus complet que la DTA. Cette dernière n'a pas vocation à définir exhaustivement la politique d'aménagement global du territoire qu'elle recouvre. C'est, par contre, ce que doit faire aujourd'hui le SCOT qui, en sus des orientations générales de l'organisation de l'espace, doit fixer « les objectifs des politiques publiques d'urbanisme en matière d'habitat, de développement économique, de loisirs, de déplacement des personnes et des marchandises, de stationnement des véhicules et de régulation du trafic automobile » (article L 122-1, § 2 du Code de l'urbanisme) ainsi que ceux relatifs à l'équipement commercial et artisanal, à la mise en valeur des entrées de ville, à la prévention des risques. Ce sont toutes les politiques liées à l'aménagement de l'espace qui sont concernées : l'objet des SCOT, animé par un souci de cohérence entre tous ces domaines aujourd'hui relativement indépendants, est aussi beaucoup plus large que celui des DTA. Si donc, par rapport à la planification de l'urbanisme littoral, les deux documents peuvent intervenir, le SCOT représente un instrument d'intégration très fort : les orientations qu'il fixe et qui s'imposent au plan local d'urbanisme, lequel définira dans le détail les règles de l'occupation des sols, sont déterminées en tenant compte de tous les paramètres susceptibles juridiquement d'intervenir. Ceci, comme l'a compris le législateur, est particulièrement important sur le littoral, espace essentiel, souvent suroccupé mais pas encore véritablement aménagé.

Le **contenu formel** des deux documents manifeste également leur différence. La DTA comporte, comme les anciens schémas directeurs, lesquels ne concernaient que la destination générale des sols, rapport de présentation et documents graphiques. Les documents constitutifs d'un SCOT sont plus nombreux dans la mesure où sont distingués éléments explicatifs et éléments normatifs : les SCOT comprennent « un rapport de présentation et **un document d'orientation** assorti de documents graphiques ». Le contenu du rapport est lui-même renouvelé : à côté d'éléments connus, repris de la législation antérieure, tels le diagnostic, l'état initial de l'environnement et les incidences sur celui-ci des choix retenus ou la prise en compte des normes supérieures, un véritable « projet d'aménagement et de développement durable » doit être présenté et justifié. Mais l'innovation principale réside en le regroupement de tous les éléments opposables du SCOT, orientations générales de l'organisation de l'espace, objectifs relatifs aux politiques publiques mentionnées, espaces et sites à protéger, dans une pièce spécifique du dossier : le document d'orientation qui peut, en tant que de besoin, être accompagné de documents graphiques qui, en pratique, n'auront véritablement d'intérêt, compte tenu de ce qui a été dit du degré de précision du SCOT, que pour la délimitation des espaces et sites à protéger.

L'intérêt pour les différentes communautés de communes littorales de l'élaboration d'un SCOT paraît donc évident. Ses modalités d'établissement renforcent encore cet intérêt.

C. La procédure d'établissement ou de révision des SCOT (**voir encart**)

Le dossier est établi, on l'a dit, généralement par un établissement public existant compétent en la matière. À défaut, un syndicat mixte regroupant des collectivités locales différentes et des groupements de ces collectivités peut être créé. L'établissement n'est pas seulement chargé de l'élaboration du SCOT, il en assure la gestion, ce qui est fondamental. La procédure d'élaboration, applicable également pour la révision du document, est synthétisée dans le graphique ci-contre et marquée par deux traits principaux qui s'épaulent l'un l'autre : un plus grand respect de la décentralisation, une plus forte association du public. Ces deux caractères devraient grandement faciliter la mise en application des orientations et objectifs retenus par le SCOT.

1 – **Le respect de la décentralisation** est plus fort que dans les anciens schémas directeurs. La procédure est, en effet, davantage dirigée par le président de l'établissement public qui, antérieurement, devait observer un formalisme étroit, très réducteur de ses prérogatives, au bénéfice des « personnes publiques associées ». L'association de l'État était obligatoire ; toutes les personnes publiques associées devaient être conviées à toutes les réunions du groupe de travail, avant même de disposer de moyens juridiques divers : avis officiel, possibilité de saisir la commission départementale de conciliation, en cas de désaccord avec le projet élaboré. Aujourd'hui, l'association de l'État n'est plus même obligatoire : elle intervient « à l'initiative du président de l'éta-

blissement public ou à la demande du préfet » (article L 122-6 du Code de l'urbanisme). Quant aux autres personnes publiques antérieurement associées, la région, le département, les autres établissements publics de coopération intercommunale intéressés, les chambres consulaires, elles interviennent seulement par la voix de leurs présidents qui « sont consultées par l'établissement public, à leur demande, au cours de l'élaboration du schéma », de même que « les présidents des établissements publics de coopération intercommunale voisins compétents en matière d'urbanisme et des maires des communes voisines » (article L 122-7). Ces personnes ne peuvent donc juridiquement peser sur le contenu du SCOT qu'après que le projet est arrêté, par leur avis officiel ou la saisine de la commission départementale de conciliation.

2 – **La participation du public**. Inexistante dans la procédure d'élaboration du schéma directeur, l'association du public est, au contraire, recherchée dans le cadre de l'établissement des SCOT, ce qui démontre à l'évidence l'importance conférée à ce document, dont le champ d'opposabilité est sensiblement élargi.

Elle intervient tant au début qu'à la fin de l'élaboration du schéma. Dès le commencement de la procédure, une délibération de l'organe délibérant de l'établissement public doit préciser **les modalités de la concertation préalable**, obligatoirement organisée. Puisque cette délibération constitue le premier acte d'un long processus, il est certain que les habitants, associations locales ou autres personnes concernées peuvent intervenir immédiatement et ceci, d'après les textes (article L 300-2 du Code de l'urbanisme), pendant toute la période d'élaboration du document. Cependant, la manière dont s'effectue en pratique la concertation est laissée à la libre appréciation du conseil de la communauté et le juge est peu regardant quant à l'efficacité réelle des modalités retenues [14]. De toute manière, comme l'affirment les professeurs Jacquot et Priet, « la concertation ne donne pas à ceux qui y participent un pouvoir de co-décision et la personne publique qui l'a organisée n'est pas obligée de tenir compte de leur point de vue [15] ».

Lorsque le projet est arrêté et que les organismes qui le devaient ont émis leur avis sur ce projet, une enquête publique rénovée est organisée par le président de l'établissement public. Cette enquête intervient, certes, à un moment où le dossier semble bouclé ; mais elle permet de fournir au public des informations précises qu'il n'a peut-être pas eu lors de la concertation. Il n'y a donc pas double emploi entre les deux techniques.

Il importe de noter une autre innovation procédurale au titre de l'information du public. Elle concerne le « **porter à la connaissance** », par lequel le préfet, dès qu'il a reçu notification de la décision de l'établissement public

14. CE, section, 15 février 1992, commune de Cruseilles, Rec. P210 ; CE, 10 décembre 1993, Association pour l'aménagement de la ZAC Dupleix, rec., p. 360.
15. « Droit de l'urbanisme », Dalloz, 4e éd., 2001, n° 91, p. 83.

PROCÉDURE D'ÉTABLISSEMENT OU DE RÉVISION DU SCOT

1 – PHASE DE DÉTERMINATION DU PÉRIMÈTRE DU SCHÉMA

Proposition émanant de la majorité qualifiée des communes
(2/3 représentant 1/2 de la population ou l'inverse)
comportant 1/3 des communes non membres d'un EPCI compétent en matière de SCOT

↓

Avis du Conseil Général

↓

Fixation par arrêté préfectoral

↓

Création de l'EPCI chargé du schéma si le périmètre retenu n'est pas celui d'un EPCI déjà existant.

2 – PHASE D'ÉTUDE DU PROJET DE SCHÉMA

1re délibération de l'organe délibérant de l'EPCI organisant la concertation préalable
(généralement, indication des services ou organes chargés des études)

↓

Transmission

↘

– au préfet
– aux personnes publiques associées sur leur demande à la procédure

↓

Demande de consultation
(pendant toute la durée de l'élaboration)

↙

« porter à la connaissance »
(pendant toute la durée de l'élaboration)

↓

Le Président de l'EPCI conduit la procédure
Recueille tout avis qu'il désire

↓

Organise 4 mois avant l'examen du projet un débat sur les orientations générales du projet d'aménagement et de développement durable

↓

2e délibération de l'organe délibérant de l'EPCI (ODEPCI)qui arrête le projet

3 – PHASE D'APPROBATION

Projet arrêté soumis pour avis à toutes les personnes publiques associées (PPA)
Avis réputé favorable s'il n'est rendu dans les 3 mois

Préfet
Communes
PPA

→ Saisine possible de la commission départementale de conciliation

Propositions rendues publiques dans les 2 mois

Une commune ou groupement qui estime que l'un de ses intérêts essentiels est compromis

↓

Préfet
(avis de la commission de conciliation)

↓

Avis dans les 3 mois

↓

ENQUÊTE PUBLIQUE
(par le président de l'EPCI)

↓

Modifications éventuelles à l'issue de l'enquête

↓

3e délibération de l'OD EPCI – **qui approuve le SCOT**

↓

Transmission au préfet
Entrée en vigueur 2 mois après
Mesures de publicité

Préfet peut s'opposer à l'entrée en vigueur dans un délai de 2 mois

↓

Lettre motivée

↓

Délibération apportant les modifications demandées

↓

Transmission

↓

Entrée en vigueur du schéma

Commune ou EPCI qui estime qu'un intérêt essentiel est compromis et qui n'a pas obtenu de modifications

↓

Décision de retrait dans les 2 mois
(sauf pour commune membre d'une communauté)

↓

Arrêté du préfet constatant le retrait

↓

Réduction du périmètre du schéma

d'élaborer un SCOT et, maintenant, pendant toute la durée de son établissement, signifie au président de l'établissement les dispositions particulières obligatoirement applicables sur le territoire concerné et les projets d'intérêt général intéressant cet espace, en même temps qu'il lui délivre toute information utile à l'élaboration du document que l'État aurait en sa possession. Aujourd'hui, tous ces éléments sont tenus à la disposition du public alors qu'auparavant, il fallait attendre que le projet soit arrêté pour qu'un administré puisse obtenir communication du « porter à la connaissance ».

Ces deux caractères principaux de la procédure, dont les autres éléments ne méritent pas de commentaires particuliers, devraient donner au document un caractère moins technocratique que par le passé, alors même que les facteurs à mettre en cohérence sont plus nombreux et plus complexes. Ils devraient aussi affirmer le caractère local du document, mieux en prise avec les réalités du secteur. C'est véritablement dans le SCOT que les dispositions d'urbanisme particulières au littoral seront le mieux intégrées au contexte malgré l'inopposabilité de principe des dispositions du SCOT aux demandes d'autorisation d'occupation du sol. Se pose alors, en effet, la question de la portée juridique du SCOT.

D. La portée juridique des SCOT

Si le préfet ne s'oppose pas à l'entrée en vigueur de la délibération approuvant le SCOT pour incompatibilité du document avec l'une des dispositions du « porter à la connaissance », opposition qui ne peut être levée que par la transmission de la délibération apportant au schéma les modifications demandées, la délibération approuvant le schéma devient exécutoire deux mois après sa transmission au préfet. À ce moment, le document d'orientation produit tous ses effets juridiques. Deux points sont à aborder : à quelles décisions les orientations et objectifs contenus dans le document sont-ils opposables ? Quel rapport doit unir orientations et objectifs, d'une part, décisions auxquelles ils s'appliquent, d'autre part.

Le dernier alinéa de l'article L 122-1 du Code de l'urbanisme énumère un certain nombre de documents, opérations ou autorisations auxquels les dispositions du document d'orientation sont opposables. Il s'agit d'abord des plans locaux d'urbanisme, des plans de sauvegarde et de mise en valeur, des cartes communales, c'est-à-dire des principaux documents d'urbanisme réglementaire directement opposables aux demandes d'autorisation d'occupation des sols ; puis, vu les politiques que le SCOT doit mettre en cohérence, les programmes locaux de l'habitat, les plans de déplacements urbains, les schémas de développement commercial. En ce dernier domaine, il est également prévu que les autorisations d'exploitation commerciale de la loi « Royer » modifiée sont concernées. Enfin, un certain nombre d'opérations figurent sur cette liste : les opérations foncières, telles la création de zone d'aménagement différé ou la constitution par les collectivités et établissements publics de réserves foncières de plus de cinq hectares d'un seul tenant; des opérations d'aménagement, telles les zones d'aménagement concerté mais aussi les lotissements, remembrements réalisés par les associations foncières urbaines et constructions lorsque ces opérations portent sur une surface hors œuvre nette de plus de 5 000 m^2.

Il y a déjà, dans cette dernière mention, entorse au principe selon lequel les dispositions des schémas prospectifs ne sont pas opposables aux autorisations d'occupation du sol. Mais il faut signaler que ce principe, avant même que n'intervienne la loi SRU du 13 décembre 2000, connaissait déjà des exceptions notables. Il faut, d'abord, citer à nouveau l'article L 146-4-II du Code de l'urbanisme : dans les espaces proches du rivage, l'extension limitée de l'urbanisation est possible, sans l'accord du préfet, lorsqu'elle est conforme aux dispositions d'un schéma directeur, aujourd'hui d'un SCOT. On notera qu'il s'agit alors d'un rapport de conformité...

Mais la confrontation entre schéma directeur et permis de construire peut se faire aussi par le biais des dispositions d'ordre public du règlement national d'urbanisme. L'article R 111-15 permet de refuser le permis de construire ou de ne l'accorder que sous réserve de l'observation de prescriptions particulières lorsque les constructions projetées contrarieraient l'action d'aménagement du territoire et d'urbanisme telle qu'elle résulte des dispositions des schémas directeurs approuvées avant le 1er octobre 1983. Dans l'application concrète de l'article R 111-21, les dispositions d'un schéma directeur pouvaient également être invoquées pour attester de la qualité d'un site et de l'atteinte qui lui était portée par un projet de construction [16]. Bref, il n'est pas possible « d'exclure, par principe, l'opposabilité des actes juridiques à caractère prospectif aux autorisations individuelles d'occuper le sol [17] », même si cette opposabilité directe ne constitue pas la règle, ce qui est le cas des DTA précisant les modalités d'application de la loi littoral.

Quel est alors le régime de l'opposabilité ? Sur ce point, l'existence d'un document spécifique regroupant tous les éléments opposables réduit la complexité du problème qui, auparavant, naissait de la valeur normative différente des dispositions du schéma directeur. L'obligation de compatibilité n'opère qu'à l'égard des dispositions contenues dans le document d'orientation. Est illégal le document, l'opération ou l'autorisation qui est contraire à l'un des objectifs ou orientations de ce document.

16. CE, 3 avril 1992, SA « Maison familiale constructeur » et commune de Saint-Pierre-d'Oléron/association « société de protection des paysages de l'île d'Oléron », RJE, 2/1992, p. 269, conclusions Michel Dutreil ; CA Poitiers, 23 janvier 1996, Société pour la protection des paysages de l'île d'Oléron, RJE, 4/1996, p. 469, note Drobenko et Léost.
17. L. Prieur, *op. cit.*, p. 193.

Section II – Les dispositifs relevant de la législation sur l'aménagement du territoire

Chaque système normatif poursuit des objectifs propres, c'est pourquoi le juge administratif a, depuis longtemps, posé le principe de l'indépendance des législations, selon lequel chaque appareil normatif s'applique indépendamment des autres. Il en va ainsi pour la législation concernant l'aménagement du territoire par rapport à celle relative à l'urbanisme. Les deux grandes lois récentes qui relancent dans notre pays la politique d'aménagement du territoire, celle du 4 février 1995, dite « loi Pasqua » et celle du 25 juin 1999 qui modifie profondément la première sans la remplacer, ne comportent aucun mécanisme spécifique qui assurerait la cohérence des procédures qu'elles instaurent avec le dispositif propre à l'urbanisme, de même que la loi SRU du 13 décembre 2000 ne fait aucunement référence à l'un des deux textes susvisés. Il existe cependant une exception qui, bien que particulière, montre la parenté entre les deux systèmes de planification des sols : l'article 22 § 3 de la loi du 4 février 1995 d'orientation pour l'aménagement le développement du territoire, modifié et par l'article 25 de la loi « Voynet » et par l'article 1er B de la loi SRU est, en effet, ainsi rédigé :

> « Lorsqu'un pays comprend des territoires soumis à une forte pression urbaine et n'est pas situé en tout ou partie à l'intérieur d'un périmètre d'un SCOT, les communes membres de ce pays peuvent décider que **la charte de pays** comprendra tout ou partie des dispositions prévues à l'article L 122-3 du Code de l'urbanisme, en vue de préserver et requalifier le patrimoine naturel, paysager et culturel et conforter les espaces agricoles et forestiers.
> Dans ce cas, les dispositions de la charte de pays sont soumises à enquête publique avant leur approbation et les plans locaux d'urbanisme doivent être compatibles avec les orientations fondamentales de la charte ».

Les pays constitués sur la frange littorale ne devraient guère être concernés par cette disposition puisque, comme on l'a dit, l'établissement d'un SCOT est pratiquement assuré sur cet espace. Elle témoigne, toutefois, de deux choses : d'une part, que les deux systèmes normatifs concernent l'un et l'autre l'organisation de l'espace, du même espace ; d'autre part, que ces deux politiques peuvent parfois utiliser les mêmes instruments. Outre les chartes de pays, il est possible de citer les DTA, ainsi que les schémas régionaux de Corse ou des départements d'outre-mer qui valent DTA : bien que la loi SRU ait supprimé l'articulation qui avait été prévue entre DTA et schémas d'aménagement du territoire par la loi « Pasqua », cet outil fonctionne dans le cadre des deux systèmes.

Dès lors, il est certain que la législation sur l'aménagement du territoire peut avoir un impact non négligeable sur l'aménagement du littoral. On étudiera donc, mais uniquement dans cette perspective, l'ensemble constitué, depuis la loi « Voynet » du 25 juin 1999, par les schémas de services collectifs, à l'échelon national et les schémas régionaux d'aménagement et de développement durable du territoire, à l'échelon régional.

§ 1 – Les schémas de services collectifs

A. Généralités

La loi du 4 février 1995, en son article 2, prévoyait l'établissement d'un schéma national d'aménagement et de développement du territoire et en fixait ainsi le contenu :

> « Il fixe les orientations fondamentales en matière d'aménagement du territoire, d'environnement et de développement durable. Il établit les principes régissant la localisation des grandes infrastructures de transport, des grands équipements et des services collectifs d'intérêt national. Il détermine la manière dont les politiques de développement économique, social, culturel, sportif, d'éducation, de formation, de protection de l'environnement, du logement et d'amélioration du cadre de vie concourent à la réalisation de ces orientations et à la mise en œuvre de ces principes ».

La loi « Voynet », plus respectueuse de la décentralisation, se contente de formuler, dans son texte même, un certain nombre de principes et de choix stratégiques, mis en œuvre non point par un schéma national, même assorti de quelques schémas sectoriels, mais par huit schémas de services collectifs concernant respectivement l'enseignement supérieur et la recherche, la culture, la santé, l'information et la communication, les transports de voyageurs et les transports de marchandises, l'énergie, les espaces naturels et ruraux, les sports.

Ces schémas, élaborés par l'État dans une perspective à vingt ans, en tenant compte des projets d'aménagement de l'espace européen et en concertation avec les collectivités, les organismes socioprofessionnels, les associations concernées, sont établis en 3 étapes :

- d'abord, un document de cadrage est élaboré par l'administration centrale et validé par le comité interministériel d'aménagement et de développement durable du territoire. Le CIADT du 20 décembre 1998 l'a fait pour les six premiers schémas ;
- ensuite, les travaux conduisant à l'élaboration des projets sont conduits à l'échelon de chacune des régions, sous la responsabilité du préfet de région, en concertation avec les partenaires territoriaux ;
- enfin, les schémas de services collectifs sont établis au niveau national, arrêtés par le CIADT, soumis aux consultations officielles prévues, puis adoptés par décret en Conseil d'État. Le décret n° 2002-560 du 18 avril 2002 approuve ainsi les schémas de services collectifs, dont l'élaboration s'est révélée particulièrement difficile et du fait des très nombreuses consultations prévues par la loi et du fait, surtout, de la nouveauté du contenu du document qui ne s'attache pas seulement, comme la plupart des documents de planification stratégique, à déterminer les infrastructures nouvelles mais qui concerne aussi la manière de fonctionner des équipements et services existants.

Leur révision, par la même procédure, est liée, ce qui est fondamental, avec les contrats de plan État-régions. Il est, en effet, prévu (article 2-III de la loi « Voynet ») que deux ans avant l'échéance de ces contrats de plan, « *le gouvernement soumettra au Parlement un projet de loi relatif aux orientations stratégiques de la politique d'aménagement et de développement durable du territoire national et définissant les principes de territorialisation des politiques publiques qui y concourent. Ce projet de loi permettra un réexamen des choix stratégiques et des conditions de leur mise en œuvre dans les schémas de services collectifs* ». Un an avant l'échéance, c'est-à-dire en 2006, les schémas de services collectifs seront donc révisés, afin que la future génération des contrats de plan État-régions (2007-2013) puisse mettre en œuvre ces nouveaux choix.

Ainsi, à partir d'un état des lieux et d'une analyse prospective des enjeux d'ici 2020, les schémas de services collectifs offrent un cadre de référence comportant des orientations et des mesures constituant autant de politiques territoriales adaptées et différenciées pour un espace national solidaire. Les schémas déterminent l'organisation et les modalités d'accessibilité des services concernés pour l'ensemble des territoires, dans le respect et la complémentarité de chacun des territoires décentralisés. Il s'agit de développer les services collectifs au plus près des usagers, selon leurs besoins effectifs, en prenant en compte la maîtrise des risques, ce qui comporte la préservation et la valorisation des ressources naturelles. Cela, naturellement, intéresse le littoral.

Il n'est nullement question ici d'analyser en détail le contenu et le régime juridique des schémas de services collectifs, lesquels proposent des objectifs à tous les acteurs des politiques d'aménagement du territoire et explicitent les actions incombant à l'État. Il faut seulement déterminer en quoi les politiques d'urbanisme sur le littoral sont concernées directement par ces schémas. À cet égard, tous les schémas peuvent évidemment avoir des implications sur le littoral, mais un seul est susceptible de produire des effets directs sur l'urbanisme littoral : **le schéma de services collectifs des espaces naturels et ruraux**, lequel développe un volet littoral particulier. L'étude de ce volet montre la place exacte de cet instrument dans le droit.

B. Le volet « littoral » du schéma de services collectifs des espaces naturels et ruraux

Ce schéma, comme tous les autres, est aujourd'hui définitif, puisqu'il a été approuvé par le décret n° 2002-560 du 18 avril 2002.

Le document, après avoir, dans une première partie, établi un diagnostic et retenu des objectifs généraux, arrête des « stratégies d'action » dans la seconde partie, elle-même divisée en trois sous-parties : « orientations générales des politiques de l'État », « stratégies d'action territoriales », la confrontation des deux permettant d'identifier les « enjeux stratégiques nationaux », perçus de part et d'autre comme essentiels et « à la fois définis de façon générale et localisés aussi précisément que possible » (p. 77). À ce titre, le schéma identifie neuf espaces particulièrement concernés, dont « littoral et mer ». Chacun de ces espaces est étudié en trois développements : problématique, orientations de l'État, mise en œuvre. La manière dont sont rédigés les développements relatifs au littoral est pleine d'enseignements (p. 96-101).

Le constat est immédiatement établi : « *À l'horizon 2020, le littoral français devrait subir des pressions d'une ampleur telle qu'elles nécessitent le renforcement d'une action continue de l'État sur ce territoire, en se dotant d'une gestion plus rationnelle des espaces dans une vision prospective* ». Dans ce cadre, neuf enjeux ou risques sont soulignés : la maîtrise de l'urbanisation, la préservation ou la restauration du patrimoine paysager transformé par le développement des infrastructures touristiques, urbaines et portuaires, le règlement des conflits d'usage, la qualité des eaux, la restauration et la préservation de la biodiversité, la surexploitation des ressources halieutiques, l'érosion marine et la régression des rivages, le problème des îles et celui des récifs coralliens. Tous les grands problèmes littoraux sont donc recensés et il s'agit de savoir comment le schéma entend y répondre.

Sur ce point, les développements consacrés aux « orientations de l'État » et à la « mise en œuvre » sont clairs : les instruments juridiques existent ; il suffit de les mettre en œuvre, en renforçant, par une volonté politique sans faille, leurs conditions d'application. Pour « promouvoir une gestion intégrée du littoral qui permette de dépasser les conflits d'usage », il est nécessaire d'assurer le respect des orientations déjà posées dans la loi littoral et au travers des documents de planification étudiés ici : DTA, schémas de mise en valeur de la mer, schéma d'aménagement et de gestion des eaux, qui doivent être mieux mis en cohérence. Leur mise en œuvre peut également se faire par l'action d'organes existants, dans le cadre des textes et programmes actuels, sauf, éventuellement, pour la zone économique exclusive ou la gestion des ressources halieutiques qui feraient l'objet de programmes nouveaux.

La cause est entendue : le schéma de services collectifs des espaces naturels et ruraux saisit l'ensemble des problèmes posés par l'urbanisme littoral et affirme la volonté de l'État de jouer un rôle essentiel en la matière ; mais il ne modifie pas le panorama juridique. Toutefois, il conforte les outils existants et comporte l'engagement de l'État de s'en servir et de les respecter. Lorsque l'on sait les attaques que subit la loi littoral, la difficile gestation des DTA et plus encore des SMVM, cela n'est probablement pas inutile, surtout dans ce contexte précis. Lorsqu'il est dit, à l'article 1er de la loi du 4 février 1995 modifiée que « les schémas régionaux d'aménagement et de développement du territoire doivent être compatibles avec les schémas de services collectifs », il n'y a pas de contrainte nouvelle réelle, mais c'est l'ensemble du corpus juridique propre au littoral qui fait l'objet de cette obligation de compatibilité.

§ 2 – Les schémas régionaux d'aménagement et de développement du territoire

Les schémas régionaux d'aménagement et de développement du territoire (SRADT) réintroduisent la région en tant qu'acteur de la politique d'urbanisme littoral. C'est aujourd'hui, puisque toute idée de schéma national général a disparu, le seul document global en matière d'aménagement du territoire. Il constitue, aux termes de l'article 8 de la loi du 25 juin 1999, le plan de la région et, à ce titre, il fixe les orientations que la région mettra en œuvre soit directement, soit par voie contractuelle avec l'État, les autres collectivités, les établissements publics et les entreprises publiques et privées.

Les orientations peuvent concerner l'aménagement du littoral. La planification régionale qui, dans un premier temps, restait le plus souvent dans le cadre des compétences techniques expressément transférées, lesquelles n'incluaient le littoral que par le biais de l'article L 111-1-1 du Code de l'urbanisme en une disposition non appliquée (ci-avant, introduction), concerne aujourd'hui l'ensemble des activités, traite de tous les problèmes actuels de la région, sous l'influence des contrats de plan État-régions. Une preuve manifeste en est, d'ailleurs, fournie par la loi du 4 février 1995 qui introduit dans la loi « littoral », un article 40A, lequel invite les régions littorales à intégrer leurs politiques d'aménagement du littoral grâce **à l'élaboration de schémas interrégionaux du littoral**. Il va de soi que si les régions littorales sont ainsi incitées à collaborer en la matière, chacune d'entre elles détient la compétence lui permettant de concevoir et de mettre en œuvre le développement global de sa frange littorale et que le texte approprié pour recueillir ce programme est le SRADT. Après quelques indications générales sur le SRADT, il conviendra donc de se pencher sur ce que pourrait être le futur schéma interrégional du littoral.

A. Généralités sur le schéma régional d'aménagement et de développement du territoire

Le SRADT, actuellement en cours d'élaboration, fixe les orientations fondamentales à moyen terme du développement durable du territoire régional. À ce titre,

> « il définit notamment les principaux objectifs relatifs à la localisation des grands équipements, des infrastructures et des services d'intérêt général qui doivent concourir au sein de la région au maintien d'une activité de service public dans les zones en difficulté ainsi qu'aux projets économiques porteurs d'investissements et d'emplois, au développement harmonieux des territoires urbains, périurbains et ruraux, à la réhabilitation des territoires dégradés et à la protection et la mise en valeur de l'environnement, des sites, des paysages et du patrimoine naturels et urbains ».

Ce document, extrêmement large quant à son objet, doit, par ailleurs, veiller à la cohérence de tous les projets qui s'expriment en ces domaines dans la région. Il constitue le plan de la région, dont les options sont mises en œuvre soit directement, soit par voie contractuelle « *avec l'État, les autres régions, les départements, les communes, les entreprises publiques ou privées, les établissements publics ou les autres personnes morales* ».

Le plan de la région, élaboré et approuvé, depuis la loi du 29 juillet 1982 portant réforme de la planification, par le conseil régional qui, dans un premier temps, ne débordait que peu les domaines de compétences techniques expressément transférées par les lois de décentralisation, donc ne concernait qu'indirectement l'aménagement du littoral, concerne aujourd'hui l'ensemble des activités, traite de tous les problèmes rencontrés par la région. Le « plan pour la Bretagne » (1994-1998) est, en ce qui concerne le littoral, exemplaire.

Le Conseil Régional, qui venait par ailleurs de créer, en son sein, une section « Mer-Littoral », retient un programme s'étendant à tous les aspects d'une véritable politique littorale. Le but fixé est d'aboutir à la mise en place **d'une charte régionale du littoral** qui « définirait les grandes orientations de l'aménagement du littoral, retiendrait certaines vocations... le cas échéant des prescriptions particulières d'aménagement ». En définitive, « cette nécessaire vision d'ensemble du devenir du littoral pourrait conduire la région... à favoriser l'élaboration de schémas locaux de protection et d'aménagement raisonné du littoral... (qui constitueraient) l'assise de contrats pluriannuels de développement du littoral... ». Un tel projet n'a finalement pas encore abouti mais il est fondamental d'observer que la région se reconnaît la capacité d'intervenir pleinement en la matière.

Aux termes du décret du 19 septembre 2000, le SRADT se présente sous la forme d'un dossier comptant trois documents distincts :

- un document d'analyse prospective qui, sur la base d'un diagnostic de l'état actuel du territoire régional, analyse les perspectives d'évolution de ce territoire au plan économique, social et environnemental, dans le contexte interrégional, national et européen ;
- une charte régionale, document de programmation stratégique, qui fixe les grandes orientations et les principaux objectifs de l'action ;
- des documents cartographiques qui constituent la traduction spatiale des options définies dans la charte.

Le SRADT est élaboré par le conseil régional, en association avec de nombreux partenaires publics, départements, agglomérations, pays, parcs naturels régionaux, communes chef-lieu de département et d'arrondissement, groupements compétents en matière d'aménagement et d'urbanisme, chambres consulaires et aussi représentants des activités économiques et sociales et associations. Après avis, sur le projet arrêté, des conseils généraux, du conseil économique et social régional et de la conférence régionale de l'aménagement et du développement du territoire, le projet de schéma est approuvé par délibération motivée du conseil régional et peut être mis en œuvre. Il sera révisé selon le même rythme que les schémas de services collectifs, donc en coordination avec les contrats de plan État-région.

Il faut, en effet, insister sur le point suivant : **le SRADT n'a pas par lui même de caractère prescriptif**. Sa mise en œuvre s'opère d'abord par voie contractuelle. De même, technique indirecte, le SRADT pourra recommander la mise en place d'instruments existants d'aménagement, d'urbanisme ou de protection de l'environnement, tels que schéma de cohérence territoriale, parc naturel, directive territoriale d'aménagement ou schéma de mise en valeur de la mer. Comme les schémas de services collectifs avec lesquels ils doivent être compatibles, les SRADT constituent **des cadres de référence** pour les autorités compétentes mais n'imposent pas par eux mêmes de nouvelles contraintes à ces autorités. Leur utilité n'est, cependant, pas remise en cause : les documents d'aménagement du territoire posent les problèmes et choisissent les options qui permettent de les résoudre.

D'autre part, même si son exécution renvoie à d'autres documents, un suivi est assuré par la conférence régionale de l'aménagement et du développement du territoire, laquelle examine, au moins une fois par an, les conditions de mise en œuvre du schéma. Ce suivi, comme le pense A. H. Mesnard [18] « *est de nature à favoriser sur le littoral comme ailleurs, une bonne cohérence dans l'exécution des politiques régionales* ».

C'est également au nom de la cohérence de l'action que le législateur (article 6 de la loi du 25 juin 1999) prévoit la possibilité d'élaborer des schémas interrégionaux d'aménagement et de développement du territoire, sur « des territoires qui justifient une approche globale et concertée de leur aménagement et de leur développement ». De tels schémas interrégionaux apparaissent même obligatoires dans le cas où un même massif montagnard serait partagé entre plusieurs régions. En revanche, l'intégration de politiques d'aménagement des territoires littoraux à l'échelle interrégionale est seulement préconisée par le législateur (article 7 de la loi du 4 février 1995).

B. Le schéma interrégional du littoral

La loi n° 95-115 du 4 février 1995 d'orientation pour l'aménagement et le développement du territoire introduit dans la loi littoral du 3 janvier 1986 un nouvel article 40A qui invite les régions littorales à coordonner leurs politiques d'aménagement du littoral grâce à l'élaboration de « schémas interrégionaux du littoral » (SIL). Ces schémas se voient conférer un objectif très large : veiller

18. « Droits maritimes », *op. cit.*, p. 72.

à la cohérence des projets d'équipement et des différentes actions de l'État, des collectivités locales et de leurs établissements publics, qui auraient une incidence quelconque sur l'aménagement et la protection du littoral. Dans le respect des orientations des schémas de services collectifs concernés et de celles retenues en la matière par les SRADT, de tels schémas interrégionaux permettent de promouvoir des politiques publiques « offensives [19] » sur ces espaces-clés du développement économique à une autre échelle que la simple échelle régionale, c'est-à-dire à celle des grandes régions d'Europe. Il serait dommage, par exemple, que la baie du Mont-St-Michel ne puisse faire l'objet, quant à sa protection et à sa mise en valeur, d'un projet commun à la Bretagne et à la Basse-Normandie...

Le SIL est élaboré et approuvé par les différents conseils régionaux concernés, sans qu'une procédure spécifique soit imposée. Comme le SRADT, il ne possède pas par lui même de caractère prospectif, étant doté seulement d'un caractère indicatif. Sa mise en œuvre relèvera d'autres outils, pour l'élaboration desquels il constituera le cadre de référence.

En sus de la technique contractuelle et de la possibilité de préconiser la mise en place des outils prescriptifs cités ci-dessus, il serait également éventuellement possible de recourir à la notion de « projet d'intérêt général » qui donne à l'État le moyen d'obliger les communes à prévoir dans leur document d'urbanisme les mesures nécessaires à la mise en œuvre des projets des autres collectivités ou intervenants auxquels le préfet aura reconnu cette qualification (article L 123-14 et R 121-3 du Code de l'urbanisme).

Il est difficile d'en dire plus car, pour l'heure, aucune région littorale n'a usé des compétences qu'elle détient pour programmer l'aménagement de son littoral. Aucun schéma interrégional n'est établi, ni même, semble-t-il, à l'étude et il faudra probablement attendre l'adoption des SRADT avant d'aller plus loin. Mais l'essentiel est là : les régions peuvent intervenir pour programmer en commun l'aménagement de leur espace littoral, pour en fixer les principes, pour faciliter sa mise en œuvre par des incitations financières adéquates.

Conclusion – Les autres outils de droit commun d'aménagement du territoire

Sans avoir l'importance des outils de planification stratégique ci-dessus étudiés, d'autres instruments, s'appliquant sur l'ensemble du territoire, peuvent se révéler utiles pour l'aménagement et la protection du littoral. Outre les schémas d'aménagement et de gestion des eaux, liés au problème crucial de la qualité de l'eau et que l'on retrouvera, à ce titre, dans le chapitre suivant, ces

19. Bilan de la loi littoral, Ministère de l'Équipement, des Transports et du Logement, février 1999, p. 59.

instruments, qui contribuent à lutter contre les importantes pressions qui s'exercent sur le littoral, se divisent en deux catégories principales : les outils de prévention et les outils de protection de l'environnement.

Les principaux outils de prévention intervenant dans notre domaine sont les plans de prévention des risques naturels prévisibles, institués par la loi n° 95-101 du 2 février 1995 relative au renforcement et à la protection de l'environnement. Dans le cadre de l'aménagement du littoral, ce plan permet de prendre en compte et de prévenir les risques d'érosion marine, de submersion marine et d'avancées dunaires. Document de l'État, il permet, par un zonage approprié qui s'impose aux auteurs du plan local d'urbanisme, de prescrire, dans les zones où les risques identifiés peuvent se produire, les mesures de prévention et de sauvegarde à prendre par les collectivités, voire les particuliers eux-mêmes. Il ne devrait plus être possible, aujourd'hui, de délivrer des permis de construire sur un cordon dunaire non stabilisé…

Les outils généraux de protection de l'environnement sont nombreux. Ils permettent de soustraire les espaces concernés à toute intervention susceptible de les dégrader. Ainsi, huit **parcs naturels régionaux** concernent des espaces littoraux ; leur charte, dont les orientations et mesures de protection particulières s'imposent aux documents d'urbanisme locaux, est particulièrement utile pour protéger les structures paysagères littorales (article L 333-1 du code de l'environnement). **Les réserves naturelles** (articles L 332-1 à 24 du code de l'environnement) permettent d'assurer la protection, la conservation et la gestion d'espaces naturels à forte valeur écologique ; à l'intérieur de ces territoires, aucun permis de construire ne peut être délivré sans l'accord du ministre chargé de l'environnement (article R 421-38-7 du Code de l'urbanisme). Pour les sites de faible superficie, **les arrêtés de protection de biotopes** autorisent également le préfet à prendre toute mesure tendant à favoriser la conservation des biotopes. Enfin, **un parc national** est installé sur le littoral, le parc national marin de Port-Cros, qui protège efficacement « une flore méditerranéenne caractéristique et une faune marine remarquable [20] ».

Tous ces instruments jouent un rôle non négligeable quant à l'aménagement du littoral mais il convient toutefois de noter que l'article L 146-6 du Code de l'urbanisme (ci-avant, chap. III) poursuit des buts similaires.

20. Bilan de la loi littoral, p. 49.

Chapitre VIII

L'OUTIL DE PLANIFICATION STRATÉGIQUE PROPRE AU LITTORAL : LE SCHÉMA DE MISE EN VALEUR DE LA MER

Les dispositifs étudiés dans le chapitre précédent concourent fortement à l'élaboration d'une politique harmonieuse d'aménagement du littoral ; mais ils suivent une optique essentiellement terrestre. La gestion globale et intégrée du littoral implique donc la création d'instruments nouveaux, reposant sur une bonne connaissance du milieu marin, laquelle servira de fondement aux choix de zonage effectué sur la mer. Ce seront les schémas de mise en valeur de la mer qui, prenant la suite de documents prospectifs antérieurs, pourraient devenir la clef de voûte de l'aménagement intégré du littoral, à la condition évidente qu'ils connaissent une réussite qui les fuit à l'heure actuelle.

SOMMAIRE

Mots clés

- CONFLITS (d'usage)
- CONCERTATION
- DIALOGUE
- ÉQUIPEMENTS (sélection des)
- ÉROSION
- MARIN (document)
- OPPOSABILITÉ
- PÉRIMÈTRE
- QUALITÉ (de l'eau)
- SCHÉMA d'aménagement et de gestion des eaux
- URBANISME (document d')
- ZONAGE (de la mer)
- GESTION INTÉGRÉE

Les documents d'urbanisme traditionnels, comme les récents schémas d'aménagement du territoire sont avant tout des documents terrestres. Certes, plans locaux d'urbanisme et schémas de cohérence territoriale se sont vus reconnaître une applicabilité en mer par la jurisprudence bien connue SCHWETZOFF (ci-avant, chap. I). Mais les affaires en question concernaient essentiellement des concessions d'endigage ou des concessions de ports de plaisance, équipements situés sur le rivage de la mer, à proximité immédiate de la partie terrestre du littoral. Si l'on s'avance plus avant en mer, les problèmes, s'ils ne changent pas véritablement de nature, incluent dans leur règlement un autre paramètre essentiel: la qualité de l'eau qu'il importe de préserver. Il y a toujours conflits tenant à l'occupation du DPM, tel la cohabitation entre fermes aquacoles, activités de pêche et navigation et le zonage est encore la technique la meilleure pour les résoudre, mais les choix opérés à cet égard ne reposent plus sur des considérations politiques; ils dépendent de facteurs que les plans locaux d'urbanisme méconnaissent largement et que l'on peut résumer sous le vocable « connaissance de milieu marin ». C'est l'intérêt principal du schéma de mise en valeur de la mer (SMVM) que d'être un document marin, qui tente d'appréhender les problèmes du littoral selon une optique vue de la mer [1].

Après plusieurs expériences marquées par les schémas régionaux d'aménagement du littoral puis les schémas d'aptitude et d'utilisation de la mer [2], l'article 57 de la loi du 7 janvier 1983, modifié par l'article 18 de la loi littoral beaucoup plus explicite quant à la nature marine du document, crée, sous le nom de SMVM, un document unique d'aménagement global et intégré du littoral, qui a vocation à couvrir chacune des zones connaissant des conflits liés à l'utilisation de l'élément marin.

Le fait que le SMVM soit prévu dans la grande loi de décentralisation des compétences est par lui-même intéressant. Cela signifie, en effet, que l'on atteint là une limite qu'il n'est pas possible de franchir: seul l'État, défenseur

1. J.-M. Bécet, « les SMVM », RJE, 4/1990, p. 506 *sq*.
2. J.-M. Bécet, « l'aménagement du littoral », PUF, « Que Sais-Je », n° 2363, p. 92 *sq*.

des intérêts généraux et, par ailleurs, propriétaire du DPM, peut jouer le rôle d'arbitre entre prétentions divergentes, indiquer des solutions aux conflits existants ou potentiels et définir les conditions de compatibilité entre les différents usages de la partie maritime du littoral. Mais on peut comprendre certaines réticences de la part des élus locaux, inquiets de se voir imposer de nouvelles contraintes juridiques susceptibles d'entraver un peu plus leur développement. On touche là une limite essentielle de l'instrument, dont l'aboutissement semble, aujourd'hui très problématique. Un seul schéma est approuvé, celui de l'Étang de Thau [3], si l'on met à part les schémas d'aménagement régionaux des collectivités d'outre-mer ou de la collectivité de Corse dont le chapitre littoral vaut SMVM. Dix schémas sont pratiquement terminés mais « mis sous le coude » du fait de la mauvaise volonté des élus locaux, déçus par le contenu du volet « développement » par rapport au volet « protection » : les schémas, Baie de Bourgneuf, Pointe du Raz-Odet, Baie de Lannion, Trégor-Goélo, Baie de Saint-Brieuc, littoral charentais, Bassin d'Arcachon, Pays de Lorient, littoral de la Camargue, Golfe de St-Tropez. Quelques autres sont en cours d'élaboration ou en projet… Toutefois, dans le premier bilan de la loi littoral de février 1999, il est prévu d'apporter des améliorations à la procédure SMVM afin de relancer le mécanisme, rien n'étant encore intervenu au début de 2002. Il n'en reste pas moins que le SMVM paraît être le modèle du document de gestion intégrée recommandé à l'échelle de l'Europe et c'est peut-être par ce biais que, dans les prochaines années, l'instrument pourra s'imposer.

Section I – Les conditions d'élaboration du SMVM

Le SMVM est un document original, en ce sens qu'il appréhende les conflits selon une optique marine. Un tel échelon normatif nouveau est donc utile pour une bonne planification littorale mais pas à n'importe quel prix. Le SMVM ne doit pas faire double emploi avec d'autres instruments existants : il doit donc, en tous ses éléments, rester un document marin, ce qui influe nécessairement sur la fixation de son périmètre. D'autre part, il ne faut pas que le schéma, apportant des solutions concrètes pour résoudre les conflits actuels, n'en génère de nouveaux, ce qui serait immanquablement le cas s'il devait être imposé par le pouvoir central, sans avoir reçu l'aval des divers partenaires, élus locaux, professionnels, associatifs, etc. Sur ces deux points, des aménagements sont certainement à apporter au décret n° 86-1252 du 5 décembre 1986 et, dans ses conclusions générales, le bilan d'application de la loi littoral de février 1999 trace quelques pistes en cette direction.

3. Décret du 20 avril 1995 ; Voir A. H. Mesnard, « le premier SMVM : le bassin de Thau et sa façade maritime », DMF, 1996, p. 529 *sq*.

§ 1 – Le SMVM, document marin

Selon l'article 1er du décret du 5 décembre 1986, le SMVM porte « sur une partie du territoire qui constitue une unité géographique et maritime et présente des intérêts liés, concurrents ou complémentaires au regard de la protection, de l'exploitation et de l'aménagement du littoral ». Deux critères président donc à la mise en place d'un tel document : un critère physique, un critère humain.

A. Le critère physique

Le SMVM doit se référer à une philosophie de l'aménagement qui appréhende les problèmes avec une vue de la mer. La présence d'espaces terrestres dans le schéma n'est justifiée que si leur influence sur les espaces marins est manifeste. Dès lors, la portion du territoire concerné est fixée à partir de la détermination de l'unité physique maritime. Celle-ci suppose une bonne connaissance du milieu marin, laquelle emporte des études hydrographiques, hydrologiques et océanographiques poussées, études complexes, longues et coûteuses, prises en charge par l'État.

Cela comporte deux conséquences. D'une part, l'acte administratif consistant à déterminer la liste des communes intéressées, point de départ actuel de la procédure, ne devrait servir qu'à circonscrire l'espace dans lequel ces études sont menées. Cette étape ne doit pas définitivement figer l'aire du futur schéma. Ce n'est que lorsqu'une connaissance scientifique exacte du milieu marin est acquise qu'un périmètre pertinent peut être fixé, côté mer. D'autre part, et surtout, le SMVM ne doit pas, comme les PLU ou les SCOT, tenir compte des limites administratives existantes qui ne sont pas déterminées en tenant compte de l'ensemble des critères marins à prendre en considération. Or, aujourd'hui, il semble que l'approche administrative prévale : le périmètre du SMVM englobe l'espace maritime situé au droit des communes dites intéressées, jusqu'à la limite des eaux territoriales. Le projet de SMVM de la baie du Mont Saint-Michel ne comporte que la partie bretonne de cette baie... ce qui exclut le Mont lui-même.

Côté terre, le problème de la détermination du périmètre se révèle délicat. Plusieurs logiques peuvent, en effet, s'affronter. Certes, l'article 18 de la loi littoral qui fait du SMVM un document marin, donne des indications relativement précises : les secteurs concernés sont « liés à l'espace maritime » ; ils comprennent particulièrement « les espaces fluvial ou terrestre attenants nécessaires à la préservation du milieu marin et littoral » ; ils sont donc déterminés exclusivement selon leur importance pour les activités marines. Mais ce critère finaliste est d'application malaisée. Il peut déboucher sur une conception maximaliste du champ d'application du document : la pollution tellurique peut venir de loin par l'intermédiaire des bassins versants. Alors, comme l'indique la note méthodologique des SMVM élaborée au sein de la direction des ports et de la navigation maritime[4] : « lorsque le SMVM porte sur un estuaire ou une zone de marais, la logique voudrait que l'on inclût l'ensemble des communes du bassin versant dont les rejets influent directement sur la qualité des eaux marines ». Mais cette optique, chère aux géographes, comporte de sérieux inconvénients. La note précitée reconnaît elle-même qu'il faut éviter que les communes rétro-littorales « n'acquièrent un poids tel qu'elles ne deviennent plus un frein qu'un élément moteur par rapport aux objectifs. Il conviendra donc de veiller à ce que ces communes soient en nombre limité dans un schéma qui doit rester polarisé par la mer ». La difficulté peut être de savoir où s'arrêter. De plus, en procédant ainsi, on crée, par avance, nombre de problèmes de compatibilité, en particulier avec les schémas d'aménagement et de gestion des eaux... De même, le SMVM risque alors de déraper, en évoquant des conflits en matière de développement économique, social, touristique, à régler dans le cadre de schémas de cohérence territoriale.

Il est également possible d'avoir une conception « modeste » du SMVM, qui évite soigneusement de s'occuper d'intérêts que d'autres documents d'urbanisme ont en charge. Alors, avec l'amiral Tardy (exposé devant la commission de l'institut français de la mer, 18 janvier 1988), on peut soutenir que l'ensemble du territoire des communes littorales n'a même pas à être englobé dans le périmètre du SMVM. Ce dernier, dans ce cas, s'étend au rivage, à la bande des cent mètres, aux espaces proches du rivage puisque l'article L 146-4-II (voir ci-avant, chap. IV) précise que le schéma a vocation à prévoir l'extension de l'urbanisation sur ces espaces, mais laisse en blanc tout le reste de la commune littorale. En ce qui concerne les estuaires, le SMVM s'occupe alors seulement de la qualité des eaux à l'embouchure, laissant au schéma d'aménagement et des gestions des eaux (SAGE) le soin de déterminer les règles à appliquer sur le bassin versant pour parvenir au résultat voulu. Notre préférence va, évidemment, à cette seconde approche qui n'est pourtant pas celle qui est actuellement retenue pour la fixation des périmètres de la plupart des projets de SMVM. Pourtant, le seul SMVM actuellement en vigueur, celui de l'étang de Thau participe plutôt de cette conception minimaliste : seules les communes ayant une façade maritime sont retenues, à l'exclusion des autres communes du bassin versant qui, cependant, « participent indirectement à la pollution du plan d'eau par le rejet des eaux usées épurées et les polluants entraînés par le ruissellement[5] ».

4. DPNM, Paris, 23 juin 1994.
5. Rapport de présentation, p. 8.

B. Le critère humain

Le schéma doit couvrir un secteur dans lequel cohabitent des activités liées à la mer, fortes et plus ou moins conflictuelles dans leur développement. Sans cela, il serait inutile de mettre en œuvre une procédure aussi complexe.

Selon les secteurs concernés, les conflits entre activités peuvent être différents. Deux points sont toutefois à souligner. D'abord, l'aquaculture joue un rôle fondamental dans l'essor des instruments de l'aménagement intégré du littoral. Il ne faut pas oublier que ce sont notamment les perspectives de développement de l'aquaculture marine qui sont à l'origine des premiers inventaires du potentiel littoral. La réservation de sites pour l'aquaculture est encore à la base de beaucoup de projets de SMVM. Ensuite, tous les conflits recensés tournent autour de deux axes : la dégradation de l'environnement, tout particulièrement, on l'a dit, de la qualité de l'eau ; la cohabitation sur un même espace de plusieurs activités concurrentes.

La reconquête de la qualité de l'eau est souvent le facteur essentiel qui permet le développement des activités. L'agriculture intensive est souvent en cause mais on retrouve là le problème de détermination du périmètre du schéma. La croissance du tourisme sédentaire pose également problème quant à la pollution et quant au respect des sites.

Les problèmes de coexistence entre activités maritimes sont nombreux. À titre d'exemples, on notera les conflits d'usage sur estran entre la conchyliculture et les activités algales, les conflits entre plaisanciers et conchyliculteurs, les premiers reprochant aux seconds de ne pas baliser suffisamment leurs concessions, les conflits entre promoteurs et conchyliculteurs, auxquels la mise en place de structures à terre est parfois refusée au bénéfice des habitations ou infrastructures de loisirs. Conflits aussi entre marins pêcheurs et plaisanciers, marins pêcheurs et extracteurs de maërl...

Le SMVM doit identifier ces conflits d'usage. Cette identification passe nécessairement par un dialogue entre les différents usagers du littoral et les administrations concernées. Se pose alors la question cruciale de l'association de tous les partenaires à l'élaboration du document.

§ 2 – SMVM et concertation

Il faut être clair : le SMVM est un document de l'État producteur de la norme et cela paraît logique : les études en mer sont fondamentales et les collectivités de base ne sont pas outillées, techniquement et financièrement, pour y procéder. Aussi, le préfet dirige la procédure : le préfet de département et non le préfet maritime, alors même que la spécificité maritime du document est affirmée ; ce dernier donne toutefois son accord sur la liste des communes intéressées, est « tenu informé » au stade de l'élaboration du projet et, à nouveau, donne son accord sur le projet arrêté. C'est le préfet terrestre qui délimite le périmètre du schéma, désigne le responsable de l'instruction du projet élaboré sous sa responsabilité, fixe librement la composition du groupe de travail qui interviendra aux divers stades de l'élaboration du schéma, décide du moment où le projet de schéma sera suffisamment achevé pour être soumis aux consultations obligatoires et être mis à la disposition du public, enfin transmet le dossier au ministre chargé de la mer, pour approbation par décret en Conseil d'État (**voir encart**).

Un SMVM peut donc très bien, théoriquement du moins, être imposé aux communes. Mais, sur ce point, la pratique est tout à fait différente, comme en témoigne, d'ailleurs, le blocage des procédures à l'heure actuelle. Le SMVM ne peut véritablement aboutir que si, condition nécessaire mais non suffisante, le document est élaboré dans la concertation avec tous les intéressés. Le principal souci du préfet est donc, tout au long de l'élaboration du SMVM, la recherche du consensus entre représentants de l'État, élus locaux, professionnels, associatifs, afin que tous se sentent partie prenante.

Les textes, à cet égard, sont largement dépassés. Le décret de 1986 prévoit la consultation des communes avant l'arrêté préfectoral déterminant la liste des communes intéressées, puis après que le projet ait été arrêté. Les sections régionales de la conchyliculture sont également obligatoirement consultées sur le projet de schéma. Il ne s'agit toutefois que d'avis simples qui ne lient nullement le préfet. Mais ce dernier, pour jouer la carte de la concertation, dispose d'un moyen intéressant: la fixation de la composition du groupe de travail puis des commissions thématiques constitue « l'occasion de rééquilibrer les rôles respectifs de l'État, des collectivités locales et des usagers » dans le processus [6]. Groupes de travail, comité de pilotage, commissions spécialisées, souvent présidés par un élu local, comportent une majorité de personnalités locales indépendantes de l'État... même si, lors des réunions, les discussions sont souvent monopolisées par les représentants des services de l'État et quelques scientifiques, dont les avis techniques sont indispensables, pour la prise de décision (**voir encart**).

L'expérience montre qu'il est essentiel d'éviter le dirigisme excessif de la DDE et qu'il faut permettre à chacun de disposer des mêmes informations, afin que les participants travaillent sur un pied d'égalité. À cet égard, l'utilisation de l'informatique, permettant le regroupement des informations au sein de base de données, pourrait résoudre en partie le problème. L'expérience menée dans le cadre de l'élaboration du SMVM du bassin d'Arcachon, avec la mise en place d'un « Système d'Information Géographique » (SIG) se révèle intéressante pour développer la concertation. Ce système, placé au cœur du processus d'élaboration, capitalise les informations, permet plus d'échanges et de transparence, implique d'emblée les futurs utilisateurs à la réflexion et, plus tard, autorise un meilleur suivi du SMVM.

---

6. L. Prieur, « Droit et littoral, recherches sur un système juridique », Thèse, UBO, 2001, p. 139.

SCHÉMA DE MISE EN VALEUR DE LA MER (SMVM)
PROCÉDURE D'ÉLABORATION
PHASES D'INSTRUCTION ADMINISTRATIVE

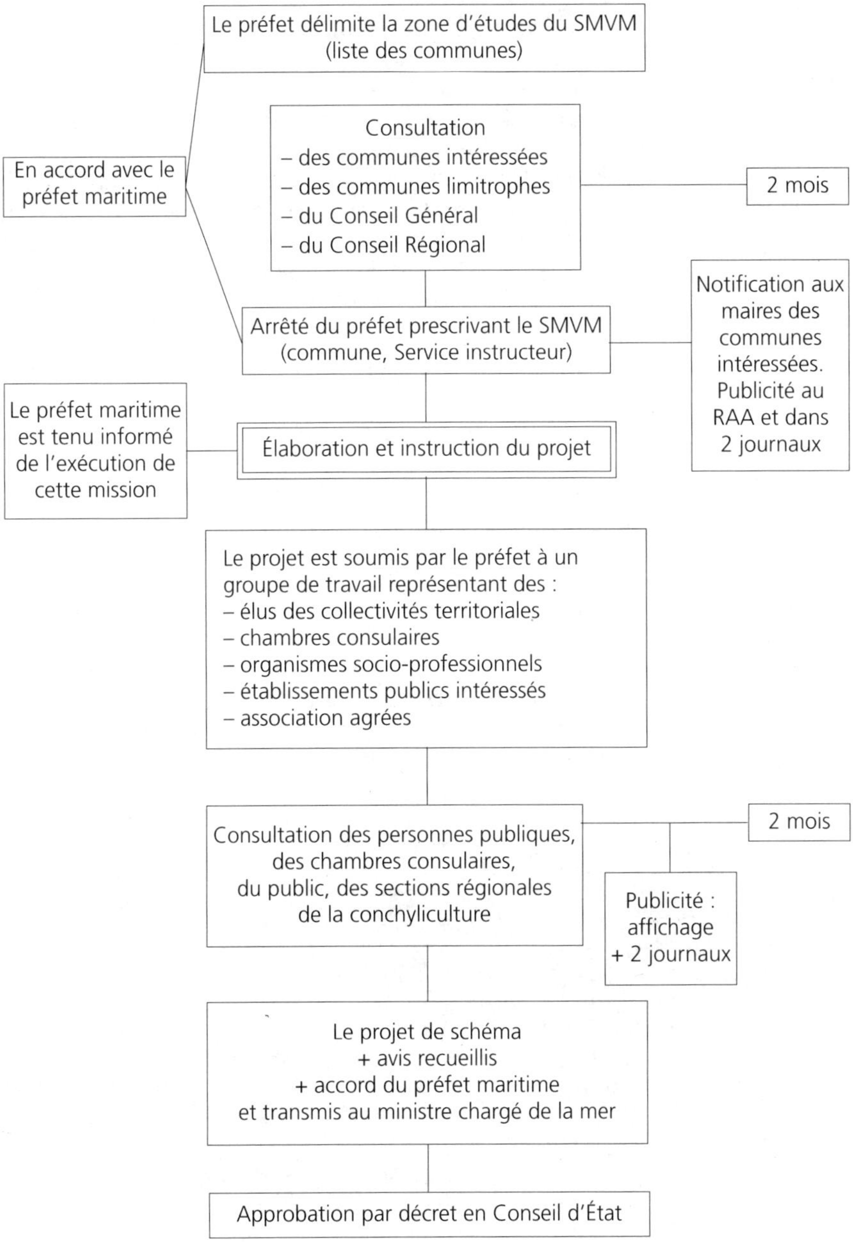

SMVM TRÉGOR-GOELO

MÉTHODOLOGIE

GROUPE DE TRAVAIL

Président : Préfet
Secrétariat : DDE
67 membres représentants :
- Administrations
- Assemblées des Collectivités Territoriales
- Assemblées consulaires
- Organismes socio-professionnels
- Établissements publics concernés
- Associations

COMITÉ DE PILOTAGE

Président : Sous-Préfet de Lannion
Conduite de l'élaboration et de l'instruction : DDE
Membres : Président du Conseil Général
Présidents et Secrétaires des Commissions

COMMISSIONS DE TRAVAIL

Commission 1	Pêche et cultures marines
Président :	élu
Secrétariat :	DDAM

Commission 2	Environnement
Président :	élu
Secrétariat :	DIREN

Commission 3	Activités littorales
Président :	Sous-Préfet de Lannion
Secrétariat :	DDE

Source : M. Guevelou, « Le SMVM Trégor-Goélo »,
Mémoire maîtrise droit public – UBO, 1998.

L'INTÉRÊT DU « SYSTÈME D'INFORMATION GÉOGRAPHIQUE » (SIG)

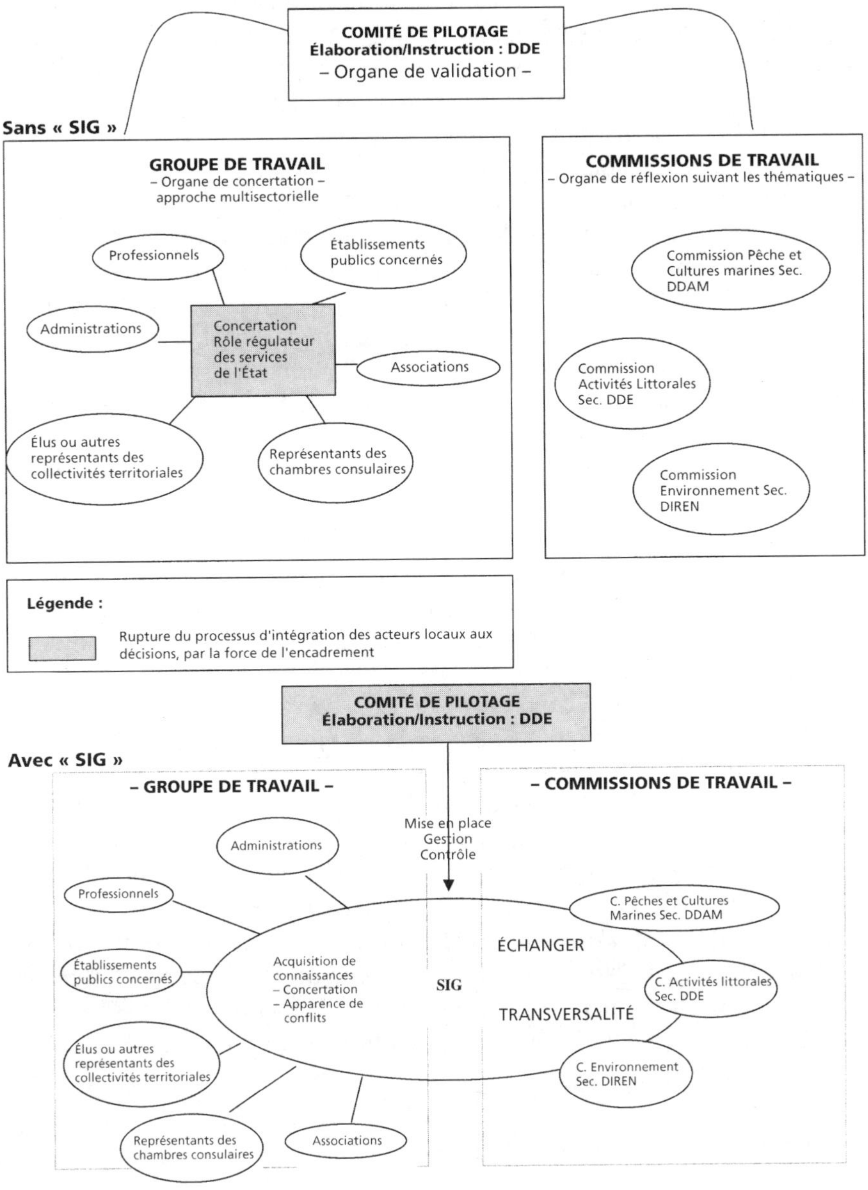

Source : M. Guevelou, *op. cit.*, p. 65.

De toute manière l'élaboration actuelle n'est pas satisfaisante. Ce que l'on constate le plus souvent, c'est, qu'au départ, beaucoup d'élus locaux concernés comprennent mal le SMVM qu'ils perçoivent surtout comme une redondance de la loi littoral, un mode de protection de plus du littoral, paralysant le développement, la mise en place parallèle des sites « Natura 2000 » ajoutant encore à la confusion. Les élus se sentent, en quelque sorte, pris au piège de politiques de protection étatique et communautaire qui pêchent par leur manque d'explication et les obligent plus qu'elles ne les incitent. Mal informés, les élus qui ne maîtrisent pas la procédure d'élaboration du SMVM refusent de s'y investir véritablement, d'où le constat d'échec actuel de cette politique.

Pour résoudre ce problème de relation, il conviendrait avant tout de sensibiliser les partenaires sur l'intérêt du SMVM. Il est curieux de constater, à cet égard, que l'élaboration d'un tel schéma est parfois demandée par les professionnels, relayés par les élus : les deux premiers projets, le SMVM de la Pointe du Raz à l'Odet, et surtout celui de la baie de Bourgneuf résultent, par exemple, de sollicitations émanant des pêcheurs (Odet) ou des aquaculteurs (Bourgneuf) du secteur. Mais dès la phase de la mise en place administrative (consultation des collectivités locales, détermination du périmètre, prise en considération et décision de financement), professionnels et élus se sentent marginalisés. Cette sensation s'accroît lors de la phase, obligatoirement longue, de recensement des études existantes, de lancement d'études nouvelles pour établir un diagnostic de la situation existante. Dès lors, la démobilisation est avérée lorsque la troisième phase, celle de la définition des orientations, commence. Il faudrait peut-être que l'État laisse aux élus la responsabilité de l'élaboration du schéma… mais avec ce risque que les communes, refusant de nouvelles contraintes, n'en viennent à accepter un schéma d'où serait soigneusement exclu tout ce qui apparaîtrait comme conflictuel ou coercitif : le schéma perdrait alors sa principale utilité.

La marge est donc étroite. Dans ses conclusions, le 1er bilan de la loi littoral estime qu'il faut pourtant tenter une réforme du mode d'élaboration des SMVM. Il est écrit (p. 67) : « *Il est souhaitable d'afficher nettement ce partenariat afin que le rôle de chacun soit bien reconnu au niveau du cadre réglementaire et ceci dès la mise en place du groupe de travail chargé d'élaborer les propositions du rapport…* ». Une redéfinition méthodologique est la condition d'un schéma réussi, schéma qui, par son contenu, est un outil indispensable de gestion intégrée.

Section II – Le contenu du SMVM

Le SMVM se présente sous la forme d'un rapport accompagné de documents graphiques et de plusieurs annexes obligatoires. La fonction principale du schéma est de définir les compatibilités et incompatibilités entre activités puis, sur cette base, de faire des choix, c'est-à-dire de retenir les orientations fondamentales de l'aménagement. Le SMVM les explicite dans le rapport et les traduit visuellement dans les documents graphiques. Les annexes « garantissent le sérieux de la démarche, tout particulièrement en ce qui concerne la question de la qualité des eaux [7] » (**voir encart**).

La prise en compte de la qualité de l'eau constitue « le volet essentiel du SMVM, puisque ce paramètre va conditionner la compatibilité entre activités [8] ». Le SMVM doit ainsi dresser un constat de la situation en la matière. Comme on l'a écrit plus haut, les bassins versants ne peuvent être inclus dans le périmètre du schéma, mais les différentes sources de pollution doivent être identifiées et les apports chiffrés, afin d'établir les responsabilités relatives en matière de pollution et de fixer les priorités d'action. Les objectifs fixés en aval par le SMVM, par exemple la vocation balnéaire ou aquacole d'une zone, sont alors relayés en amont par les instruments spécifiques à la gestion des eaux, les schémas d'aménagement et de gestion des eaux, créés par la loi sur l'eau du 3 janvier 1992. Les dispositions que le SMVM peut contenir en la matière, normes de qualité pour le développement des activités, recommandations pour y parvenir, constituent, en quelque sorte, une pré-réservation de sites qui permettra, le moment venu, d'affecter véritablement l'espace à l'activité prévue.

Car le SMVM, doit, en fonction des différents paramètres observés, arbitrer entre les différents intérêts en déterminant la vocation générale des zones qu'il découpe. Pour ce faire, il se fonde sur la compatibilité des activités et sur l'aptitude des sites à les recevoir. Ainsi, après avoir établi un constat de la situation existante, le rapport doit exposer les orientations retenues et les méthodes de résolution des conflits. À cette fin, il doit définir la vocation générale des zones marines et hiérarchiser les activités qui peuvent y être exercées. Par exemple, le SMVM de l'étang de Thau et de sa façade maritime retient des zones aquacoles à vocation exclusive (sigle Ce) et des zones aquacoles à vocation prioritaire (Cp). Alors que, dans les premières, seules peuvent être admises ces activités de cultures marines, dès lors que les normes de qualité de l'eau fixées sont atteintes, dans la seconde, d'autres activités compatibles avec les cultures marines sont susceptibles de s'implanter : dans le cas où les cultures marines sont immergées, un certain nombre d'autres occupations de la surface peuvent être admises, à la condition expresse qu'elles n'entravent en rien l'activité prioritaire. Des « sujétions particulières » assurent éventuellement la vocation prioritaire des zones : par exemple, la détermination de chenaux de navigation au milieu des zones aquacoles. Le professionnel qui s'établit sur la zone est donc certain de trouver un site propice au développement de son activité et d'être protégé de toute activité incompatible.

7. A. H. Mesnard, *op. cit.*, p. 88.
8. DPNM, Méthodologie des SMVM, 23 juin 1994, p. 8.

Contenu du schéma

Les études conduisent à l'élaboration d'un rapport, des documents graphiques et des annexes.

LE RAPPORT

1. analyse l'état initial dans le périmètre : environnement, utilisation de l'espace marin et littoral ;
2. indique les perspectives d'évolution de ce milieu ;
3. définit et justifie les orientations retenues : développement, protection et équipement ;
4. détermine la vocation générale des différentes zones : développements industriels et portuaires, cultures marines, loisirs... ;
5. précise les vocations des différents secteurs de l'espace maritime, les conséquences, les interactions, les conditions de compatibilité des différents usages de l'espace maritime et littoral ;
6. mentionne les projets d'aménagement et d'équipement liés à la mer (ports, installations industrielles, loisirs), leurs caractéristiques, leur localisation, les normes et prescriptions s'y rapportant ;
7. précise les mesures de protection du milieu marin :
8. peut prescrire des sujétions particulières portant sur des espaces maritime, fluvial et terrestre attenants ;
9. indique les conditions dans lesquelles le SMVM respecte les prescriptions de l'article L 111-1-1 du Code de l'urbanisme (directives territoriales d'aménagement).

LES DOCUMENTS GRAPHIQUES décrivent :

1. les caractéristiques du milieu marin ;
2. l'utilisation des espaces maritimes et terrestres ;
3. la vocation des différents secteurs ;
4. les espaces bénéficiant d'une protection particulière ;
5. l'emplacement des équipements existants et prévus.

LES ANNEXES comprennent :

1. la liste et la description sommaire des études réalisées ;
2. une note spécifique au problème de l'eau ;
3. une note sur l'érosion marine.

Le caractère prospectif du SMVM est, à cet égard, à souligner. Pour chacune des activités retenues par le plan de zonage, un programme d'action à moyen et long terme est retenu, qui permet leur expansion. L'adaptation aux possibles évolutions est assurée par la présence de zones laissées en blanc dans le document graphique.

Sur la frange terrestre, aux termes de l'article 3 § 3 du décret n° 86-1252 du 5 décembre 1986, le rapport « mentionne les projets d'équipement et d'aménagement liés à la mer, tels que les créations et extensions de ports et installations industrielles et de loisirs, en précisant leur nature, leurs caractéristiques et leur localisation ainsi que les normes et prescriptions qui s'y rapportent ». Le SMVM réalise la sélection des équipements et aménagements solidaires de l'espace maritime. Par exemple, le SMVM de l'Étang de Thau met en œuvre une stratégie d'aménagement préconisant des structures de plaisance adaptées pour protéger les ressources naturelles de l'étang. Il recommande de limiter le plus possible le stationnement des navires en dehors des ports existants et des appontements et amarrages organisés par une collectivité. Il propose, sous ce rapport, un schéma d'organisation pour mieux gérer l'occupation.

De même, dans le cadre d'une démarche-projet, le SMVM apparaît comme le document adéquat pour fixer les orientations en matière de développement des équipements touristiques. Il en va ainsi des perspectives d'urbanisation nouvelle à proximité de la mer : l'article L 146-4-II du Code de l'urbanisme (voir ci-avant, chap. 4) prévoit expressément que le SMVM peut préciser les zones d'extension limitée de l'urbanisation sur les espaces proches du rivage ; il lui est loisible de les calibrer en fonction des capacités de traitement des rejets et des vocations retenues quant à la qualité des eaux et à la protection du milieu envisagé. Le SMVM peut aussi poser des préalables à la mise en valeur touristique de fronts de mer déjà urbanisés : celui de l'Étang de Thau fait dépendre un tel développement de la poursuite des opérations de lutte contre l'érosion et de restauration des cordons sableux.

Le SMVM permet donc d'organiser à une échelle suffisamment vaste et dans un document unique la mise en compatibilité des activités directement liées à la mer, en sélectionnant les projets ou en les reportant dans d'autres secteurs. Il assure une régulation des conflits d'usage dans une logique intégrée. Mais, ce faisant, le SMVM peut se traduire par de fortes contraintes d'essence supra communale. Se pose alors le problème crucial de la portée juridique de ses dispositions.

Section III – La valeur juridique du SMVM

Les schémas d'aptitude et d'utilisation de la mer étaient dénués de toute valeur contraignante à l'égard des tiers. Toutefois, par arrêté, un SAUM approuvé pouvait avoir valeur de directive particulière d'aménagement national, ce qui obligeait les autorités publiques à tenir compte de ses dispositions, mais sans que les manquements puissent être juridiquement sanctionnés. Il en va différemment pour leurs héritiers, les SMVM. L'article 57 de la loi du 7 janvier 1983, modifié par l'article 5 de la loi du 4 février 1995 d'orientation pour l'aménagement et le développement du territoire dispose, en effet, que ces documents ont les mêmes effets que les DTA. Cela veut dire que les SMVM se situent à un niveau intermédiaire entre les dispositions législatives particulières au littoral qu'ils doivent respecter, de même que les DTA elles-mêmes qui peuvent les préciser, et les documents d'urbanisme « traditionnels » que sont les schémas directeurs – les futurs SCOT – et les Plan d'occupation des sols – les futurs PLU – Ces derniers doivent être compatibles avec les dispositions des SMVM. Cependant, derrière cette apparente simplicité se profilent de redoutables problèmes tenant au domaine précis de l'opposabilité ainsi qu'à son degré.

§ 1 – SMVM, documents d'urbanisme et schémas de gestion des eaux

Les documents d'urbanisme locaux sont incontestablement soumis aux SMVM. Mais convient-il encore de savoir pourquoi et comment. D'autre part, il faut se demander si ce rapport existe également entre SMVM et schémas d'aménagement et de gestion des eaux, documents dont on a souligné l'importance en matière de qualité des eaux.

En ce qui concerne les documents d'urbanisme, un problème pourrait provenir de ce que le Conseil d'État attribue cette nature juridique aux SMVM [9]. Toutefois, les différents documents d'urbanisme peuvent être subordonnés les uns aux autres. Dans sa thèse de doctorat précitée, Loïc Prieur propose le principe d'explication en la matière : « *Ce qui explique la subordination des documents d'urbanisme, c'est* **le rapport d'exécution** *dans lequel ils se trouvent les uns envers les autres* » (p. 246). Et d'appliquer ce raisonnement aux rapports entre SMVM et documents d'urbanisme locaux. Dans le SMVM, document marin, l'affectation des espaces marins s'impose aux espaces terrestres et non l'inverse ; l'affectation des sols de la frange terrestre du littoral dépend donc, au moins en partie, des dispositions contenues dans le schéma. Dès lors, « le document d'urbanisme local est dans un rapport d'exécution par rapport au SMVM ». Ce dernier établit des objectifs dont le premier assure l'exécution.

Reste à savoir comment se manifeste cette subordination. Il ne s'agit pas, ici, de fixer simplement les modalités d'application de règles édictées par le texte supérieur. Le SMVM a sa propre logique, le document d'urbanisme local la sienne, qui n'est pas la même, pas plus que le projet n'est le même. Mais le plan local d'urbanisme intervient dans le cadre d'une norme supérieure posée par le SMVM et se trouve dans un rapport de subordination « par un souci de cohérence ». Seule **une obligation de compatibilité** peut rendre compte de cette situation. Cela veut dire que le document d'urbanisme local doit respecter les orientations définies par le schéma, mais en gardant une marge

9. CE, 7 juillet 1997, Madame Madaule et autres ; même date, Association de sauvegarde de l'étang des Mouettes, BJDU, 5/1997, p. 315.

de manœuvre que supprimerait la stricte conformité [10]. Enfin, s'applique le nouveau principe de « l'opposabilité différée » posé par l'article L 123-1 du Code de l'urbanisme dans sa rédaction de la loi du 13 décembre 2000. Lorsqu'un SMVM est approuvé, les plans locaux d'urbanisme peuvent demeurer applicables sans modification jusqu'à leur révision qui doit intervenir dans un délai de trois ans.

Le même raisonnement peut être tenu à propos des rapports entre SMVM et schémas de gestion des eaux. Loïc Prieur [11] est très clair sur la question : « *Il n'est pas question de faire des schémas de gestion des eaux des mesures prises pour l'application des SMVM. Ils ne sont pas de simples actes d'exécution du SMVM. Il n'en demeure pas moins que la logique de subordination qui explique la supériorité du SMVM sur les documents d'urbanisme peut expliquer une subordination des schémas de gestion des eaux* ». Un SMVM, comme celui de l'Étang de Thau, peut réserver une zone côtière déterminée à l'aquaculture, en fixant les normes particulières de qualité des eaux sur la zone. Or la qualité réelle de l'eau dépend, pour une large part, des rejets effectués sur le bassin versant, lequel n'est pas couvert par le SMVM. Le contenu du SAGE concernant ce bassin versant se doit, dans un souci de cohérence, d'atteindre les objectifs fixés en aval par le SMVM. Et, les dispositions prévues par les SAGE « seront, à leur tour, relayées par les documents d'urbanisme (locaux), dans un processus de concrétisation croissante des objectifs [12] ». Le rapport d'exécution s'établit exactement de la même façon, c'est-à-dire en terme de compatibilité. Il n'est donc pas même nécessaire de développer l'argument juridique selon lequel les SAGE sont approuvés par le préfet, ce qui les place incontestablement à un niveau juridiquement inférieur à celui du SMVM approuvé par décret en Conseil d'État.

Plus complexe est le problème de l'opposabilité des SMVM aux autorisations individuelles d'occupation et d'utilisation des sols.

§ 2 – SMVM et autorisation d'occuper le sol

Les SMVM ont, d'après l'article 57 modifié de la loi du 7 janvier 1983, « les mêmes effets que les DTA ». Cela, semble-t-il, invite à soigneusement distinguer deux cas de figure, puisque le dernier alinéa de l'article L 111-1-1 du Code de l'urbanisme dispose que « les dispositions des DTA qui précisent les modalités d'application... des articles L 146-1 et suivants sur les zones littorales s'appliquent aux personnes et opérations qui y sont mentionnées » (voir ci-avant, chap. VII). Par assimilation, les dispositions d'un SMVM qui précise-

10. CE, 10 juin 1998, Société anonyme Leroy-Merlin, BJDU, 4/98, p. 249, conclusions Henri Savoie, Observations Laurent Touvet.
11. *Op. cit.*, p. 249.
12. *Op. cit.*, p. 250.

raient la loi littoral s'appliqueraient aux autorisations individuelles par la volonté du législateur, volonté qui ne s'est pas exprimée en ce qui concerne les autres dispositions du SMVM. Mais les difficultés demeurent : y a-t-il dans le SMVM des dispositions ayant pour objet direct de préciser les articles consacrés à l'urbanisme littoral ? Et, s'il en existe, l'opposabilité directe prévue pour la DTA se communique-t-elle effectivement aux SMVM ?

Sur le premier point, le professeur André-Hubert Mesnard défend une position maximaliste : « *Faut-il voir dans les SMVM des modalités d'application des articles L 146-1 et suivants de la loi littoral et appliquer ainsi leurs dispositions directement aux personnes et opérations... Oui, très probablement, en particulier pour l'application de l'article L 146-6...* [13] ». Le même auteur, lorsqu'il analyse le premier SMVM approuvé, celui de l'Étang de Thau, estime d'ailleurs que ce schéma s'inscrit parfaitement dans une logique d'opposabilité directe [14]. Sans aller aussi loin, Erwann Le Cornec retient un certain nombre d'hypothèses dans lesquelles il estime que les conditions de l'applicabilité directe sont remplies : il en va ainsi pour les opérations d'extension de l'urbanisation dans les espaces proches du rivage ou encore, précise-t-il, des sujétions particulières et des mesures de protection du milieu marin [15].

La cour administrative de Marseille, dans un arrêt récent, semble faire sienne une telle conception : elle considère que puisque le chapitre valant SMVM du schéma d'aménagement de la Corse a, selon l'article L 144-5 du Code de l'urbanisme, les mêmes effets que les DTA, ses dispositions précisant les modalités d'application des articles L 146-1 et suivants du Code de l'urbanisme sont directement applicables à une demande de permis de construire dans un espace proche du rivage [16].

Le Conseil d'État vient de confirmer, en cassation, la position selon laquelle « le schéma d'aménagement de la Corse... qui a valeur de schéma de mise en valeur de la mer... est, comme les prescriptions des directives territoriales d'aménagement relatives aux zones littorales, directement opposables aux demandes de permis de construire... [17] » (**voir encart**). L'affaire est donc entendue mais nous avouons que la solution ainsi motivée ne nous paraît pas entièrement convaincante.

À notre avis, en effet, l'objection porte moins sur la nature des dispositions du SMVM que sur l'assimilation complète de ses effets à ceux de la DTA. Aucun texte ne précise explicitement, comme pour les DTA, que les SMVM auraient pour fonction d'appliquer directement la loi littoral ; mais on peut convenir que

13. « Droits maritimes », *op. cit.*, p. 83.
14. « Le premier SMVM : le bassin de Thau et sa façade maritime », DMF, 1996, p. 529.
15. E. Le Cornec, « L'opposabilité des SMVM », DMF, n° 566, décembre 1996, p. 1180 *sq*.
16. CAA Marseille, 18 mars 1999, Ministère de l'Équipement, des Transports et du Logement et SCI Vetricella, BJDU, 3/99, p. 230, Chron. B. Phémolant.
17. CE, 29 juin 2001, SCI Vetricella, Ministre de l'Équipement, des Transports et du Logement, BJDU, 5/2001, p. 317, Conclusions Stéphane Austry.

Décision CE – 29 juin 2001 – SCI Vetricella

Vu 1°, sous le n° 208 015, la requête sommaire et le mémoire complémentaire, enregistrés les 19 mai et 20 sep-tembre 1999 au secrétariat du contentieux du Conseil d'État, présentés pour la SCI Vetricella, dont le siège est 96, rue Jean Mermoz à Marseille (13800), agissant par son représentant légal en exercice; la SCI Vetricella demande au Conseil d'État d'annuler l'arrêt du 18 mars 1999 par lequel la cour administrative d'appel de Marseille a rejeté sa requête dirigée contre le jugement du 19 mars 1998 par lequel le tribunal administratif de Bastia a annulé le permis de construire qui lui a été délivré le 4 décembre 1997 par le maire d'Olmeto;

Vu 2°, sous le n° 208 281, le recours enregistré le 26 mai 1998 au secrétariat du contentieux du Conseil d'État, présenté par le ministre de l'Équipement, des transports et du logement demande au Conseil d'État d'annuler l'arrêt du 18 mars 1999 par lequel la cour administrative d'appel de Marseille a rejeté sa requête dirigée contre le jugement du 19 mars 1998 par lequel le tribunal administratif de Bastia a annulé le permis de construire qui a été délivré par le maire d'Olmeto à la SCI Vetricella le 4 décembre 1997; [...]

Considérant que la requête n° 208 015 de la SCI Vetricella et le recours n° 208 281 du ministre de l'Équipement, des transports et du logement sont dirigés contre un même arrêt; qu'il y a lieu de les joindre pour statuer par une seule décision;

Considérant que, par un jugement du 19 mars 1998, le tribunal administratif de Bastia a annulé le permis de construire délivré le 4 décembre 1997 par le maire d'Olmeto à la SCI Vetricella pour la construction de deux bâtiments à usage d'habitation, comportant respectivement cinq et quatre logements, situés en Corse du Sud à proximité du rivage du golfe du Valinco; que, par un arrêt du 18 mars 1999, la cour administrative d'appel de Marseille a confirmé l'annulation de cet arrêté; que la SCI Vetricella et le ministre de l'Équipement, des transports et du logement se pourvoient en cassation contre cet arrêt;

Considérant qu'il résulte des dispositions du I de l'article L 146-4 du Code de l'urbanisme que, dans les communes littorales, l'extension de l'urbanisation doit se réaliser, soit en continuité avec les agglomérations et villages existants, soit en hameaux nouveaux intégrés à l'environnement;

Considérant que le schéma d'aménagement de la Corse, approuvé par décret en Conseil d'État du 7 février 1992, qui a valeur de schéma de mise en valeur de la mer en vertu de l'article L 144-2 du Code de l'urbanisme et qui, en application des dispositions combinées des articles L 111-1-1, L 144-5 et L 146-1 du même code, dans leur rédaction issue de la loi du 4 février 1995, est, comme les prescriptions des directives territoriales d'aménagement relatives aux zones littorales, directement opposable aux demandes de permis de construire, prévoit notamment que les « pays côtiers "jouxtant" les stations » doivent être densifiés afin d'accueillir la population touristique fréquentant le littoral et que « le développement de l'urbanisation littorale doit demeurer limité, que son développement se fait essentiellement par densification et structuration, que les extensions, lorsqu'elles sont nécessaires, s'opèrent dans la continuité des centres urbains existants, et que les hameaux nouveaux sont l'exception »;

Considérant, que les dispositions précitées du schéma d'aménagement de la Corse ont eu pour objet de préciser les modalités d'application pour la Corse des prescriptions du I de l'article L 146-4 du Code de l'urbanisme en favorisant la densification des centres urbains sans autoriser l'urbanisation diffuse des zones côtières lorsque ces zones ne sont pas situées en continuité avec les centres urbains; que ledit schéma n'a pas entendu déroger aux dispositions du I de l'article L 146-4 avec lesquelles il doit, en tout état de cause, être compatible en vertu de l'article L 146-1 du Code de l'urbanisme; qu'il ne résulte d'ailleurs pas des documents graphiques, au demeurant très imprécis, annexés au décret du 7 février 1992 précité, que le terrain d'assiette du projet litigieux soit situé dans une « zone à urbaniser »;

Considérant qu'il résulte de ce qui précède, qu'en estimant que les constructions envisagées, situées dans une partie de la commune où ne sont bâties, sur de vastes parcelles, que quelques villas non contiguës, ne constituaient pas une densification d'un centre urbain existant au sens des dispositions précitées du schéma et n'étaient pas situées à proximité d'un tel centre, pour en déduire que le maire d'Olmeto n'avait pu légalement délivrer le permis de construire litigieux, la cour administrative d'appel n'a pas commis d'erreur de droit, et ne s'est pas fondée sur des faits inexacts ou qu'elle aurait dénaturés;

Considérant qu'il résulte de ce qui précède que la SCI Vetricella et le ministre de l'Équipement, des transports et du logement ne sont pas fondés à demander l'annulation de l'arrêt du 18 mars 1999 de la cour administrative d'appel de Marseille:

DECIDE :

Article 1er : la requête de la SCI Vetricella et le recours du ministre de l'Équipement, des transports et du logement sont rejetés.

[...]

Trois enseignements résultent de cette décision:

1. Le SMVM peut préciser les modalités d'application de la loi littoral.
2. Ce faisant, il ne peut déroger aux dispositions de cette loi.
3. Ces prescriptions sont, comme celles des directives territoriales d'aménagement, directement opposables aux demandes de permis de construire.

tout document d'urbanisme intervenant sur le littoral – et le SMVM est un document d'urbanisme – peut, dans quelque disposition, préciser telle modalité d'application d'un article codifié de la loi littoral. Faut-il toutefois, pour autant, en tirer les conséquences qu'en tire l'arrêt ci-dessus? Notre conception est autre. Si le législateur a cru bon d'indiquer que les DTA pouvaient préciser les modalités d'application de la loi littoral, c'est qu'il attache un effet juridique tout à fait original à cette fonction: les dispositions de la DTA précisant la loi littoral **se substituent** à celles de la loi littoral et s'appliquent donc directement à tous les actes ou opérations auxquels les dispositions législatives s'appliquaient. Il n'en va pas de même pour les dispositions du SMVM qui préciseraient les articles L 146-1 et suivants du Code de l'urbanisme; aucune substitution ne s'opère, aucun texte n'y fait allusion. On pourrait dès lors considérer que la modification apportée à l'article 57 de la loi du 7 janvier 1983 par celle du 4 février 1995 a pour seul objectif de déterminer la place des SMVM dans la hiérarchie des normes et non de conférer à ceux-ci une opposabilité directe aux autorisations individuelles d'occupation du sol, ce que nul texte ne précise. L'assimilation des effets juridiques des SMVM à ceux des DTA se limiterait donc aux effets sur les documents d'urbanisme locaux. Mais, répétons-le, le juge a tranché en faveur de l'opposabilité directe des dispositions du SMVM précisant les modalités d'application de la loi littoral.

Les autres dispositions du SMVM, celles qui ne peuvent être considérées comme précisant les articles L 146-1 et suivants ne sont pas directement opposables aux autorisations individuelles d'occupation du sol. La note méthodologique sur les SMVM est d'ailleurs très claire, qui précise : « Les choix retenus par les SMVM ne sont pas directement opposables aux tiers. Ils devront se traduire par des documents opposables, documents d'urbanisme ou mesures de police administrative, pour être rendus applicables ». Cette inopposabilité de principe aux autorisations individuelles joue quelle que soit la formulation retenue dans le SMVM. On sait que le rapport de présentation contient trois catégories de dispositions : la vocation générale des zones, la mention des projets d'équipement liés à la mer, des prescriptions spéciales ou sujétions particulières. Même ces dernières, formulées de façon impérative, à moins qu'elles ne constituent des modalités d'application de la loi littoral, n'emportent que des effets indirects sur les demandes d'autorisation d'occuper le sol : « *Le résultat attendu ne se produira que lorsque les autorités compétentes auront pris les décisions qui sont opposables directement*[18] ».

Il convient également de remarquer que la solution préconisée est la seule qui respecte le principe de compatibilité limitée mis en œuvre en droit de l'urbanisme par l'article L 111-1-1, dans sa rédaction de la loi du 4 février 1995, selon lequel chaque norme n'est opposable qu'à celle qui lui est immédiatement inférieure.

Finalement, le SMVM, malgré son contenu original, reste d'abord un document d'orientation qui, d'ailleurs, en tant que tel, ne comporte pas de règlement. Ce caractère imprègne la normativité des dispositions du schéma. C'est ainsi que, à part disposition législative spéciale, telle celle de l'article 20 de la loi littoral qui dispose que l'accueil des navires de plaisance se fait dans le respect des normes édictées par le SMVM, le schéma ne crée pas directement d'obligations de faire, de même qu'il n'institue pas d'interdictions qui n'aient leur fondement dans la législation existante. Par exemple, un SMVM réserve fréquemment une zone côtière à l'aquaculture, en fixant des normes parti-

18. L. Prieur, *op. cit.*, p. 198.

culières de qualité des eaux. Mais il ne lui est pas possible d'imposer directement aux communes les mesures qui permettraient d'atteindre cet objectif, construction d'une station d'épuration ou interdiction de tout élevage hors sol. Cependant, en fixant les conditions de concurrence entre activités, le SMVM encadre les pouvoirs des autorités compétentes pour obliger ou interdire. C'est par l'intermédiaire des documents d'urbanisme locaux, mais aussi des décisions de police ou de gestion du domaine public maritime, documents ou décisions astreintes à l'obligation de compatibilité, que les orientations du SMVM deviennent véritablement opposables.

Le SMVM se traduit, au-delà des querelles juridiques, par de fortes contraintes d'essence supra-communales. Or, ces contraintes ne sont pas compensées budgétairement, ce qui explique les réticences des élus communaux, peut-être convaincus de l'intérêt de la mise en place du schéma à long terme, mais conscients des inconvénients encourus à court terme. Il conviendrait donc, pour relancer le mécanisme qui, rappelons-le, sera un jour imposé à l'échelle de l'Europe, en plus des modifications à apporter à la procédure d'élaboration, que le SMVM aille de pair avec un plan d'accompagnement financier adapté et contractuel, dans la ligne, par exemple, du contrat de baie dont les objectifs sont cependant trop restreints. L'outil créé est bon ; il faut des incitations plus fortes pour le faire sortir de l'ornière.

CONCLUSION

Le littoral, espace spécifique, est le lieu d'application de dispositions juridiques spécifiques qui forment « le droit du littoral ». La plupart de ces dispositions intéressent le droit de l'urbanisme ou des dispositifs rattachés à ce droit. En un quart de siècle, en ce domaine, des normes réglementaires, toujours plus nombreuses, sont apparues, tandis que de multiples schémas de planification « s'empilaient » sur ce territoire, sans que leurs conditions d'articulation soient parfaitement définies.

Et pourtant, ces normes et schémas forment un système juridique véritable. Fonctionnellement, ils sont tous orientés vers la même finalité : la protection de cet espace convoité contre de nouvelles dégradations de toute sorte, la première étant l'urbanisation incontrôlée. Juridiquement, les auteurs spécialisés ont prouvé la cohérence interne de ce système fait de normes « interconnectées et hiérarchisées [1] ». L'indétermination qui atteint certaines d'entre elles confère au juge un pouvoir très important dans cette construction juridique, sans pourtant remettre en cause l'harmonie de l'ensemble.

Et, cependant, une certaine insatisfaction demeure. La loi littoral est mal appliquée, il faut en convenir. Chacun connaît des constructions nouvelles qui, semble-t-il, contreviennent en quelques points aux règles posées... mais aussi des refus de permis de construire dus à l'application rigoureuse de dispositions inappliquées dans d'autres cas. La présence plus ou moins active d'associations de défense de l'environnement pèse encore trop sur la matière. De plus, la loi littoral, lorsque la conjoncture est mauvaise, est accusée de tous les maux puisqu'elle n'autorise pas à tirer parti de toutes les potentialités offertes par cet espace convoité. La préservation de l'environnement n'est pas encore considéré par tous comme une richesse à sauvegarder. D'autre part, ultime mani-

1. Loïc Prieur, *op. cit.*, p. 409.

festation, peut-être, des égoïsmes ancestraux, les schémas de gestion intégrée du littoral ne débouchent pas, surtout que l'idée de schéma « débarqué », imposé de l'extérieur, résiste encore malgré les progrès accomplis, ou encore sont conçus « a minima ». Ne reste, bien souvent, que le Plan d'occupation des sols – futur plan local d'urbanisme –, conçu à la seule échelle communale, pour contenir l'ensemble de la réglementation spécifique.

L'horizon, toutefois, s'éclaircit. L'intercommunalité gagne ce qui pourrait avoir des répercussions importantes sur la planification de l'aménagement du littoral. La région est appelée à jouer un rôle de plus en plus fondamental en la matière, les projets gouvernementaux actuels renforçant considérablement l'importance de cet échelon. Les contraintes imposées pour la protection de l'environnement sont de mieux en mieux comprises par le public. Il n'en reste pas moins que l'action de tous, représentants de l'État, élus locaux, militants associatifs, citoyens, doit plus que jamais être orientée par ces deux termes : crédibiliser pour convaincre.

Carantec, avril 2002.

BIBLIOGRAPHIE SÉLECTIVE

J.-M. Bécet, « L'aménagement du littoral », PUF, Coll. « Que Sais-je ? » n° 2363.

J.-M. Bécet et D. Le Morvan, « Le droit du littoral et de la mer côtière », Economica, 1991.

M. Bodiguel (sous la direction de), « Le littoral entre nature et politique », l'Harmattan, 1997.

P. Cadieu, « La loi littoral », La lettre du cadre territorial, coll. « Dossiers d'experts », 1994.

N. Calderaro, « Droit du littoral », Le Moniteur, 1993.

N. Calderaro, « Loi littoral et Loi Montagne, 12 ans de jurisprudence commentée », EFE, Paris, 1998.

H. Coulombie et J.-P. Redon, « Le droit du littoral », LITEC, 1992.

H. Coulombie, « Les règles d'aménagement et de protection du littoral », coll. « Hôtel de Ville », 1996.

B. Gerard (sous la direction de), « Le littoral », BRGM, coll. « Manuels et Méthodes », n° 32, 1999.

H. Jacquot et F. Priet, « Droit de l'urbanisme », 4e éd., Précis Dalloz, 2001.

Y. Jegouzo (sous la direction de), « Urbanisme », Dalloz, coll. « Action », 2001.

L. Le Pensec, « Vers de nouveaux rivages », rapport sur la refondation du Conservatoire du littoral, juillet 2001.

R. Le Roy, « La construction juridique du littoral », thèse de droit public, UBO, 1994.

A. H. Mesnard et R. Rezenthel, « Droits Maritimes », tome II, « Droit du littoral, droit portuaire », Ed. Juris, 1995.

L. Prieur, « Droit et littoral. Recherches sur un système juridique », thèse de droit public, UBO, 2001.

J.-P. Redon, « La conduite des politiques publiques sur le littoral », thèse de droit public, Paris XIII, 1994.

R. Romi, « Droit et administration de l'environnement », Montchrestien, 3e éd., 1999.

TABLE ANALYTIQUE (MOTS-CLÉS)

TABLE DES MATIÈRES

Achevé d'imprimer sur les presses de l'Imprimerie BARNÉOUD
B.P. 44 - 53960 BONCHAMP-LÈS-LAVAL
Dépôt légal : Novembre 2002 - N° d'imprimeur : 13592